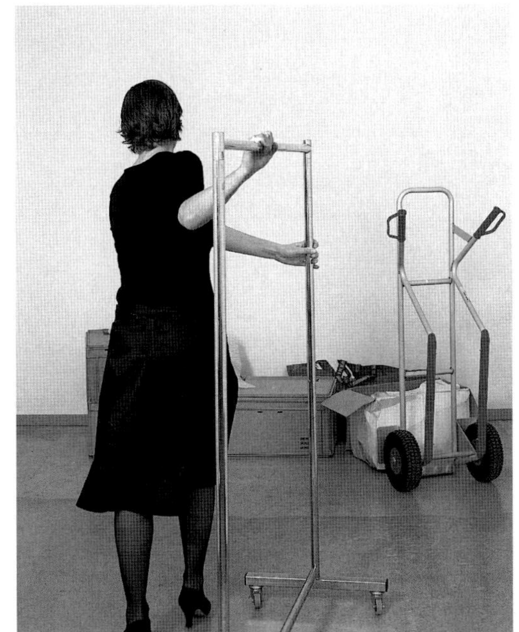

AF580010

Eidgenössischer Wettbewerb für Design 2004 – Preisträgerinnen und Preisträger

Concours fédéral de design 2004 – Lauréates et lauréats

Swiss Federal Design Competition 2004 – Prizewinners

Innovation —
Texte zum Thema

Innovation —
Textes sur ce thème

Innovation —
Texts on the topic

Vorwort

Seit Beginn der neuen Ära in der staatlichen Designförderung präsentiert das Bundesamt für Kultur nun zum dritten Mal die im Eidgenössischen Wettbewerb für Design prämierten Werke und deren Autorinnen und Autoren. Dieses Jahr unter dem Titel ‹Swiss Design 2004 – Innovation›. Der Eidgenössische Wettbewerb findet seit 1918 jährlich statt. Heute prämiert eine international zusammengesetzte Jury Objekte und Projekte von Schweizer Designerinnen und Designern.

Erfolg hat, wer Neues präsentiert...

Was liegt mehr auf der Hand, als den Fokus auf das Neue und noch nie Dagewesene zu richten, wenn es um die Prämierung von Objekten junger Designerinnen und Designer geht? Das Neue als das Zukunftsweisende, das innovative das a priori wertvolle und demnach ausgezeichnete, auszuzeichnende Design.

Die zum Eidgenössischen Wettbewerb für Design eingereichten Arbeiten werden anhand eines im Wettbewerbsreglement festgehaltenen Kriterienkataloges [1] beurteilt. Innovative Aspekte spielen dabei eine wichtige Rolle und können aus verschiedenen Perspektiven beurteilt werden. Am offensichtlichsten wird mit dem Kriterium ‹Zukunft/Trend› danach gefragt: «Erlaubt das Design eines Gegenstandes, einer Kommunikation oder einer Dienstleistung eine Ahnung von zukünftigem Stil? Vermittelt ein Gegenstand, eine Kommunikation oder eine Dienstleistung einen Trend schlüssig und glaubhaft oder bestimmt ihn sogar?» Gleichzeitig offenbart auch der Punkt ‹Produktionstechnik/Herstellungstechnologie› bei näherer Betrachtung innovative Faktoren. Weist doch die Analyse der Produktion möglicherweise auf neue Produktionsmethoden hin und zeigt, wie diese von den Designerinnen und Designern genutzt werden. Ebenso spielt ‹Ökologie/Energiebilanz› bei manchen eingereichten Arbeiten eine wesentliche Rolle. So ist die Jury darauf bedacht, Neues zu erahnen und aufzuspüren um – in seltenen und darum umso beglückenderen Fällen – etwas wirklich noch nie Dagewesenes zu prämieren.

Innovation im Design – gibts das?

Doch was heisst schon ‹neu›? Was ist ‹innovativ›? Ist ‹innovativ› fortschrittlich? Warum wird ‹Innovation› – gerade im Design – oftmals mit ‹gut› gleichgesetzt? Wann ist etwas ‹neu› und wann wirklich ‹innovativ›? Und wo verläuft die Grenze zwischen ‹neu›, ‹innovativ› und ‹redesignt› oder einfach ‹anders›?

Das Hauptaugenmerk der Publikation liegt auf der Präsentation der im Wettbewerb prämierten Arbeiten. Sie werden in den Bildern von Oliver Lang und den von Kathrin Stirnemann verfassten ‹Juryberichten› vorgestellt. Doch wie sehen die Gewinnerinnen und Gewinner ihre Arbeiten? Was ist in ihren Augen neu, was innovativ? Was treibt sie an? Wie stellen sich die Designerinnen und Designer dem allgegenwärtigen Anspruch, ‹innovativ› zu sein?

---

1 Kriterien für die Jurierung von Designarbeiten: Funktionalität, Brauchbarkeit/Gebrauchswert, Ästhetik, Produktionstechnik/Herstellungstechnologie, Materialgerechtigkeit (Farbe/Material/Oberfläche), Ökologie/Energiebilanz, Preis, rationale Botschaft, emotionale Botschaft, Zukunft/Trend.

Renate Menzi hat mit allen in einem persönlichen Austausch – sei es per SMS, Fax, Email, Brief oder in einem Gespräch – mit präzisen Fragen den individuellen Stellenwert von ‹Innovation› zu ergründen versucht. Es zeigt sich, dass vielfach nach treffenden Worten gesucht und grosser Wert auf Nuancen gelegt wurde. Braucht es eine zeitliche Distanz, um in einer (eigenen) Arbeit innovative Aspekte ausmachen zu können? Neben dem Abdruck sämtlicher Interviews macht Renate Menzi in ihrem Artikel ‹Ist das Neue noch zeitgemäss?› prägnante Aussagen über die Befindlichkeit der jungen Schweizer Designszene und ihr Verhältnis zu Innovation.

Joachim Huber zeigt in seinem Text ‹Designweltenerzeugungen› auf, dass die Innovationen von morgen bereits heute gedacht werden. Das heisst, dass mit dem Entwurf unterschiedlichster Szenarien und intensiver Zukunftsforschung der Boden geebnet werden muss, damit aus einer Erfindung von heute eine Innovation von morgen werden kann. Anhand von einigen sorgfältig gewählten Beispielen gibt er Einblick in diese Mechanismen.

Der Schwerpunkt des Artikels ‹Innovation: Palimpsest, Intelligenz und Interpretation› von Sybille Omlin liegt auf dem Zusammenführen der unterschiedlichen Blicke auf Innovation aus der Perspektive der Kulturwissenschaften und der ökonomischen Theorie beziehungsweise der ökonomischen Innovationsforschung im Bereich des Designs. Es geht hierbei vor allem um die Klärung von möglichen Vorstellungen von Innovation und um die Frage des Zeitgeistes, des Trends, um De- und Rekontextualisierungen, um die Durchsetzung des Neuen in einer Wissensgesellschaft und um die Eigenheiten des dynamischen Marktes.

Ist denn alles auch immer so, wie wir das sehen? Ist das Neue wirklich neu – oder kann es einfach simuliert werden? War Neil Armstrong tatsächlich auf dem Mond? Paul Elliman unterhält sich in seinem als Interview gehaltenen Artikel ‹Der Prozess› mit seinem ehemaligen Schulkollegen und Fast-Namensvetter des Mondpioniers über grafische Innovationsmöglichkeiten, technische Neuerungen, Audio-Signaletik und sich wandelnde Kommunikationsinstrumente.

Die Publikation ‹Swiss Design 2004 — Innovation› soll einen Beitrag zum aktuellen und vielschichtigen Diskurs über die Inhalte und Dimensionen des Begriffs Innovation leisten. Anhand der engen inhaltlichen Verschränkung der Präsentation der Preisträgerinnen und Preisträger und deren ausgezeichneten Arbeiten mit den vier (theoretischen) Positionen der Autorinnen und Autoren soll eine lebendige Verknüpfung von Praxis und Reflexion vorgenommen werden.

Eva Afuhs, Patrizia Crivelli und Kathrin Stirnemann
Kuratorinnen der Ausstellung und der Publikation ‹Swiss Design 2004 — Innovation›

Überall in dieser Publikation, wo lediglich die männliche Form genannt ist, ist die weibliche mitgemeint.

Préface

Pour la troisième fois depuis le début de la nouvelle ère de l'encouragement du design, l'Office fédéral de la culture présente les œuvres primées du Concours fédéral de design, ainsi que leurs auteurs. Cette année, le titre sera ‹Swiss Design 2004 — Innovation›. Le Concours fédéral se tient chaque année depuis 1918. Aujourd'hui, un jury international prime des objets et projets de designers suisses.

Succès garanti à qui présente du nouveau...

Quoi de plus naturel, s'agissant de l'attribution d'un prix à des objets conçus par des jeunes designers, que de focaliser sur le nouveau ou l'inédit? Nouveau car orienté vers l'avenir, innovateur en tant que design a priori de grande valeur, et dès lors excellent et digne d'être primé.

Les travaux présentés au concours fédéral de design sont jugés sur la base d'un catalogue de critères consigné dans le règlement du concours [1]. Dans ce contexte, les aspects innovateurs jouent un rôle important et peuvent être jugés sous différentes perspectives. La question la plus évidente est, en ce qui a trait au critère ‹futur/tendances›: «Le design d'un objet, d'une communication ou d'un service permet-il de se faire une idée du style futur? L'objet, la communication ou le service sont-ils à même de refléter une tendance de façon concluante et crédible, voire même d'en définir une?» En y regardant de plus près, le point ‹technique de production/technologie de fabrication› dévoile également des facteurs innovateurs. En effet, il est possible que l'analyse de la production révèle de nouvelles méthodes de production et montre comment celles-ci sont utilisées par les designers. Pour certains des travaux présentés, ‹écologie/bilan d'énergie› joue également un rôle fondamental. Ainsi, le premier souci du jury est d'entrevoir et de flairer du nouveau, afin de primer – dans des cas rares, donc d'autant plus réjouissants – quelque chose de parfaitement inédit.

L'innovation dans le design – ça existe?

Mais que veut donc dire ‹nouveau›? Qu'est-ce qui est ‹innovateur›? L'‹innovateur› est-il nécessairement en avance sur son temps? Pourquoi l'‹innovation› – justement dans le design – est-elle souvent assimilée au ‹bon›? Quand une chose est-elle ‹nouvelle› et quand est-elle vraiment ‹innovatrice›? Et où se situe la frontière entre ‹nouveau›, ‹innovateur› et ‹re-designé› ou simplement ‹différent›?

Dans la publication, une attention toute particulière est donnée à la présentation des travaux primés dans le cadre du concours. Ils sont présentés par les photos d'Oliver Lang et les ‹rapports du jury› rédigés par Kathrin Stirnemann. Cela étant, comment les gagnants voient-ils leurs travaux? Qu'est-ce qui, à leurs yeux, est nouveau, et qu'est-ce qui est innovateur? Qu'est-ce qui les motive? Quelle est l'attitude des designers par rapport à l'exigence omniprésente d'être ‹innovateur›?

---

1 Critères pour l'appréciation des travaux par le jury: fonctionnalité, utilité/valeur d'usage, esthétique, technique de production/technologie de fabrication, utilisation appropriée des matériaux (couleur/matériau/surface), écologie/bilan d'énergie, prix, message rationnel, message émotionnel, futur/tendances.

A travers un contact personnel avec tous les designers, par sms, fax, e-mail, courrier ou lors d'un entretien, Renate Menzi a essayé de justifier l'importance individuelle de l'‹innovation›. Il s'est avéré qu'il est fréquemment recherché des termes pertinents, et qu'une grande importance est attribuée aux nuances. Faut-il une distance temporelle pour percevoir des aspects innovateurs dans un travail (personnel)? En parallèle avec la parution de toutes les interviews, Renate Menzi, dans son article ‹L'innovation est-elle encore d'actualité?›, fait des déclarations concises sur l'état d'esprit de la scène des jeunes designers suisses et leur rapport avec l'innovation.

Dans son texte ‹Faire les mondes du design›, Joachim Huber montre que les innovations de demain sont déjà pensées aujourd'hui. C'est dire qu'avec l'ébauche des scénarios les plus divers et une futurologie intensive, le terrain doit être préparé de manière à permettre de faire d'une invention d'aujourd'hui une innovation de demain. Au moyen de quelques exemples soigneusement choisis, il donne un aperçu de ces mécanismes.

Dans l'article ‹Innovation: palimpseste, intelligence et interprétation›, de Sybille Omlin, l'accent est mis sur la réunion des différents regards sur l'innovation du point de vue des sciences culturelles et de la théorie économique, respectivement de la recherche d'innovation économique dans le domaine du design. Ici, il s'agit surtout d'élucider les représentations possibles de l'innovation, mais aussi de l'esprit du temps et des tendances, de décontextualisation et de recontextualisation, de l'imposition du nouveau dans une société du savoir et des particularités du marché dynamique.

Les choses sont-elles vraiment comme nous les voyons? Le nouveau est-il réellement nouveau – ou peut-il simplement être simulé? Neil Armstrong est-il vraiment allé sur la lune? Dans son article ‹Le procès›, rédigé sous forme d'interview, Paul Elliman s'entretient avec son ancien camarade d'école et presque homonyme du pionnier de la lune sur les possibilités d'innovation graphique, le progrès technique, la signalétique audio et les instruments de communication en mutation.

La publication ‹Swiss Design 2004 — Innovation› est censée apporter une contribution au discours actuel et complexe sur les contenus et les dimensions du concept d'innovation. Sur la base de l'étroite parenté des présentations des lauréates et lauréats au niveau de leur contenu et de leurs excellents travaux avec les quatre positions (théoriques) des auteurs, un lien est établi vivant entre la pratique et la réflexion.

Eva Afuhs, Patrizia Crivelli et Kathrin Stirnemann
Curatrices de l'exposition et de la publication ‹Swiss Design 2004 — Innovation›

Partout dans cette publication où la forme masculine est seule employée, le féminin est sous-entendu.

Preface

For the third time since the onset of the new era in state design promotion, the Swiss Federal Office of Culture is presenting the prize-winning works of the Swiss Federal Design Competition and their designers. This year's presentation bears the title 'Swiss Design 2004 – Innovation'. The Swiss Federal Design Competition has taken place every year since 1918. Today, a Jury composed of international members awards prizes to objects and projects by Swiss designers.

Success means presenting something new ...

What is more obvious when awarding prizes to objects by young designers than focussing on the new and on what has never been done before? The new is trend-setting, the innovative as valuable 'a priori', and thus representing outstanding design worthy of prizes.

The works submitted to the Swiss Federal Design Competition are assessed based on a catalogue of criteria [1] laid out in the competition regulations. In this process, innovative aspects play an important role and can be assessed from various perspectives. This is most obvious in the 'future/trend' criterion: "Does the design of an object, a communication or a service provide a premonition of future style? Does an object, a communication or a service convey a trend in a conclusive and credible manner or even determine it?" At the same time, under closer scrutiny, the point 'production technique/manufacturing technology' also reveals innovative factors. This is because the analysis of production may indicate new production methods and reveal how these are used by designers. 'Ecology/energy balance' also plays a significant role for some submitted works. The Jury therefore aims to anticipate and seek out the new so that – in rare and thus particularly gratifying cases – it can award a prize to something that has truly never been done before.

Does innovation in design exist?

What, however, does 'new' mean? What is 'innovative'? Is 'innovative' progressive? Why is 'innovation' often – particularly in the case of design – used as a synonym for 'good'? When is something 'new' and when is it truly 'innovative'? And where does the boundary lie between 'new', 'innovative', 'redesigned' and simply 'different'?

The main focus of the publication is on presenting the prize-winning works of the competition. They are introduced in Oliver Lang's images and in the 'Jury reports' written by Kathrin Stirnemann. Yet how do the winners see their works? What do they consider to be new and what innovative? What drives them? What is the designers' attitude to the omnipresent demand of being 'innovative'?

In a personal exchange with each of them – by sms, fax, e-mail, letter or in a discussion – Renate Menzi used precise questions to try and understand the individual value of 'innovation'. The exchanges show that suitable words were often sought and that great

1 Criteria for judging design works: functionality, usefulness/serviceability, aesthetics, production technique/manufacturing technology, appropriateness of material (colour/material/surface), ecology/energy balance, price, rational message, emotional message, future/trend.

value was placed on nuances. Is temporal distance necessary to be able to distinguish innovative aspects in a work (of one's own)? In addition to printing all the interviews, Renate Menzi also makes concise statements in her article 'Is the New still Contemporary?' about the orientation of the young Swiss design scene and its relationship to innovation.

In his text 'Design World Productions' Joachim Huber shows that tomorrow's innovations are already thought out today. This means that the ground usually has to be prepared through the creation of the most varied scenarios and intensive future research, so that one of today's inventions can become one of tomorrow's innovations. Based on several carefully selected examples, he provides an insight into these mechanisms.

The main focus of the article 'Innovation: Palimpsest, Intelligence and Interpretation' by Sybille Omlin lies in the bringing together of the different views of innovation from the perspective of cultural sciences and economic theory, and economic innovation research in the field of design. The particular issues here consist of the clarification of possible ideas of innovation, the question about the spirit of the times and the trend, decontextualisations and recontextualisations, the implementation of the new in a knowledge-based society and the particularities of the dynamic market.

Is everything always the way we see it? Is the new really new – or can it simply be simulated? Was Neil Armstrong really on the moon? In his article 'The Trial', which is written in the form of an interview, Paul Elliman talks to his former school friend and almost namesake of the lunar pioneer about graphic innovation possibilities, technical innovations, audio signage and changing instruments of communication.

The publication 'Swiss Design 2004 — Innovation' sets out to contribute to the current, complex discussion about the contents and dimensions of the term innovation. Using the close interweaving in terms of content of the presentation of the winners and their prize-winning works, and the four (theoretical) positions of the authors, the aim is to provide a vivid connection between practice and reflection.

Eva Afuhs, Patrizia Crivelli and Kathrin Stirnemann
Curators of the 'Swiss Design 2004 — Innovation' exhibition and publication

---

Whenever in this publication only the male form is mentioned, the female form is implied as well.

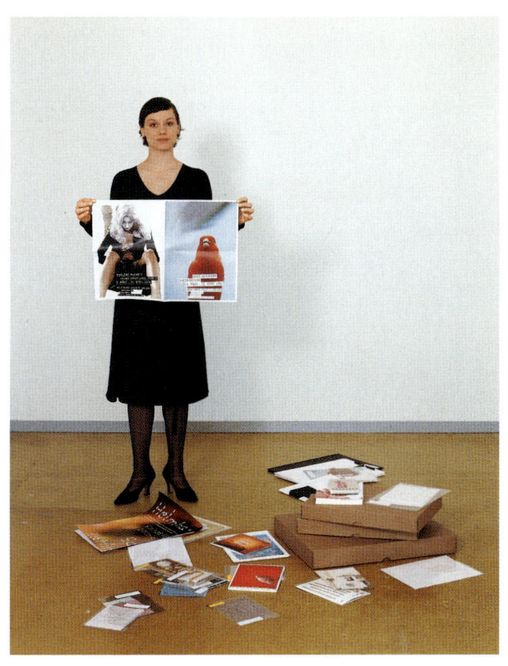

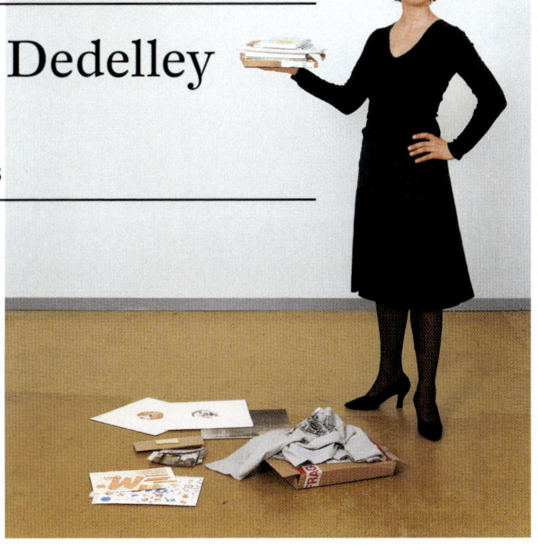

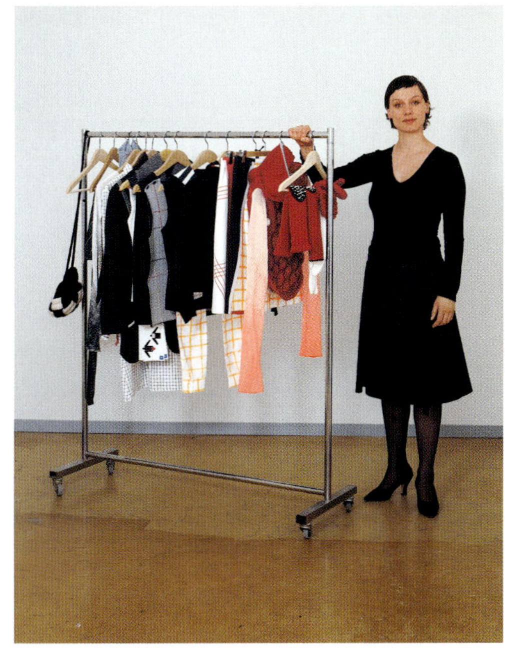

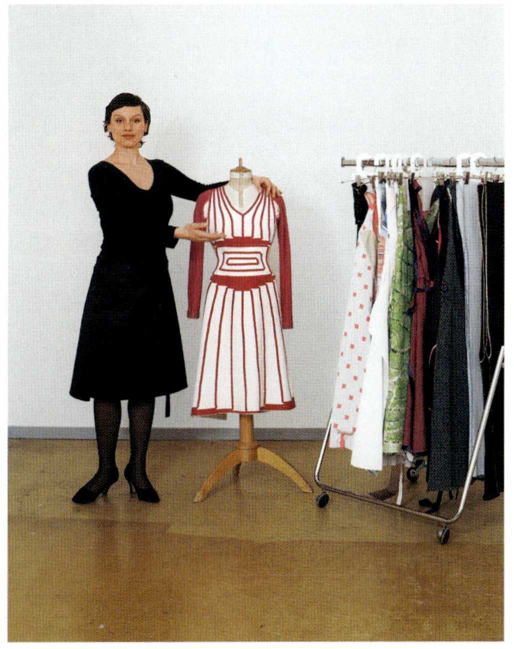

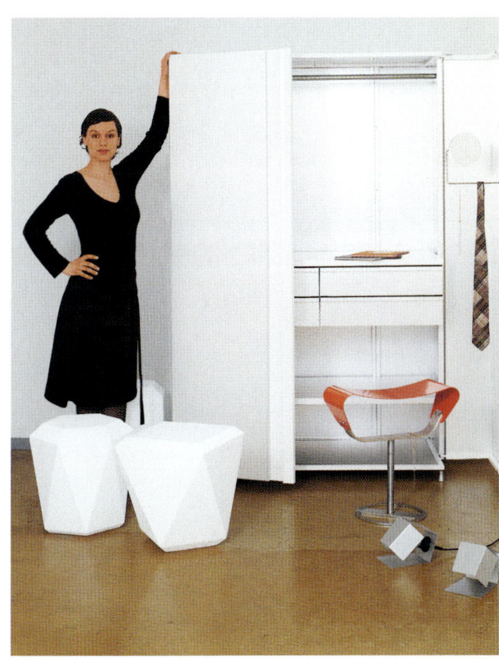

Laurent Benner

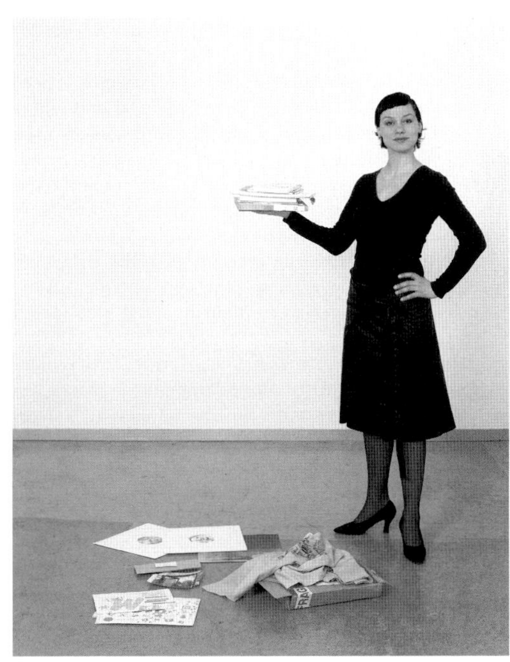

Email lrnt@reala.se **Beruf** Gestalter **Jahrgang** 1975 **Lebt und arbeitet** in London **Studium** am Central St. Martins College of Art and Design, London — Royal College of Art, London **Abschluss / Diplom** MA, Royal College of Art, London, Studienbereich ‹Communications›, 2000 — BA (Honors), Central St. Martins College of Art and Design, London, Studienbereich ‹Graphic Design›, 1998 **Praktikum** bei Cornel Windlin, Zürich, 1997 **Arbeitet auch zusammen mit** Alex Rich, London, Tokio — Michael Marriott, London **Labels** Reala, Stockholm — Dreck Records, London **Preis / Auszeichnung** Eidg. Preis für Design 2001 **Ausstellungen** ‹Frische Schriften Fresh Type›, Museum für Gestaltung Zürich, 2004 — ‹Import/Export›, British Council, Indien, Australien, u.a., 2004 — ‹The Free Library›, Riviera Gallery, New York, 2004 — ‹Somewhere Totally Else›, Designbiennale, Design Museum, London, 2003/2004 **Publiziert in** ‹Frische Schriften Fresh Type›, Museum für Gestaltung Zürich, 2004 — ‹Import / Export›, British Council, 2004 **Werke / Projekte** Prämiert wurden die Signaletik für das Museum of Childhood, London — diverse Printprodukte aus dem Bereich der visuellen Kommunikation (Dreck Records, Reala) **Entstehungsjahr** 2003 **Gruppe** B

[E] In addition to designing the graphic appearance for the London music label Dreck Records and various print productions (with the Swedish group Reala), the main element of Laurent Benner's submission consisted of the signs for the Museum of Childhood in London. He designed and implemented the signs together with Alex Rich on behalf of the architects responsible for the museum's new scenography, Caruso & St. John. By using the picture language of current British road signs, Laurent Benner makes a clear contrast to the architecture of the museum at both a temporo-historical and spatial-contextual level. In the Victorian atmosphere of the exhibition halls, the boards and signposts are constant reminders of the current outside area of the city. That makes it a prominent guidance system, which allows for no misunderstandings. The signs are clear, extremely easy and can be quickly grasped. The careful adaptation to the museum's internal thematic areas results in humorous fusions of everyday symbols, which will undoubtedly bring a smile to visitors' faces. This is museal interactivity that already starts at the level of the signs.

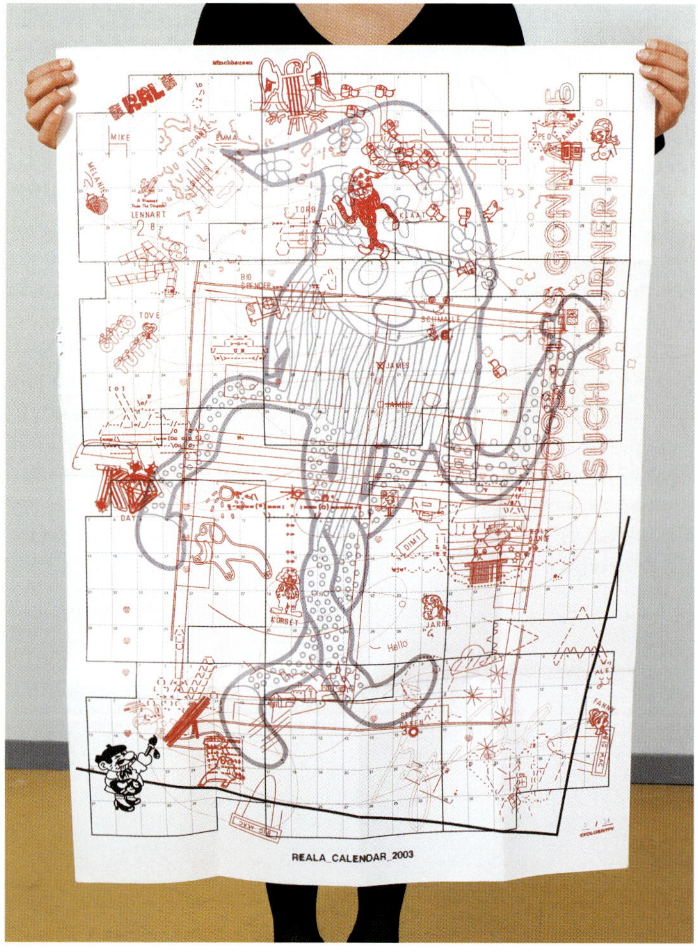

[D] Neben der Gestaltung des grafischen Auftritts des Londoner Musik-Labels Dreck Records und diversen Printprodukten (mit der schwedischen Gruppe Reala) war das Hauptelement der Eingabe Laurent Benners die Signaletik für das Museum of Childhood in London. Er konzipierte und realisierte diese zusammen mit Alex Rich im Auftrag der für die neue Szenografie des Museums verantwortlichen Architekten Caruso & St. John. Indem sich Laurent Benner für die Beschilderung dieses Museums der Bildsprache gängiger britischer Strassenschilder bedient, setzt er sowohl auf zeitlich-historischer wie auch auf räumlicher und inhaltlicher Ebene einen klaren Kontrast zur Architektur des Museums: Die Tafeln und Wegweiser erinnern im viktorianischen Ambiente der Ausstellungshallen ständig an den aktuellen Aussenraum der Stadt. Das macht sie zu einem prominenten Leitsystem, das keinerlei Missverständnisse aufkommen lässt. Die Signaletik ist klar, kinderleicht und schnell erfassbar. Die sorgfältige Adaption an die museumsinternen, thematischen Bereiche führt zu humorvollen Verschmelzungen alltäglicher Symbole, die Besuchenden sicherlich immer wieder ein Schmunzeln entlocken. Eine museale Interaktivität, die bereits auf der Ebene der Beschilderung ihren Anfang nimmt.

[F] Outre la conception graphique du label de musique londonien Dreck Records et de divers produits imprimés (avec le groupe suédois Reala), l'élément principal du rendu de Laurent Benner était la signalétique du Museum of Childhood à Londres. Il l'a conçue et réalisée avec le concours d'Alex Rich sur mandat des architectes responsables de la nouvelle scénographie du musée, Caruso & St. John. En utilisant, pour la signalisation de ce musée, le langage imagé des plaques de rue courantes en Grande-Bretagne, Laurent Benner crée un contraste évident, autant sur le plan temporel-historique que sur le plan de l'espace et du contenu, avec l'architecture du musée: les plaques et les panneaux indicateurs rappellent constamment, dans l'ambiance victorienne des salles d'exposition, l'environnement contemporain de la ville. Cela en fait un système d'orientation proéminent, qui ne laisse place à aucun malentendu. La signalétique est claire, évidente et se comprend rapidement. L'adaptation soignée par rapport aux domaines thématiques propres au musée aboutit à des fusions pleines d'humour, de symboles de la vie de tous les jours, qui ne manquent certainement pas de provoquer de fréquents sourires chez les visiteurs. Une interactivité du musée qui prend naissance au niveau de la signalisation déjà.

←
Neujahrsplakat, mit Reala
2003

→
Signaletik für das Museum of Childhood, London
2003

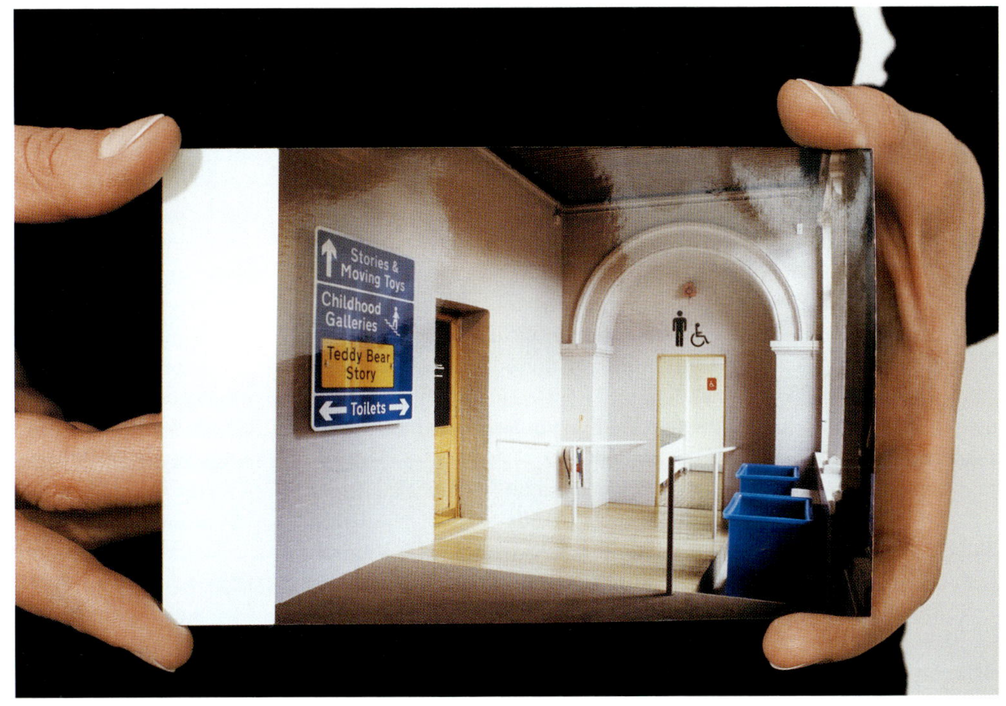

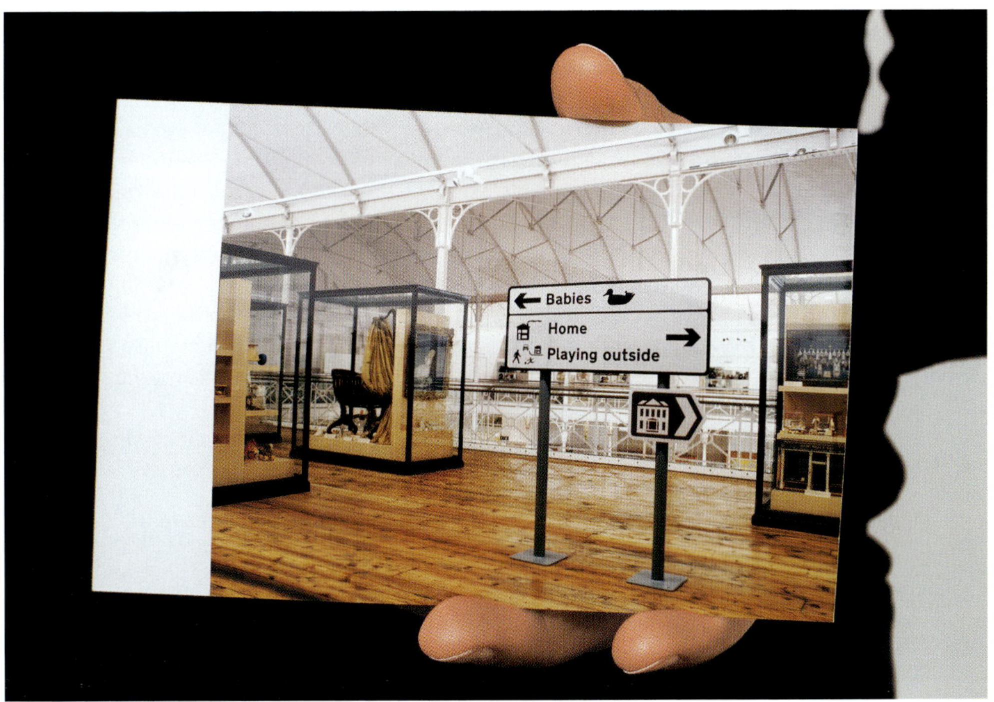

Briefwechsel

Lieber Laurent

Wie du schon weisst, ist das Thema der diesjährigen Ausstellung des Bundesamtes für Kultur Innovation – eines der Kriterien, nach denen die Jury die eingereichten Arbeiten beurteilt. Ich möchte dich nun bitten, dein Verständnis von Innovation in Bezug auf deine Arbeit für das Museum of Childhood in London genauer zu erläutern. Leider war ich noch nie dort und kenne nur die Beispiele aus deiner Dokumentation. Trotzdem sind mir in Bezug auf das Stichwort Innovation einige Punkte aufgefallen.

Mir scheint, dass die lokale Bildersprache für dich wichtiger war als das Erfinden völlig neuer Symbole für den visuellen Auftritt und die Beschilderung des Museums. Wie beurteilst du das Verhältnis von Konvention und Innovation, wenn es darum geht, Besucher zu informieren und zu führen?

Vielleicht ist Innovation nach deiner Auffassung eher das Transferieren von Zeichen als der Entwurf von neuen. Was waren deine Parameter beim Entwurf und welche Kriterien standen für dich im Vordergrund?

Vielleicht gibt es für dich je nach Auftrag verschiedene Ausgangslagen oder ‹Freiheitsgrade›. Welche Rolle spielt das für deine Herangehensweise und den Innovationsgehalt der Produkte? Ist Innovation überhaupt ein Anspruch, den du an deine Arbeit stellst oder eher eine Erwartung, die von aussen an dich herangetragen wird? Beurteilst du fremde Arbeiten danach, wie neuartig sie in einem bestimmten Feld sind?

Das sind jetzt schon sehr viele Fragen, am besten, du wählst dir einfach die aus, zu denen du dich äussern magst. Eigentlich hängen sie ja zusammen.

Ich freue mich auf deinen Antwortbrief und sende Grüsse nach London.

Renate Menzi

Liebe Renate

Hier ein paar Gedanken zu deinen Fragen:

Als Erster kommt mir da der Martin Kippenberger in den Sinn. Der sagte zu einem seiner Studenten: «Nicht alt, nicht neu, aber gut muss es sein». Während des Gestaltungsprozesses denkt man wohl eher selten an Innovation. Man erkennt ja Innovation meistens erst zurückblickend als solche, es ist also ein Begriff, der rückwirkend angewandt wird, oder wie du in deinem Brief erwähnst, von aussen kommt. Dinge, die von vornherein innovativ sein sollen, sind es ja dann meistens nicht.

Ausgangspunkt für mich ist eigentlich immer ein Gespräch innerhalb des Studios, mit Leuten um mich herum oder via Email mit meinen Mitarbeitern. Da wird mal generell diskutiert, Referenzen herangezogen, im Kopf herumgeturnt, also von der Ausgangslage ausgegangen.

Oft wird etwas missverstanden, oder besser gesagt andersrum interpretiert, und so ergibt sich manchmal eine interessante oder überraschende Antwort auf eine zu lösende Situation.

Im Fall vom Museum of Childhood, für welches ich zusammen mit Alex Rich, meinem damaligen Studiopartner, gearbeitet habe, gingen wir von der Beobachtung aus, dass die grafische Darstellung von Kreuzungen auf Strassenschildern wie ein Flugzeug aussehen kann oder dass man in einem Haus ein Gesicht entdecken kann, und so weiter. Das hat natürlich mit der Fantasie und vielleicht auch mit dem Alter des Beobachters zu tun; oder damit was man Kindern als falsch und richtig beibringt. Eine Kuh mit drei Beinen zu zeichnen ist vielleicht biologisch-mathematisch inkorrekt, kann aber als Illustration durchaus ihre Qualität haben. Also, wie oben erwähnt, in der Miss- oder Anders-Interpretation von Dingen kann Qualität, beziehungsweise etwas Innovatives liegen.

Der Umgang mit etwas bereits Existierendem erschien uns also weit interessanter als die Entwicklung einer neuen Signaletik. Anstatt die Signaletik zu ändern, waren wir daran interessiert, die Betrachtungsweise derselben zu ändern. Jedes Kind kennt die Strassenschilder seines Landes, was sie bedeuten, was man zu befolgen hat und auch was sie verbieten. Man hat also bereits einen vertrauten Ausgangspunkt.

Bruno Munaris spielerische Experimente mit Kindern haben uns da sicher auch inspiriert. Wie macht man Luft sichtbar? Wie wächst ein Baum, oder eben in unserem Fall: Kann ein Strassenschild auch im Museum funktionieren? Was passiert, wenn man etwas drinnen sieht, was man nur von draussen kennt, und Blau nicht mehr Autobahn, sondern Museumseingang bedeutet.

Der neue Kontext des Museums und seine Themen hat uns dazu verleitet, durch Kombination aus den bestehenden englischen Strassen-Signets unsere eigenen spezifischen Symbole herzustellen; dabei war es uns wichtig, keine fremden Zeichen einzubringen. Einzig allein das Schild für ‹Playing Outside› haben wir vom Schweizer Quartierstrassen-Schild abgeleitet, da es unglaublich gut passte. Alle anderen sind durch reine Kombination oder durch minime Abänderungen entstanden.

Die Schilder haben bisher äusserst positive Reaktionen von Erwachsenen wie auch jüngeren Besuchern erhalten und scheinen die täglichen Strapazen im Museum of Childhood gut zu überstehen.

Ich hoffe, die meisten deiner Fragen sind damit beantwortet.

Liebe Grüsse
Laurent

Laurent Benner

Correspondance

Cher Laurent,

L'innovation est le sujet de l'exposition organisée cette année par l'Office fédéral de la culture et l'un des critères, qui permet au jury d'évaluer les travaux remis. Pourrais-tu présenter l'aspect novateur du travail que tu as réalisé pour le Museum of Childhood de Londres. Comme je n'ai encore jamais eu l'occasion de visiter ce musée, je ne connais que les exemples décrits dans ta documentation. Plusieurs points en rapport avec l'innovation ont néanmoins attiré mon attention.

J'ai eu l'impression que le langage des images locales était plus important que la création de nouveaux symboles pour la mise en scène et la signalétique du musée. A ton avis, quel est le rapport entre les conventions et l'innovation lorsqu'il s'agit d'informer et de guider le visiteur?

Pour toi, l'innovation consiste peut-être davantage à détourner des signes existants qu'à en concevoir de nouveaux. Quels paramètres as-tu pris en compte pour l'élaboration du projet et quels critères voulais-tu absolument respecter?

Peut-être abordes-tu les choses différemment ou gères-tu ta liberté d'action autrement en fonction du projet qui t'est attribué. En quoi cela conditionne-t-il ton approche et le degré d'innovation du produit? L'innovation fait-elle partie des objectifs à atteindre ou est-elle davantage une demande formulée par des personnes extérieures? Juges-tu le travail d'autrui en fonction de son aspect novateur?

Comme mes questions sont nombreuses, je te propose de choisir celles auxquelles tu souhaites répondre. Elles se recoupent de toute façon.

J'attends ta réponse avec impatience et te souhaite un franc succès à Londres.

Meilleures salutations
Renate Menzi

Chère Renate,

Tu trouveras ci-dessous quelques réflexions en réponse à tes questions.

Dans un premier temps, je voudrais citer Martin Kippenberger, qui un jour a dit à l'un de ses étudiants: « Ce ne doit être ni vieux, ni neuf, ce doit être bon ». On pense rarement à l'innovation en tant que telle pendant le processus d'élaboration d'un projet. Généralement, on reconnaît une innovation rétrospectivement, c'est un terme que l'on emploi rétroactivement ou qui est mentionné par une personne extérieure comme tu le dis toi-même dans ta lettre. Les choses qui doivent absolument être novatrices le sont rarement.

Pour moi, le point de départ est toujours une discussion que j'ai eue dans le studio avec les gens qui m'entourent ou un échange d'e-mails avec mes collaborateurs. On discute de tout, on cite des références, on réfléchit, on commence par le commencement.

Il arrive fréquemment qu'une chose soit mal comprise ou plus exactement interprétée différemment. C'est comme ça que l'on obtient parfois des réponses intéressantes ou surprenantes à des questions restées ouvertes.

Le projet que j'ai réalisé pour le Museum of Childhood en collaboration avec mon ancien partenaire, Alex Rich, repose sur une observation. Nous avons en effet constaté que les croisements représentés sur les panneaux de signalisation routière ressemblent souvent à des avions, que l'on peut reconnaître un visage en regardant la façade d'une maison et ainsi de suite. Cela dépend bien sûr de l'imagination et de l'âge de l'observateur ou de ce que l'on transmet aux enfants comme étant juste ou faux. Dessiner une vache avec trois jambes est peut-être biologiquement incorrect, mais ne signifie pas pour autant que l'illustration n'est pas de qualité. Comme je l'ai dit précédemment, interpréter quelque chose de travers ou différemment peut révéler une qualité voire un aspect novateur.

L'utilisation d'objets existants nous a semblé beaucoup plus intéressante que l'élaboration d'une nouvelle signalétique. Au lieu de modifier une signalétique existante, nous avons voulu modifier la perspective de celle-ci. Chaque enfant connaît les panneaux de signalisation routière de son pays, ce qu'ils signifient, ce qu'ils imposent et ce qu'ils interdisent. Nous disposions par conséquent d'un point de départ connu de tous.

L'expérience ludique menée par Bruno Munari avec des enfants nous a certainement inspirés en partie. Comment rendre l'air visible? Comment pousse un arbre ou, dans notre cas, comment un panneau de signalisation routière peut-il être utilisé avec succès dans un musée? Que se passe-t-il lorsque le visiteur découvre à l'intérieur d'un bâtiment les objets qu'il ne rencontre d'ordinaire qu'à l'extérieur et que la couleur bleue ne signale plus l'entrée sur l'autoroute, mais l'entrée du musée.

Le nouvel environnement du musée et ses thèmes nous ont amenés à créer nos propres symboles en combinant des panneaux de signalisation anglais existants. Nous ne voulions surtout pas introduire de signes étrangers. Seul le panneau ‹Playing Outside› est dérivé d'un panneau suisse étant donné son incroyablement pertinence. Les autres panneaux résultent de combinaisons ou de modifications minimes.

La signalétique a été extrêmement bien accueillie par les adultes comme par les jeunes visiteurs et semble bien résister aux assauts quotidiens du public du Museum of Childhood.

J'espère avoir répondu à la plupart de tes questions.

Meilleures salutations
Laurent

Correspondence

Dear Laurent

As you already know, the topic of this year's exhibition of the Swiss Federal Office of Culture is innovation – one of the criteria according to which the Jury assesses the submitted works. I would now like to ask you to explain in more detail your understanding of innovation with reference to your work for the Museum of Childhood in London. Unfortunately I have never been there and only know the examples from your documents. There are nonetheless a few points I noticed with reference to the key word 'innovation'.

It seems to me that the local language of images was more important to you than inventing completely new symbols for the visual appearance and signposting of the museum. How do you assess the relationship between convention and innovation when the aim is to inform and guide visitors?

Maybe you see innovation more as transferring symbols than as creating new ones. What were your parameters whilst creating and which criteria were most important to you?

Maybe there are different starting points or 'levels of freedom' for you depending on the job? What role does this play for your approach and the innovative contents of the products? Is innovation actually a demand you make of your work or is it more of an expectation that is made of you from the outside? Do you assess other people's work according to how innovative it is in a certain field?

I have now asked a great many questions, so it is probably best if you select the ones you would like to respond to. They are actually all connected.

I look forward to your response and send my best wishes to London.

Renate Menzi

Dear Renate,

I have written down a few thoughts on your questions.

First of all, Martin Kippenberger sprang to mind. He once said to one of his students: "It doesn't have to be old, it doesn't have to be new, but it has to be good". During the creative process, one doesn't tend to think about innovation very often. Innovation is usually only recognised as innovation with hindsight, which makes it a term that is used retrospectively or, as you mention in your letter, a term that comes from the outside. Things that are supposed to be innovative from the start usually prove not to be.

My starting point tends to be a discussion in the studio, either with people around me or via e-mail with my colleagues. This can consist of general discussions, the use of references or mental gymnastics – all based on the starting position.

Often something is misunderstood or, to be more precise, interpreted differently, which often leads to an interesting or surprising answer to a situation that needs to be solved.

In the case of the Museum of Childhood, where I collaborated with Alex Rich, my studio partner of the time, we started from the observation that the graphic representation of crossroads on road signs can look like an aeroplane or that a face can be discovered in a house, and so on. It goes without saying that this is connected to imagination and maybe also to the age of the viewer or to what we teach children as right and wrong. Drawing a cow with three legs might be incorrect in terms of biology and maths, but may have its own quality as an illustration. As I mentioned above, quality or something innovative can be found in a misinterpretation or a different interpretation of things.

We felt it was much more interesting to work with something that already exists than to develop new signs. Instead of changing the signs, we wanted to change the way the latter were seen. Every child knows the road signs in his country, what they mean, what one has to do and what is forbidden. This provides a familiar starting point.

We were also undoubtedly inspired by Bruno Munari's playful experiments with children. How can air be made visible? How does a tree grow or, in our case, can a road sign also work in a museum? What happens if you see something indoors that you only know from outdoors and if blue no longer means motorway, but the entrance to the museum?

The new context of the museum and its topics led us to create our own specific symbols using a combination of the existing English road signs. In this process, it was important to us not to incorporate any foreign signs. Only the sign for 'Playing Outside' was derived from the Swiss road sign indicating a residential area, because it fitted so incredibly well. All the others were developed through pure combination or minimal changes.

Adults and younger visitors alike have reacted extremely positively to the signs so far, and the signs seems to be surviving the daily wear and tear in the Museum of Childhood well.

I hope that I have thus responded to most of your questions.

Best regards
Laurent

Marceline Berchtold

Email contact@marce-line.ch **Beruf** Textildesignerin **Jahrgang** 1972 **Lebt und arbeitet** in Luzern **unter dem Label** marce-line **Studium** an der Hochschule für Gestaltung und Kunst Luzern, Studienbereich Textildesign **Abschluss / Diplom** als Textildesignerin FH, 1999 **Praktika** Modedesignstudio washbox, London, 1998 – Textildesignatelier Nathalie Dommergue, Homburg, 1997 **Preis / Auszeichnung** Förderpreis für angewandte Kunst, Kanton Wallis, 2000 **Ausstellungen** ‹kopf-hand-stess›, Stand der Hochschule für Gestaltung und Kunst Luzern, Studienbereich Textildesign, ‹Blickfang›, Zürich, 2003 – Ausstellung im Rahmen des Projekts ‹be Trachten› in Visperterminen, 2003 – Gruppenausstellung ‹Kunstschaffen Glarus und Linthgebiet›, Kunsthaus Glarus, 2001 (Fotoarbeiten) **Show** Kollektion ‹foscher› (Schürzen), Modeschau im Rahmen des Projekts ‹beTrachten› in Visperterminen, 2003 **Werk / Projekt** Prämiert wurde eine Kollektion bestehend aus 9 Schürzen **Titel** ‹foscher› (Schürzen) **Entstehungsjahr** 2003 **Gruppe** A **Verkaufspreise** CHF 250.– bis CHF 500.– **Bezugsquelle** contact@marce-line.ch

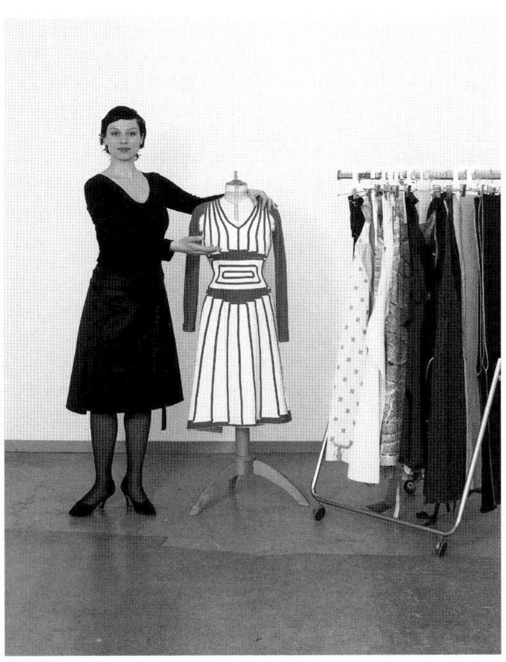

[D] Marceline Berchtold reichte eine Serie von neun Schürzenkleidern ein, eine Kollektion namens ‹foscher› (Schürzen), die sie im Rahmen des Projektes ‹beTrachten – eine interaktive Ausstellung zum aktuellen Kleidungsverhalten im Wallis› realisierte und für die sie sich von der bis heute lebendigen Trachtentradition in Visperterminen inspirieren liess. Ausgehend von einem bestechend einfachen Grundschnitt kombiniert die Textildesignerin Variationen der drei Elemente Vorderteil, Seitenteile und Träger in variantenreicher Art und Weise. Indem sie verschiedenste Textilien mit unterschiedlichsten Dessins verarbeitet, entstehen Stücke, die – trotz ihrer teilweise engen formalen Verwandtschaft – zu unterschiedlichsten Anlässen getragen werden können. Diese Arbeit, die aus einer präzis umrissenen Idee entstanden ist, besticht durch ihre sorgfältige Ausführung. Die Schürze wird dabei aber nie, obwohl so variantenreich präsentiert, zum selbstständigen Kleidungsstück, sondern bleibt, der Tradition entsprechend, ein grosszügiges, jedoch etwas dominantes Accessoire.

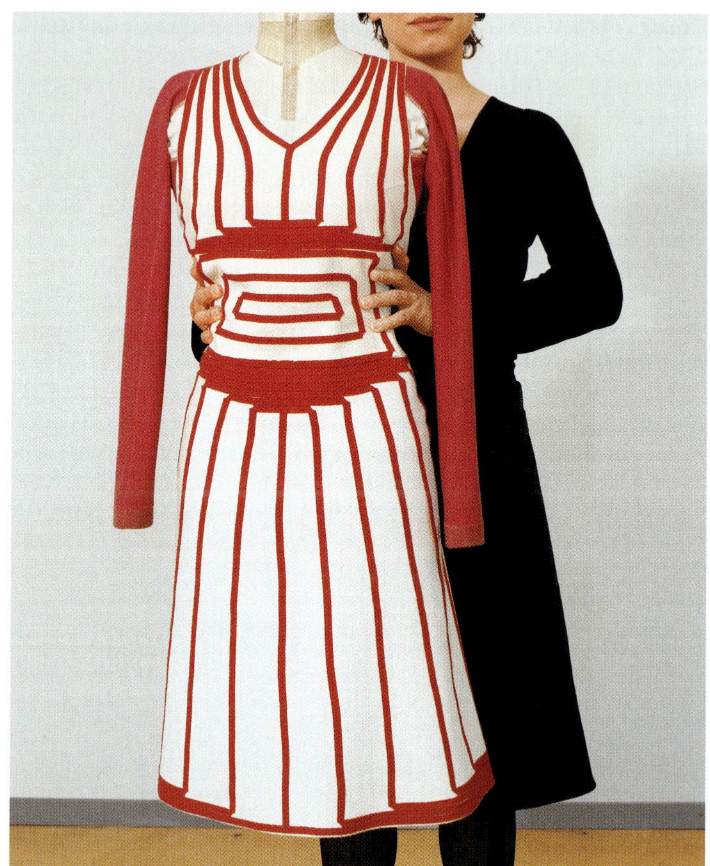

[F] Marceline Berchtold a présenté une série de neuf robes-tabliers, une collection appelée ‹ foscher › (tabliers), qu'elle a réalisée dans le cadre du projet ‹ beTrachten › – eine interaktive Ausstellung zum aktuellen Kleidungsverhalten im Wallis ›, pour laquelle elle s'est inspirée de la tradition de costumes folkloriques encore vivante aujourd'hui à Visperterminen. A partir d'une coupe de base d'une simplicité remarquable, la styliste combine des variations des trois éléments devant, côtés et bretelles d'une manière riche en variantes. En employant différents textiles aux motifs les plus divers, elle crée des vêtements qui – malgré leur parenté formelle parfois étroite – peuvent être portés en toutes sortes d'occasions. Ce travail, qui résulte d'une idée définie avec précision, séduit par sa réalisation soignée. Bien qu'il soit présenté en tant de variantes, le tablier n'atteint toutefois jamais le statut de vêtement autonome; il reste, comme le veut la tradition, un accessoire généreux, mais un tant soit peu dominant.

[E] Marceline Berchtold submitted a series of nine apron dresses, a collection entitled 'foscher' (aprons), which she implemented in the context of the project 'beTrachten – eine interaktive Ausstellung zum aktuellen Kleidungsverhalten im Wallis' ('beTrachten – an interactive exhibition on current clothing trends in the canton of Valais') and for which she has been inspired by the traditional costumes that are still worn in Visperterminen today. Using an impressively simple cut, the textile designer combines variations of the three elements front section, side sections and straps in an extremely diverse manner. By processing the most varied textiles with the most different designs, pieces are created that, despite their in part close formal relationship, can be worn to the most diverse events. Developed from a precisely outlined idea, this work is impressive in its careful implementation. Although the apron is presented in such a varied manner, it never becomes an independent item of clothing, but remains, in accordance with tradition, a generous, yet somewhat dominant accessory.

Schürzenkleider
2003

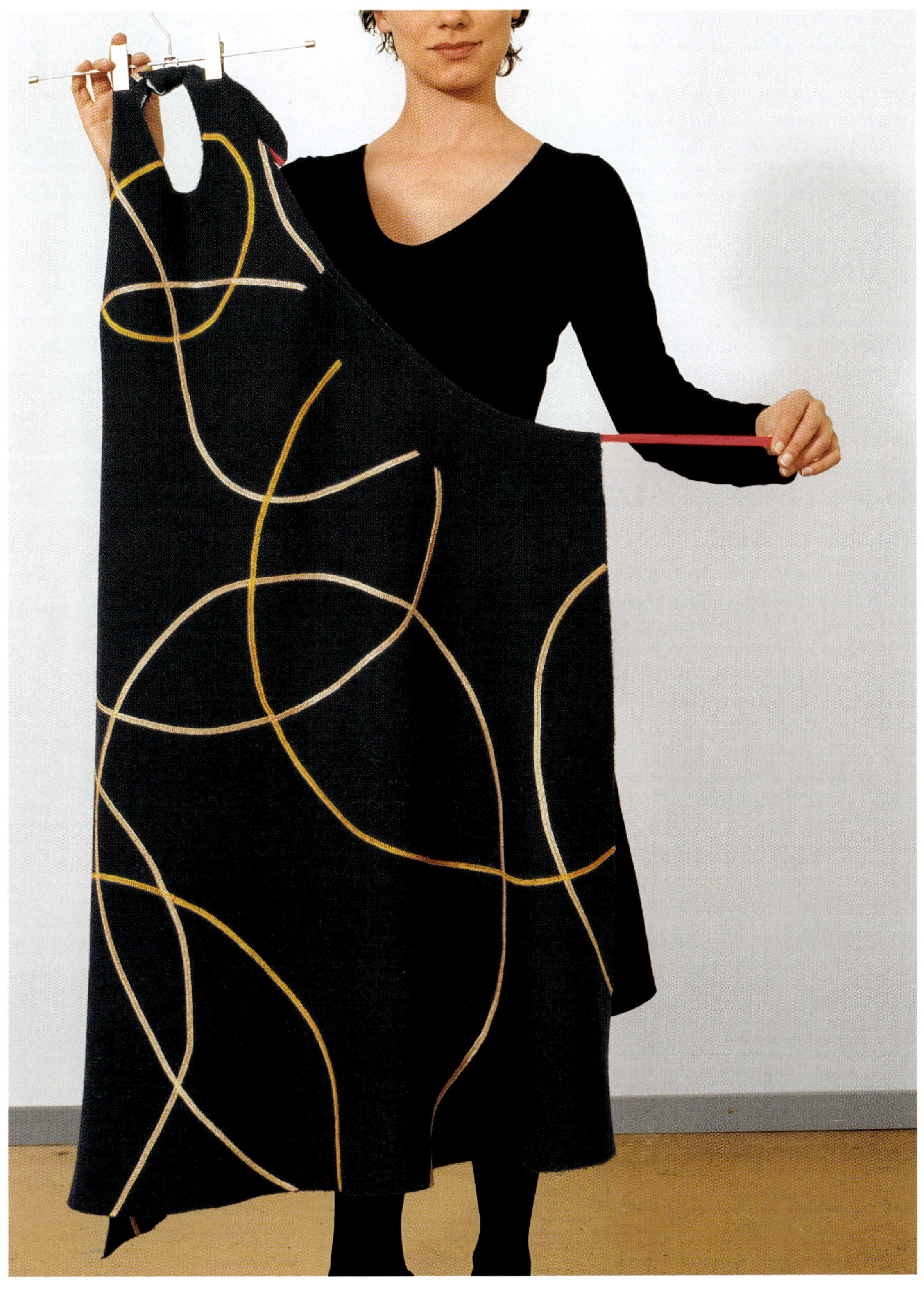

du bist bei deinem projekt ‹beTrachten› stark von der traditionellen walliser tracht ausgegangen. wie verhält sich die tradition zur innovation in deiner arbeit und wo zeigt sich dieses verhältnis ganz konkret in den schürzen?

ich habe mich auf intuitive weise dem thema angenähert und mich von meinem persönlichen fundus an eindrücken, erfahrungen und vorlieben inspirieren lassen. dieser fundus ist natürlich geprägt von meiner herkunft. ich bin aufgewachsen in einem gelebten nebeneinander der bekleidung (trachten) meiner grosseltern und der bekleidung der jüngeren generationen. ich habe auf spielerische art und weise mit ausgewählten elementen (schürze, falten, bänder) der tracht gearbeitet und nach einer neuen, zeitgemässen umsetzung gesucht. die schürze sehe ich als ein accessoire, das über den alltagskleidern getragen wird. zusammengefaltet passt die schürze in die handtasche und peppt zu gegebenem zeitpunkt das outfit auf. die schürze als haushalt- und arbeitsbekleidung verliert an bedeutung. sie wird von ihrer stiefmütterlichen behandlung befreit und dadurch auch für junge frauen interessant.
das innovative liegt für mich bei der textilen umsetzung mit verschiedenen techniken. als sehr spannend empfand ich die annäherung an die mode von der textilen seite her. die verschmelzung von textil- mit modedesign, z.b. durch den einsatz von nähten und bändern als musterelement oder den einsatz von knopflöchern zum verflechten von bändern. bei den inkjetbedruckten schürzen habe ich mit fotografien gearbeitet, die ich im weitesten sinne mit dem wallis verbinde.

ist nach deinem verständnis innovation so etwas wie ein aktualisierungsprozess, bei dem alte formen und zeichen in zeitgemässe übersetzt werden?

nicht zwingend. beim projekt ‹beTrachten› war das thema tracht der ausgangspunkt. interessant wird für mich dieser aktualisierungsprozess, wie du ihn nennst, wenn daraus etwas eigenständiges, neues entsteht. am beispiel von den ‹kopf-hand-stess›: aus dem bedürfnis heraus, kopftuch und ‹händschtess› (pulswärmer) in meine kollektion einfliessen zu lassen, aber neu zu interpretieren, ist ein accessoire entstanden, dass sowohl den puls wärmt, als auch den kopf bedeckt. das ‹kopf-hand-stess› ist ein wandelbares ärmeloberteil, dass auf verschiedene arten gewickelt werden kann, so dass es auch als schal, als seelenwärmer oder als pulli tragbar ist.

in diesem fall hast du also einen neuen typ von accessoire erfunden und nicht nur die erscheinung einer zeitgemässen ästhetik angepasst. machen solche erfindungen – nach deinem verständnis von innovation – ein produkt erst ‹neu› und sind sie dir wichtig für deine arbeit?

wichtig für meine arbeit ist die suche nach zeitlosem design und das umgehen von kurzlebigen trends. innovation beinhaltet für mich in diesem sinne beides: sowohl die wiederaufnahme von alten elementen in zeitgemässer erscheinung und erweiterter oder ‹neuer› bedeutung, als auch ‹neue› entwicklungen, erfindungen. wenn aus dem arbeitsprozess heraus etwas ‹neues›, eigenständiges entsteht, sehe ich das als eine art krönung der arbeit. wobei der begriff ‹neu› schwierig zu definieren ist.

tu t'es fortement inspirée du costume traditionnel valaisan lors de la réalisation de ton projet ‹beTrachten›. Quel est le rapport entre tradition et innovation dans ton travail, et comment cette relation se manifeste-t-elle concrètement au niveau des tabliers?

Marceline Berchtold

je me suis rapprochée du sujet de manière intuitive, m'inspirant de mon recueil personnel d'impressions, d'expériences et de préférences. celles-ci sont naturellement influencées par mon origine. j'ai grandi entre les vêtements (costumes) de mes grands-parents et la mode des générations plus jeunes. j'ai travaillé de manière ludique avec certains éléments (tablier, plis, rubans) du costume et cherché à les transposer dans un environnement moderne. je considère le tablier comme un accessoire qui se porte au-dessus des vêtements de tous les jours. plié, il rentre dans le sac à main, pour donner de l'effet à la tenue un fois sorti. le tablier servant aux tâches ménagères ou au travail perd de son importance. il se libère de sa connotation négative, devenant ainsi également intéressant pour les jeunes femmes.
pour moi, l'innovation consiste à utiliser diverses techniques pour le traitement des textiles. le rapprochement entre les aspects textiles et mode m'a beaucoup intéressé. la fusion entre le design mode et le design textile, par ex. en utilisant des coutures et des rubans pour créer des motifs, ou en se servant de boutonnières pour entrelacer des rubans. pour les tabliers avec impressions à jet d'encre, j'ai travaillé avec des photos que j'associe au sens le plus large du terme au canton du Valais.

estimes-tu que l'innovation s'apparente à un processus d'actualisation qui transcrit des formes et des signes anciens en des formes et signes modernes?

pas nécessairement. pour le projet ‹beTrachten›, le thème du costume a constitué le point de départ. ce processus d'actualisation, ainsi que tu le nommes, devient pour moi intéressant lorsqu'il débouche sur l'apparition d'un produit spécifique, voire nouveau. prenons l'exemple du ‹kopf-hand-stess›: du besoin d'intégrer foulard et ‹händschtess› (poignets) dans ma collection tout en interprétant ces éléments de manière nouvelle, est né un accessoire qui fait à la fois office de poignet et de couvre-chef. le ‹kopf-hand-stess› est un haut de manche transformable, qui peut être porté comme une écharpe, un fichu ou un pull selon la manière dont il est roulé.

dans ce cas, tu n'as donc pas uniquement adapté l'apparence d'une esthétique moderne, mais inventé un nouveau type d'accessoire. de telles inventions – selon ta conception de l'innovation – sont-elles nécessaires pour qu'un produit soit novateur, et les considères-tu comme importantes pour ton travail?

ce qui m'importe dans mon travail, c'est de rechercher un design intemporel et d'éviter les tendances passagères. dans ce sens, l'innovation englobe pour moi deux idées: tant la reprise de vieux éléments en leur donnant une apparence moderne et une signification plus large ou ‹nouvelle›, que le développement de ‹nouvelles› créations, inventions. lorsque le processus aboutit sur quelque chose de ‹nouveau›, de spécifique, j'y vois une sorte de couronnement du travail accompli. encore que la notion de ‹nouveau› soit dure à définir.

E-mail correspondence

> your project 'beTrachten'[1] is based strongly on the traditional costume of canton Valais. what is the relationship between tradition and innovation in your work and where can this relationship be seen specifically in the aprons?

I approached the subject intuitively and allowed myself to be inspired by my personal collection of impressions, experiences and preferences. it goes without saying that these resources are influenced by my origins. I grew up in a lived juxtaposition of the clothing (traditional costumes) of my grandparents and the clothing of the younger generation. I worked with selected elements (apron, pleats, ribbons) of the traditional costume in a playful manner and looked for a contemporary implementation. I see the apron as an accessory that is worn over everyday clothes. when it is folded up, the apron fits into a handbag and can jazz up one's outfit at the appropriate time. the apron is losing significance as an item of household or work clothing. it is being liberated from its stepmotherly treatment and thus becoming interesting for young women, too.
the innovative for me lies in the implementation of textiles using various techniques. I found approaching fashion from the side of textiles extremely exciting. the fusion of textile design with fashion design, e.g. through the use of seams and ribbons as patterns or the use of buttonholes to interweave ribbons. for the inkjet-printed aprons I worked with photographs that I connect with canton Valais in the broadest sense.

> do you thus see innovation as an updating process where old forms and signs are translated into contemporary ones?

not necessarily. the starting point for the 'beTrachten' project was the topic of traditional costumes. this updating process, as you call it, becomes interesting for me if it leads to the development of something new and independent. using the example of the 'kopf-hand-stess' (head-hand-warmer): from the need to incorporate the headscarf and wristlets in my collection, but to interpret them in a new way, an accessory came into being that warms your wrists and covers your head. the 'kopf-hand-stess' is a changeable upper part of a sleeve that can be wound in various ways so that it can be worn as a scarf, a comforter or a sweater.

> here, you invented a new type of accessory and did not simply adapt an emerging form of contemporary aesthetics. according to your understanding of innovation, is it only inventions of this kind that make a product 'new', and are they important for your work?

searching for timeless design and avoiding short-lived trends are important for my work. in this sense, innovation contains both elements for me, namely the reuptake of old elements in a contemporary appearance and an expanded or 'new' significance, as well as 'new' developments and inventions. if something 'new' and independent develops from the working process, I see that as a kind of crowning of the work. it is, however, difficult to define the term 'new'.

---

1 The German verb 'betrachten' means 'to observe, to consider', while the noun 'Tracht' means 'traditional costume'. This German play on words 'be-trachten' thus also means 'to deck out in traditional costume'. (tn)

Franziska Burkhardt

Email buka @ datacomm.ch **Beruf** Grafikerin **Jahrgang** 1972 **Lebt und arbeitet** in Zürich **unter dem Label** Buka Grafik **Studium** an der Hochschule für Gestaltung und Kunst Zürich, Studienbereich Grafik **Abschluss / Diplom** als Grafikerin, 1996 **Praktika** bei Graphic Thought Facility, London, 1999 — National Institut of Design, Ahmedabad, 1994/1995 **Arbeitete auch zusammen mit** Nadine Spengler (bis 2003) **unter dem Label** Mäusepolizei **Preise / Auszeichnungen** Auszeichnung für das Plakat ‹TonArt 02/03› am Wettbewerb ‹100 beste Plakate 02, Deutschland Österreich Schweiz›, 2003 — Nomination für den ‹Leistungspreis 2003› der Hochschule für Gestaltung und Kunst Zürich, 2003 **Ausstellung** ‹Leistungspreis 2003› der Hochschule für Gestaltung und Kunst Zürich, Museum für Gestaltung Zürich, 2003/2004 **Publiziert in** ‹100 beste Plakate 02, Deutschland Österreich Schweiz›, Verlag Hermann Schmidt, Mainz, 2003 — ‹Los Logos, a selected logo collection›, Die Gestalten Verlag, Berlin, 2002 — ‹Benzin, Junge Schweizer Grafik›, Verlag Lars Müller, Baden, 2000; publizierte Arbeiten von Mäusepolizei (d.h. in Zusammenarbeit mit Nadine Spengler) **Werke / Projekte** Prämiert wurden diverse Printprodukte aus dem Bereich der visuellen Kommunikation (u.a. für ‹TonArt›, Bern, Helmhaus Zürich, Kunsthalle St. Gallen, Hochschule für Gestaltung und Kunst Zürich, F.I.R.M.A., kobal, Bildwurf, Freitag, usw.) **Entstehungsjahre** 2000–2004 **Gruppe** B

[D] In geschickter Präsentation gewährt Franziska Burkhardt einen Blick in ihr facettenreiches Schaffen. Die Palette reicht von Kinodia-Entwürfen, Konzertplakaten, Neujahrskarten über T-Shirts samt Bestellformularen bis hin zu Programmen und Plakaten für renommierte Kulturinstitutionen. Ebenso vielfältig wie die Printprodukte sind die Gestaltungsmöglichkeiten, die Franziska Burkhardt klug und äusserst professionell zu nutzen weiss: Sie kombiniert freie, handgezeichnete Elemente mit grafisch stark reduzierter Typografie, Collagetechnik mit matrixgebundenen Schrifttypen oder selbst entwickelte digitale Fonts mit neu formulierten grafischen Zitaten. Ihre Arbeit zeichnet sich durch die eigenwillige und erfrischende Synthese zahlreicher (typo-)grafischer Spielformen aus: Wie ein roter Faden zieht sich eine unbefangene Freude am Spiel durch das breite Spektrum ihrer Arbeiten, bei der die Gestalterin weder konzeptionelle Disziplin noch grafische Sorgfalt aus den Augen verliert.

[E] Using a clever presentation, Franziska Burkhardt offers an insight into her multi-facetted work. The palette ranges from slides designs, concert posters and New Year's cards via T-shirts with order forms to programmes and posters for well-known cultural institutions. Franziska Burkhardt knows how to use the design possibilities in a smart and extremely professional manner and they are as varied as the print products themselves. She combines free hand-drawn elements with typography that is greatly reduced in graphic terms, a collage technique with matrix-bound fonts and personally developed digital fonts with newly formulated graphic quotations. Her work is characterised by the idiosyncratic and refreshing synthesis of numerous (typo-) graphic forms. Unbiased delight in the game runs through the broad spectrum of her work like a thread, with the designer never losing sight of conceptual discipline or graphic accuracy.

[F] Dans une présentation habile, Franziska Burkhardt nous accorde un regard sur son œuvre aux facettes multiples. La palette va des projets de diapos pour la publicité cinéma aux affiches de concerts, des cartes de nouvel an aux programmes et affiches pour des institutions culturelles de renom, en passant par les tee-shirts avec formulaires de commande. Les possibilités créatives que Franziska Burkhardt sait utiliser de façon totalement professionnelle sont aussi variées que les produits imprimés: elle combine des éléments libres, dessinés à la main, avec une typographie fortement réduite, une technique de collage avec des écritures matricielles ou des polices de caractères numériques développées par elle-même avec des citations graphiques reformulées. Son travail se distingue par la synthèse originale et rafraîchissante de nombreux registres (typo)graphiques: tel un fil rouge, un ludisme spontané anime l'entièreté du large spectre de ses travaux, dans lesquels la créatrice ne perd de vue ni la discipline conceptuelle, ni le soin graphique.

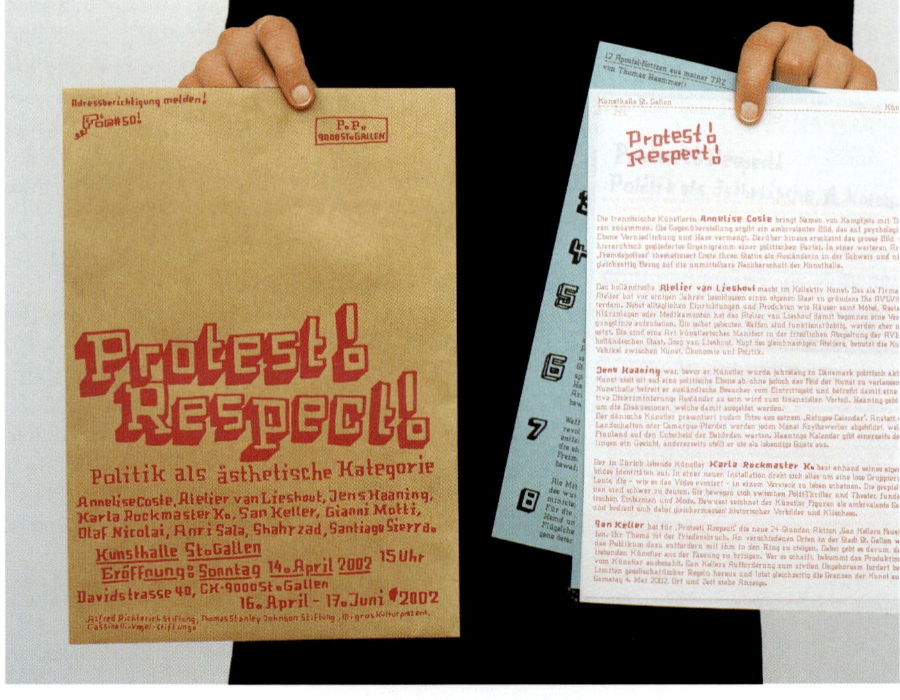

←
Drucksachen für die Kunsthalle St. Gallen
2002

→
Plakat ‹TonArt›
2003

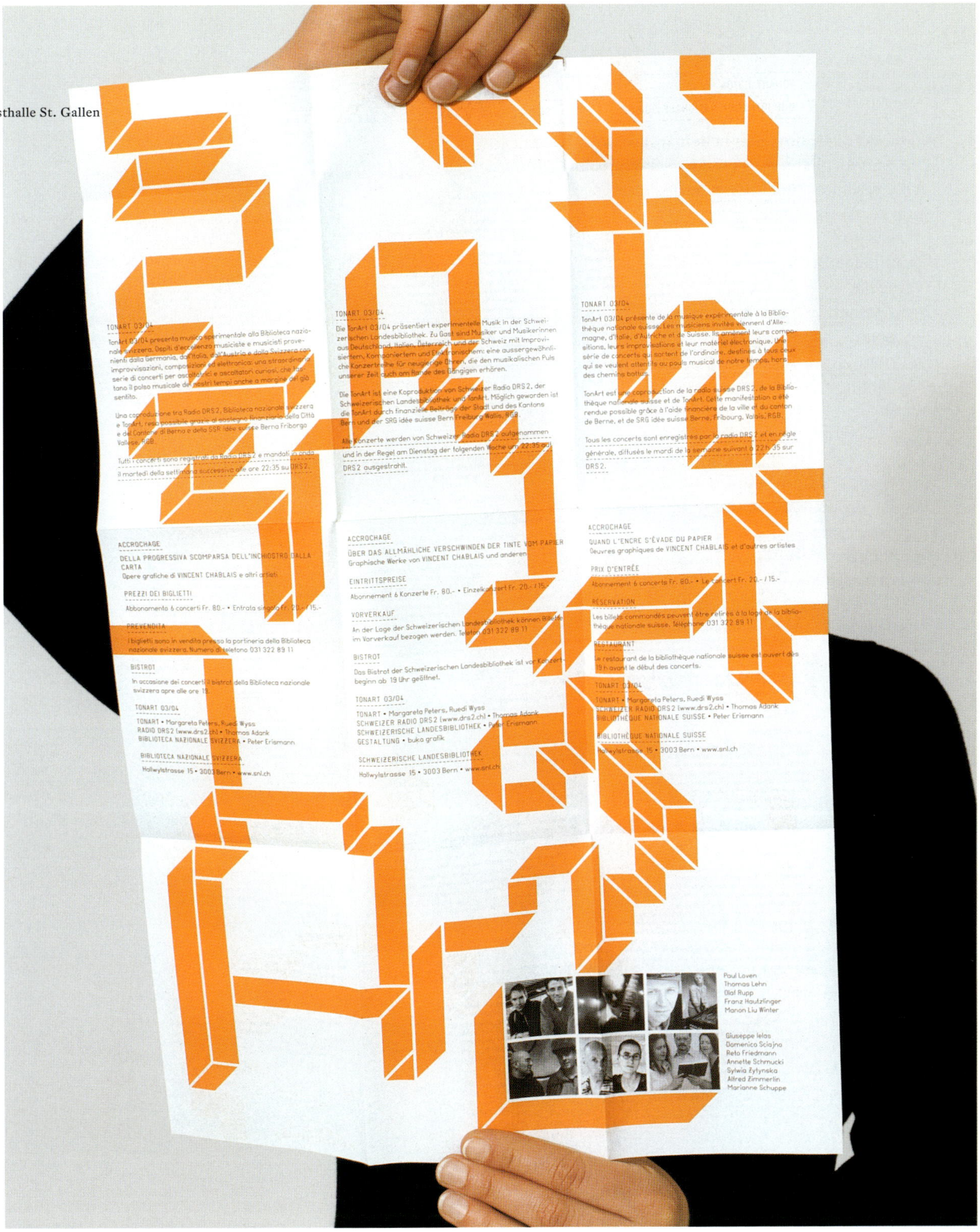

[D]

Fax-Interview

1. Wo steckt die Innovation in deiner Arbeit?
(Die Antwort kann sich auf ein exemplarisches Produkt oder auf die gesamte Projekteingabe beziehen.)

a) Material/Technologie:
zerlegen

b) Idee/Thematik/Konzept:
regeln

c) Form/Ästhetik:
bauen

d) Funktion:
stapeln

e) andere:
systematisieren

2. Wie vermittelt sich diese Innovation?

a) über das Produkt selbst:
ausmustern

b) über die Inszenierung:
vortäuschen

c) andere:
ausloten

3. Wie bist du auf diese Innovation gekommen?

a) Recherche:
ordnen

b) Methodik:
aufbewahren

c) Zufall/Intuition:
spielen

d) andere:
aufspüren

4. Wovon bist du ausgegangen?
(Hier ist das ‹Alte› oder das Bestehende gemeint, das den Hintergrund für deine Innovation bildet.)

a) Problem/Mangel:
ausradieren

b) kulturelles Phänomen:
durchhalten

c) Tradition/Geschichte:
jagen

d) andere:
sammeln

5. Was ist dein Anspruch an ein neues Produkt?
(Das kann sich auf eigene oder fremde Produkte beziehen.)

a) technische Erfindung:
reduzieren

b) neue Erscheinung:
erinnern

c) Rekombination/Sampling:
festhalten

d) Rekontextualisierung:
ausbüxen

e) andere:
erneuern

Interview par fax

1. Où réside l'innovation dans ton travail? (La réponse peut se rapporter à un produit déterminé ou à la démarche dans sa globalité.)
a) matériau/technologie:
décomposer
b) idée/sujet/concept:
arranger
c) forme/esthétique:
construire

Franziska Burkhardt

d) fonction:
superposer
e) autres:
systématiser

2. A travers quoi cette innovation se manifeste-t-elle?
a) le produit lui-même:
assortir
b) la mise en scène:
simuler
c) autres:
sonder

3. Comment en es-tu arrivé/e à cette innovation?
a) recherche:
trier
b) méthodique:
conserver
c) hasard/intuition:
jouer
d) autres:
dépister

4. Quel a été le point d'ancrage de cette innovation, autrement dit sur quel substrat a-t-elle été conçue?
a) problème/lacune:
éliminer
b) phénomène culturel:
résister
c) tradition/histoire:
chasser
d) autres:
collectionner

5. Qu'est ce qui t'intéresse dans un nouveau produit? (Qu'il s'agisse d'un de tes produits ou non.)
a) inventivité technique:
réduire
b) nouvel aspect visuel:
rappeler
c) recombinaison/sampling:
retenir
d) recontextualisation:
fuir
e) autres:
renouveler

[E]

Fax interview

1. Where is the innovation in your work?
(The answer can refer to an exemplary product or to the whole submitted project.)

a) Material/technology:
deconstruct

b) Idea/topic/concept:
regulate

c) Form/aesthetics:
construct

d) Function:
stack

e) Other:
systemise

2. How is this innovation conveyed?

a) Via the product itself:
sort out

b) Via the production:
feign

c) Other:
fathom

3. Where did you get the idea for this innovation?

a) Research:
arrange

b) Methodology:
preserve

c) Coincidence/intuition:
play

d) Other:
detect

4. What was your starting point?
(This refers to the 'old' or existing aspects that form the background to your innovation.)

a) Problem/deficiency:
erase

b) Cultural phenomenon:
persevere

c) Tradition/history:
hunt

d) Other:
gather

5. What demands do you make of a new product?
(This can refer to your own or to other products.)

a) Technical invention:
reduce

b) New appearance:
remember

c) Recombination/sampling:
hold

d) Recontextualisation:
run away

e) Other:
renew

Patricia Collenberg
Zuzana Ponicanova

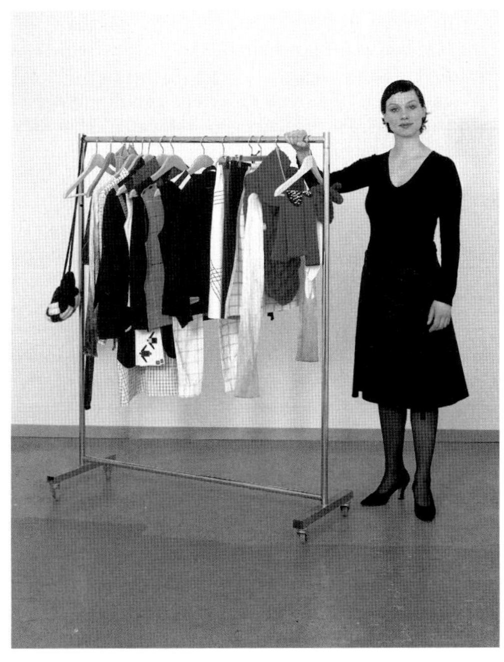

PATRICIA COLLENBERG — **Email** p.collenberg @ freesurf.ch **Beruf** Textildesignerin **Jahrgang** 1968 **Lebt und arbeitet** in Zürich **unter dem Label** Collenberg / Ponicanova **Berufsausbildung** Lehre als Handarbeits- und Hauswirtschaftslehrerin, Seminar Chur **Studium** an der Hochschule für Gestaltung und Kunst Zürich, Studienbereich Textildesign **Abschluss / Diplom** als Textildesignerin FH, 1997 **Praktikum** bei Anne Miek Kooper, Amsterdam, 1995 **Arbeitet auch zusammen mit** Remo Derungs, Zürich, 2001 **Preise / Auszeichnungen** 3. Preis an der ‹Blickfang›, Zürich, 2002 — 2. Preis am Möbelwettbewerb zum Thema ‹working at home› in der Ausstellung ‹Perspektiven› in Basel zusammen mit Remo Derungs, 2001 **ZUZANA PONICANOVA** — **Email** zuzana @ ponicanova.com **Beruf** Gestalterin **Jahrgang** 1971 **Lebt und arbeitet** in Zürich **unter dem Label** Collenberg / Ponicanova **Berufsausbildung** Fachklasse für Textilgestaltung, Kunstgewerbeschule in Bratislava, Slowakische Republik Studium an der Hochschule für Kunst in Bratislava — Hochschule für Gestaltung und Kunst Zürich, Studienbereich Textildesign **Abschluss / Diplom** als Textilgestalterin und Gestalterin FH (Theorie der Gestaltung und Kunst), 1995 und 2000 **Arbeitet auch zusammen mit** Yves Netzhammer, Tim Zulauf, beide Zürich **Preis / Auszeichnung** 3. Preis an der ‹Blickfang›, Zürich, 2002 **COLLENBERG / PONICANOVA Ausstellungen** Tuchreform Winterthur, Einzelausstellung, 2004 — ‹CRISS & CROSS Design aus der Schweiz›, New York, São Paolo, Winterthur, Berlin u.a., 2003 / 2004 **Shows** Modeschau im Rahmen von ‹CRISS & CROSS Design aus der Schweiz›, Gewerbemuseum Winterthur, 2004 — ‹Starmaterial 4›, Modeschau im EWZ Selnau, Zürich, 2004 **Werke / Projekte** Prämiert wurden verschiedene Kollektionen, Winter 2001 / 2002 bis Winter 2003 / 2004 **Entstehungsjahre** 2001 – 2004 **Gruppe** A **Auflagen** Kleinserien, 10 – 60 Stück **Verkaufspreise** Teile der Kollektion CHF 80.– bis CHF 400.– — Accessoires CHF 30.– bis CHF 350.– **Bezugsquellen** Collenberg / Ponicanova, Atelierladen, Klingenstrasse 23, 8005 Zürich — einzelne Teile der Kollektionen: Museum Bellerive, Höschgasse 3, 8008 Zürich — Tuchreform, Obere Kirchgasse 8, 8400 Winterthur

[E] A summer collection submitted by Patricia Collenberg and Zuzana Ponicanova under the motto "Urbane Landschaft oder Küchentuch-Karo?" (urban landscape or tea towel checks?) plays with a prominent design on numerous skirts and tops. It consists of hand-painted black or fluorescent orange checks on a white background combined with single-coloured materials. In addition, a winter knitwear collection invites you to carry out "excavation work in the field of physical feelings". This is achieved through 'multifunctional' and ambiguous items of clothing, where it takes just a flick of the wrist to transform, for example, the sleeves into a scarf or a roll neck into a hood. The two fashion designers use conspicuously and accurately designed labels to provide guidance through the different ways of wearing their wonderfully witty clothes, and reveal how elements can be exchanged and how cuffs, back warmers or collars can be added to individual outfits that are adapted to the current climate. The total of four submitted collections have two things in common. Firstly, the pieces rarely remain the way they appear at a first glance and, secondly, the individual pieces are all made with the greatest care and skilled material sensitivity. Many things are alterable and inspire their wearers to be creative.

[D] Eine von Patricia Collenberg und Zuzana Ponicanova eingereichte Sommerkollektion spielt unter dem Motto «Urbane Landschaft oder Küchentuch-Karo?» auf zahlreichen Jupes und Oberteilen stark mit einem markanten Dessin: handgemalte schwarze oder fluoreszierend orange Karos auf weissem Grund in Kombination mit unifarbenen Stoffen. Daneben lädt eine winterliche Strickkollektion zu einer «Grabungsarbeit im Feld der Körpergefühle» ein. Sie tut dies mit ‹multifunktionalen›, mehrdeutigen Kleidungsstücken, deren Ärmel beispielsweise mit einfachen Handgriffen in einen Schal oder deren Rollkragen in eine Kapuze umgewandelt werden können. Mit auffällig sorgfältig gestalteten Labels führen die zwei Modemacherinnen durch die Tragarten ihrer wunderbar witzigen Kleider und zeigen auf, wie Elemente ausgewechselt, Stulpen, Rückenwärmer oder Kragen zu individuellen und dem jeweiligen Klima angepassten Outfits ergänzt werden können. Den insgesamt vier eingereichten Kollektionen ist zweierlei gemeinsam: Erstens bleiben die einzelnen Stücke selten, was man auf den ersten Blick zu sehen glaubt, und zweitens sind sie alle mit grösster Sorgfalt und geschickter Materialsensibilität gemacht. Vieles ist wandelbar und lädt zu eigener Tragkreativität ein.

[F] Une collection d'été présentée par Patricia Collenberg et Zuzana Ponicanova joue à fond, sous la devise « Paysage urbain ou carreau de torchon de cuisine ? », sur de nombreuses jupes et hauts avec un motif intéressant: des carreaux peints à la main en noir ou orange fluorescent sur fond blanc en combinaison avec des tissus unis. En outre, une collection de tricots d'hiver invite à un « travail de fouilles dans le champ des sensations corporelles ». Elle le fait avec des vêtements ‹multifonctionnels› et ambigus, dont les manches, par exemple, peuvent être transformées par des gestes simples en écharpe, ou le col à rouler en un capuchon. Avec des labels conçus avec un soin visible, les deux stylistes nous guident à travers les manières de porter leurs créations pleines d'esprit et montrent comment des éléments peuvent être changés, comment des revers, des chauffe-dos ou des cols peuvent venir compléter des tenues individuelles et adaptées au climat. Les quatre collections présentées au total ont deux points communs: premièrement, les vêtements restent rarement ce que l'on croit voir au premier abord, et deuxièmement, ils sont tous confectionnés avec le plus grand soin et un sens subtil des matériaux. Beaucoup d'éléments sont variables et invitent à faire preuve de créativité dans la manière de les porter.

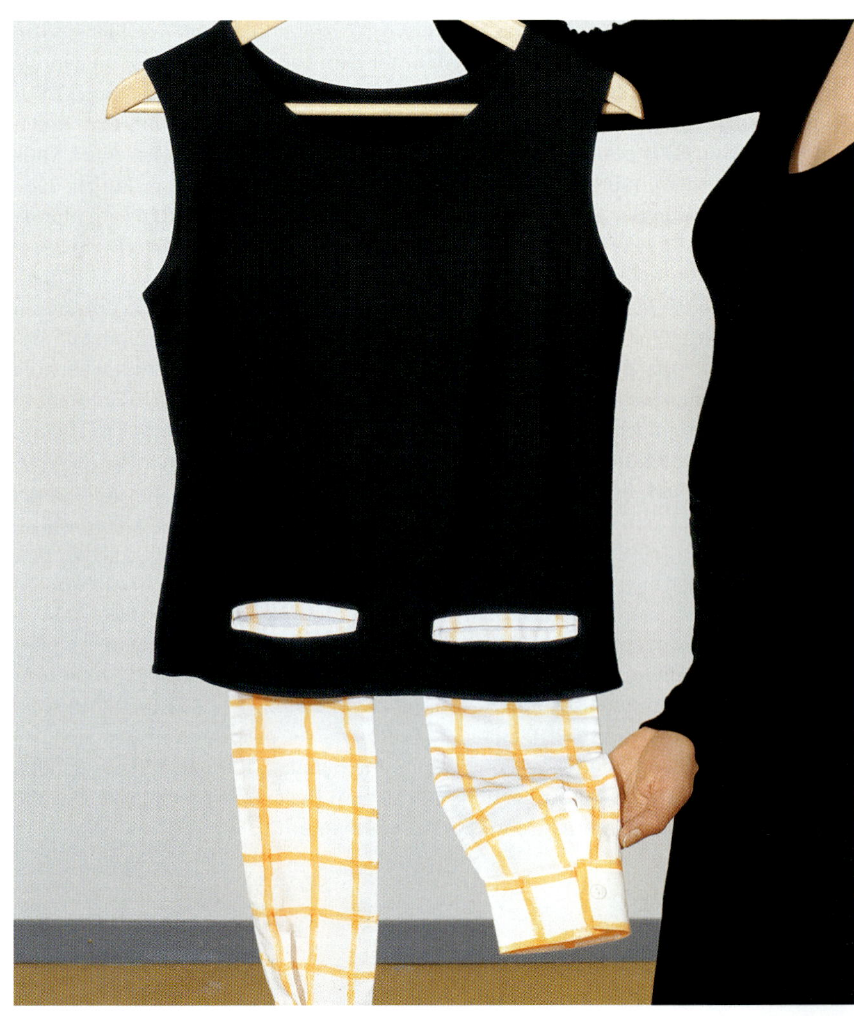

←
Oberteil mit Ärmeltaschen
2003

→
Oberteil mit ‹Rückenpanzer›
2003

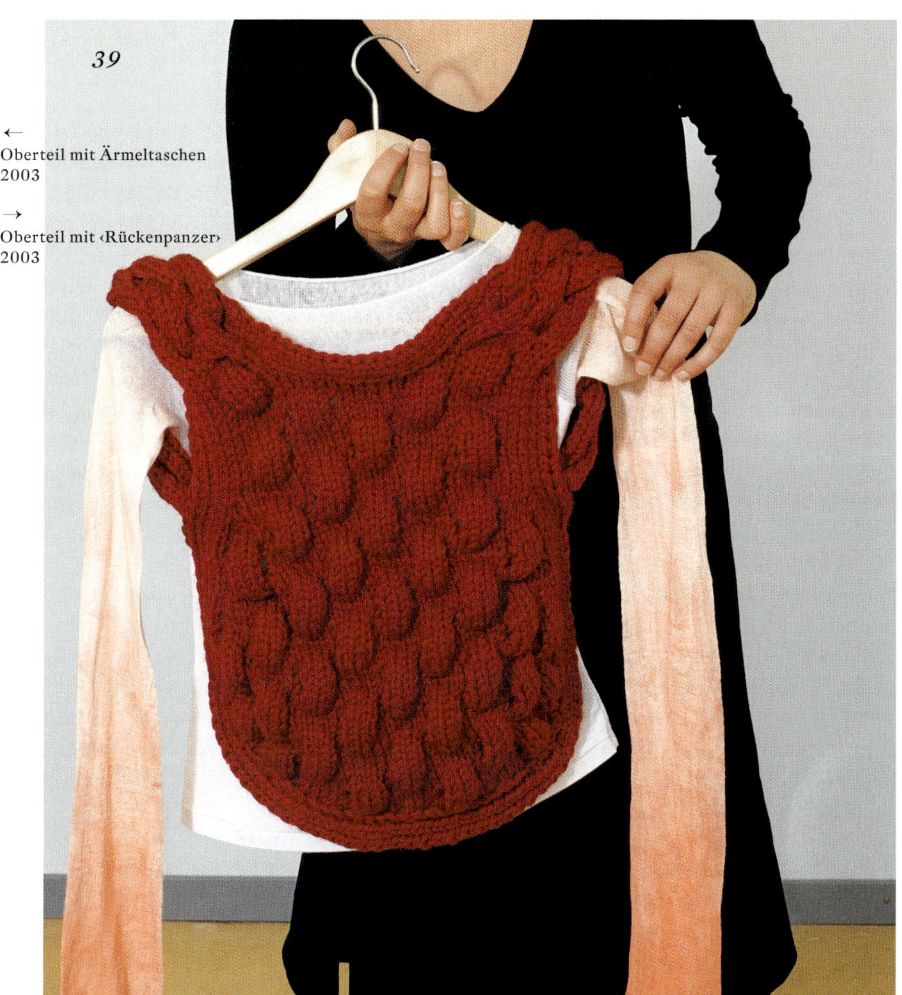

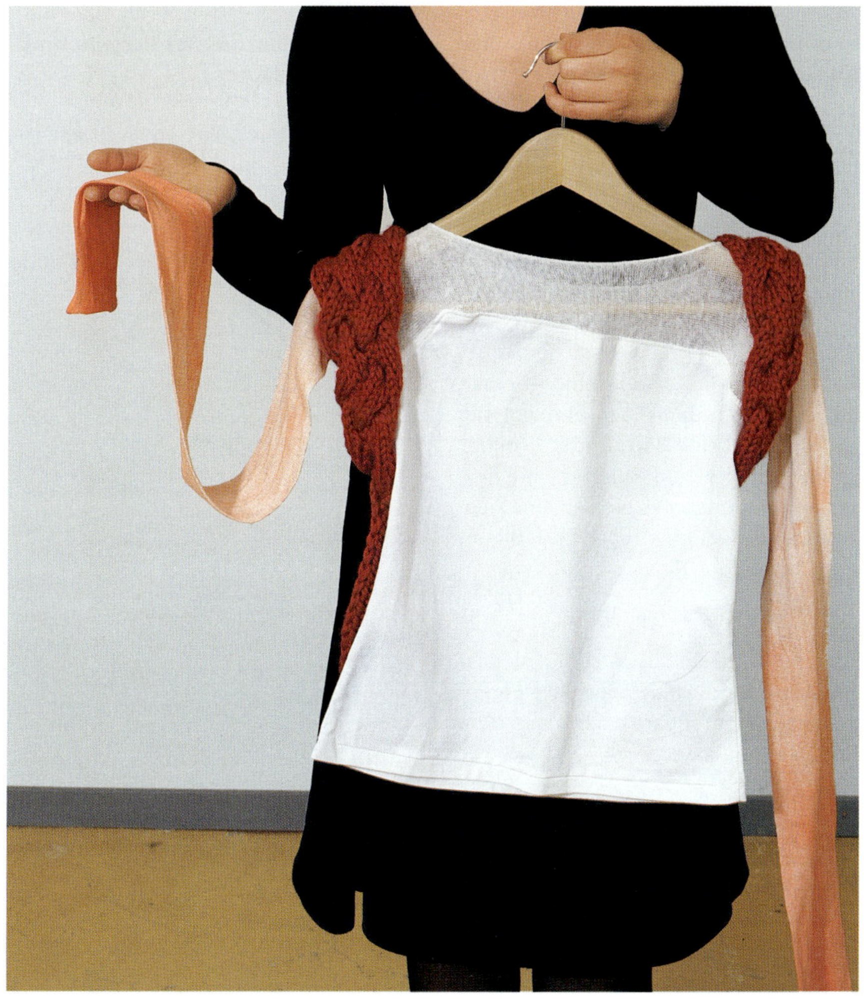

Mode steht unter dem Druck, immer etwas Neues zu produzieren. Wie findet ihr euch damit zurecht?

Z Wir möchten vor allem bildnerische Ideen am Körper sehen und umsetzen. Als Textilgestalterinnen sind wir geschult, Stoffe zu machen und uns um den Herstellungsprozess zu kümmern. Wir könnten die schnellen Rhythmen der Modeindustrie gar nicht einhalten, denn wir kommen von einer anderen Seite. Wir arbeiten an einer Idee, an einem Thema, und darum herum werden dann unsere Produkte gebaut. Ob das Thema der Mode entspricht oder nicht, interessiert mich eigentlich gar nicht.

Und wie geht ihr vor, wenn ihr neue Produkte entwickelt?

Z Wir haben ein Thema im Kopf oder einen bestimmten Ausdruck, den wir gerne bringen würden. Dann tüfteln wir so lange, bis wir diesen Ausdruck hinkriegen mit den einfachen Mitteln, die wir haben. Am Anfang haben wir selbst viel von Hand gefertigt. Inzwischen haben wir auch begonnen, gewisse Arbeiten an Firmen abzugeben. Das sind aber alles Betriebe, wo man viel zusammenarbeitet. Wir überwachen den Herstellungsprozess, kontrollieren immer wieder und greifen auch ein.

P Im Vergleich zur Mode haben wir den Vorteil, dass wir die Produktionstechniken kennen. Wir können Stoffe selbst herstellen und oft ergibt sich daraus eine Idee. Zum Beispiel wenn wir Lust auf eine bestimmte Technik haben. Und dann macht uns die Not auch erfinderisch. Wir mischen zwischen Basisteilen, die maschinell gefertigt werden und bearbeiten sie dann von Hand oder mit anderen Techniken weiter. Dieser enge Rahmen zwingt uns auch oft, ein Teil anders in die Hand zu nehmen oder etwas auszuprobieren, was dann manchmal zu erfreulichen Resultaten führt.

Dann habt ihr also zwei Herangehensweisen. Einerseits geht ihr von einer Idee, von einem Thema aus, andererseits entstehen auch Ideen im Arbeitsprozess.

Z Wir bemühen uns, soweit es geht, die Stoffe selbst herzustellen oder gekaufte durch Bemalen, Bedrucken oder Besticken zu verfremden. Wir haben die Stoffe auch meistens schon festgelegt, wenn wir anfangen.

P Aus diesem Prozess können also auch Ideen kommen. Wir überlegen uns dann aber nicht, ob wir eine Hose machen wollen oder einen Jupe. Oft ist es viel abstrakter und wir sagen uns: Jetzt schaffen wir zwei grosse Flächen am Körper, die wir bearbeiten können. Das ist ein anderer Zugang.

Z Deswegen ergibt sich auch oft mehr als eine Möglichkeit, ein Kleidungsstück zu tragen. Wir sind ja wirklich bekannt dafür, dass man alles bei uns drehen kann ...

P «Man kann noch etwas mehr mit dem Teil!», sagen dann die Leute. (lacht)

Z ... aber das ist nicht einfach ein formaler Gag. Ich will ein Produkt nicht ganz zu Ende bestimmen, sondern auch inhaltlich auf die Veränderungen im Leben eingehen, zum Beispiel auf die Kindheit und das Alter. Das geschieht auch auf der Ebene der Muster. Ein Karo können wir als Tischdecke oder als inhaltliche Aufladung von etwas verwenden. Das sind bildnerische Momente, mit denen wir gerne spielen.

Ist es denn so, dass man sich mit eurer Art zu denken kleiden kann?

Z Es wäre wunderbar, wenn uns das gelingen würde.

Dann liegt die Innovation in eurer Arbeit in dieser Idee und im Material, das ihr selbst herstellt?

Z Das kann ich für uns nicht so genau beurteilen, weil mir die Distanz fehlt. Aber ich glaube, es ist in jedem Fach ähnlich: Die Handschrift spielt eine Rolle und die Art der Abstraktion, mit der man versucht, eine Idee umzusetzen. Für uns ist es einfach eine Ausdrucksweise, die wir hinkriegen und mit unserem gegenseitigen Einverständnis zusammen präsentieren.

Dann ist für euch Eigenständigkeit dasselbe wie Innovation oder eure Eigenständigkeit garantiert euch, dass eure Produkte neu sind?

P Mhm, ... ja, dort unterscheiden wir nicht. Unser Drang, etwas Eigenständiges zu machen, ist wichtiger.

Z Die messen wir nicht an fremden Produkten, sondern an unseren eigenen. Sonst müssten wir immer schauen, was die anderen machen; das tun wir aber relativ selten.

P (schüttelt den Kopf) Aber wir kontrollieren das schon! Gerade beim Beispiel Karo, das du erwähnt hast, stellt sich die Frage: Was stellen mir mit diesem Karo an, das alle Welt schon hundertfach gesehen hat? Das ist einer der Punkte, wo wir beide dann, vielleicht ohne dass wir darüber sprechen, uns schon auch anpassen mit unserem Wunsch von Bild, von Ausdruck, vom Wie-etwas-daherkommt.

Z (macht eine abwehrende Geste) Ich glaube aber, dass wir erst einigermassen zufrieden sind, wenn die Idee Kohärenz bekommt in den Dingen, wenn sie sichtbar wird. Und wenn sie das nicht wird, dann werde ich ganz unruhig. Dann ist es noch nicht fertig. (lacht)

Und diese Idee ist immer von euch beiden?

Z Ja.

Und das ist dieselbe Idee?

Z Nein. Jaaa, das werden wir oftmals gefragt, (beide lachen) ...

P ... und das führt zu heftigen Diskussionen.

La mode est contrainte de proposer constamment de nouveaux produits. Comment arrivez-vous à gérer cela?

Z Nous voulons surtout voir et transposer sur le corps des idées créatives. La formation de designers textile, nous apprend à concevoir des tissus et à nous occuper du processus de fabrication. Nous ne pouvons pas suivre le rythme effréné de l'industrie de la mode étant donné que nous venons d'un autre secteur. Nous travaillons sur une idée ou sur un thème, qui constitue la base sur laquelle nous concevons ensuite nos produits. Ca ne m'intéresse pas de savoir si le thème est conforme ou non aux tendances de la mode.

Patricia Collenberg Zuzana Ponicanova

Comment procédez-vous lorsque vous développez un produit?

Z Nous avons un thème en tête ou une expression particulière que nous souhaitons exploiter. A partir de ce moment là, nous bricolons jusqu'à ce que nous obtenions cette expression avec les moyens simples dont nous disposons. Au début, nous avons fait beaucoup de choses à la main. Entre temps, nous avons aussi commencé à donner certains travaux à des sociétés. Il s'agit toujours d'entreprises au sein desquelles les collaborateurs travaillent énormément de conserve. Nous surveillons le processus de fabrication, procédons régulièrement à des contrôle et intervenons si nécessaire.

P Nous disposons d'un avantage sur la mode, nous connaissons les techniques de production. Nous pouvons fabriquer des tissus, qui seront peut-être ensuite à l'origine d'une idée. Par exemple, lorsque nous avons envie d'utiliser une technique particulière. La nécessité nous rend également créatives. Nous mélangeons des éléments de base fabriqués mécaniquement et nous les retravaillons à la main ou à l'aide d'autres techniques. Ce cadre relativement étroit nous oblige fréquemment à considérer un élément différemment ou à essayer quelque chose qui permet parfois d'obtenir des résultats particulièrement satisfaisants.

Vous avez donc deux façons différentes de concevoir des produits. Soit vous partez d'une idée ou d'un thème, soit vous trouvez une idée au cours du processus de fabrication.

Z Nous essayons, dans la mesure du possible, de fabriquer les tissus nous-mêmes ou de modifier à l'aide de peintures, d'impressions ou de broderies des étoffes achetées. Généralement, les tissus sont déjà choisis lorsque nous commençons.

P Des idées peuvent donc naître de ce processus. Mais nous ne nous demandons jamais si nous allons fabriquer un pantalon ou une jupe. C'est très souvent bien plus abstrait et nous nous disons: nous allons fabriquer deux grands pans pour le corps, que nous pouvons modifier. C'est une autre approche.

Z C'est pourquoi, les vêtements peuvent souvent être portés de multiples façons. Nous sommes connues pour nos vêtements transformables…

P « Ce vêtement offre encore davantage de possibilités! », disent ensuite les gens. (rit)

Z … mais ce n'est pas un gag formel. Je ne veux pas déterminer un produit jusqu'au bout, mais donner une place aux changements qui rythment la vie tels que l'enfance et l'âge. Cela se reflète, entre autres, au niveau du motif. Un tissu à carreaux peut-être utilisé comme nappe ou pour donner du punch à quelque chose. Ce sont des moments créatifs avec lesquels nous aimons jouer.

En quelque sorte, on peut s'habiller avec votre façon de penser?

Z Ce serait magnifique, si nous y arrivions.

Alors l'aspect novateur de votre travail réside dans cette idée et dans le matériau que vous fabriquez vous-mêmes?

Z Je ne peux pas véritablement juger cela car je n'ai pas de recul. Mais je pense que c'est la même chose dans tous les domaines: la griffe de chacun joue un rôle essentiel comme l'art de l'abstraction avec lequel on essaye de transposer une idée. Pour nous, il s'agit simplement d'une manière de s'exprimer que nous maîtrisons et que nous présentons ensemble d'un commun accord.

Donc pour vous, la spécificité est synonyme d'innovation ou votre spécificité est le garant du caractère innovant de vos produits?

P Hum, … oui, nous ne faisons pas de différence. Notre volonté de créer quelque chose d'unique est plus importante.

Z Nous ne la mesurons pas d'après les produits des autres créateurs, mais d'après les nôtres. Sinon, il nous faudrait constamment regarder ce que développent les autres, ce que nous faisons rarement.

P (secoue la tête) Mais nous contrôlons ça tout de même! En ce qui concerne l'exemple du motif à carreaux que tu as mentionné tout à l'heure, la question se pose de savoir ce que nous allons faire de ce motif que le monde entier a déjà vu des centaines de fois? C'est un des aspects auquel nous nous adaptons toutes les deux, peut-être sans même que nous en parlions, avec notre désir d'image, d'expression et nos interrogations sur l'origine d'un tel mouvement.

Z (fait un geste de protestation) Je crois cependant que nous sommes à peu près satisfaites lorsque l'idée devient cohérente, lorsqu'elle devient perceptible. Et si ça n'arrive pas, je deviens nerveuse. Cela signifie que ce n'est pas fini. (rit)

Et cette idée vous vient à toutes les deux?

Z Oui.

Et il s'agit de la même idée?

Z Non. Ouii, c'est une question que l'on nous pose souvent, (elles rient toutes les deux) …

P … et qui entraîne de violentes discussions.

Fashion is under pressure constantly to produce something new. How do you cope with that?

Z Our main aim is to see and implement sculptural ideas on the body. As textile designers we are trained to make fabrics and to deal with the production process. We couldn't adhere to the rapid rhythms of the fashion industry because we come from another perspective. We work on an idea, a topic, and our products are then built around this. I am not particularly interested in whether the topic corresponds to fashion or not.

And how do you proceed when you develop new products?

Z We have a topic or a certain expression in our head that we would like to use. And then we work on it for so long until we achieve this expression using the simple means that we have. At first we produced a lot by hand ourselves. In the meantime we have also started giving some work to companies. However, these are all operations where there is a great deal of collaboration. We monitor the production process, perform repeated checks and also intervene.

P Compared to fashion, we have the advantage that we know the production techniques. We can produce fabrics ourselves and an idea often arises from this. For example, if we feel like using a certain technique. And necessity is the mother of invention for us, too. We mix two basic items that are produced by machine and then process them further by hand or using other techniques. This tight framework often forces us to hold an item differently or to try something out, which can then sometimes lead to pleasing results.

So you have two approaches. On the one hand you start from an idea, from a topic, and on the other hand ideas develop during the work procedure.

Z We try, to as great a degree as possible, to produce the fabrics ourselves or to alienate them through painting, printing or embroidery. We have usually already determined the fabrics before we start.

P So ideas can also arise from this process. However, we don't then think about whether we want to make a pair of trousers or a skirt. It's often more abstract and we tell ourselves: now we are going to create two large areas on the body that we can process. That's another approach.

Z That's why there's often more than one possibility for wearing an item of clothing. After all, we are well-known for the fact that you can turn all our things round ...

P "There's still something else you can do with the item", is what people say. (laughs)

Z ... but that is not simply a formal gag. I don't want to determine a product all the way to the end, but instead also use the contents to deal with changes in life, for example with childhood and old age. That happens at the level of patterns. We can use checks as a tablecloth or to charge something in terms of contents. Those are sculptural moments we like to play around with.

Is it possible to dress oneself using your way of thinking?

Z It would be great if we managed that.

So the innovation in your work lies in this idea and in the material that you produce yourselves?

Z I'm not really in a position to assess that in detail for us because I don't have the necessary distance. However, I believe it's similar in all cases. Handwriting plays a role and the type of abstraction one uses to implement an idea. For us it's simply a form of expression we achieve and present together with our mutual consent.

So for you autonomy is the same as innovation, or your autonomy guarantees that your products are new?

P Mmm, ... yes, we don't make a distinction there. Our desire to do something independent is more important.

Z We don't measure it against other people's products, but against our own. Otherwise we would have to check constantly what the others are doing. And we don't tend to do that very often.

P (shakes her head) But we do check! Taking the example of the check you mentioned, the question arises: what are we going to do with this check that the whole world has already seen hundreds of times? That's one of the points where we both – maybe without talking about it – already adapt with our desire for the image, the expression, the how-something-appears.

Z (makes a deprecating gesture) However, I believe that we are only satisfied to a certain degree when the idea becomes coherent in items, when it becomes visible. And if that doesn't happen, I get very restless. And that means it isn't finished. (laughs)

And this idea always comes from both of you?

Z Yes.

And it's the same idea?

Z No. Yeeees, we are often asked that (they both laugh) ...

P ... and it leads to vehement discussions.

E-mail mail@fdedelley.ch **Profession** Product Designer **Année de naissance** 1964 **Vit et travaille** à Zurich **Etudes** au Art Center College of Design, La Tour de Peilz **Achèvement / diplôme** en tant que Bachelor of Science (Honors), département ‹Product Design›, 1990 **Prix / distinction** Prix de reconnaissance de la Fondation Max Bill Georges Vantongerloo, 2000 **Expositions** ‹CRISS & CROSS Design aus der Schweiz›, New York, São Paolo, Winterthour, Berlin e.a., 2003 / 2004 – ‹Frédéric Dedelley, Möbel und Objekte›, exposition personnelle, Haus Bill, Zumikon, 2000 **Publié dans** ‹Werk, Bauen + Wohnen›, ‹Gestalterische Verwandtschaft, Renovation der Kirche St. Theresia in Zürich›, Christina Sonderegger, juin 2003 – ‹NZZ›, ‹Die Leichtigkeit des Designs›, Irene Meier, 2 juin 2000 **Objets / projets** Ce qui à été primé: armoire en aluminium ‹Haïku› – tabouret tournant ‹Evolution› – sièges en polystyrène ‹Diamond› **Années de création** 2002 – 2004 **Groupe** B **Production** ‹Haïku›, produit en série par Lehni AG, dès 2004 – ‹Diamond›, produit et distribué en série signé et numéroté par l'auteur, dès 2004 – ‹Evolution›, produit en série par Burri AG, dès 2002 **Prix de vente** ‹Haïku› CHF 5'000.– – ‹Evolution› CHF 550.– – ‹Diamond› CHF 130.– **Sources** ‹Haïku›, liste des sources par Lehni AG, 8600 Dübendorf, lehni@lehni.ch – ‹Evolution›, distribué uniquement par le fabricant Burri AG Public Elements, 8152 Glattbrugg, info@burriag.ch – ‹Diamond›, distribué par Frédéric Dedelley, mail@fdedelley.ch

Frédéric Dedelley

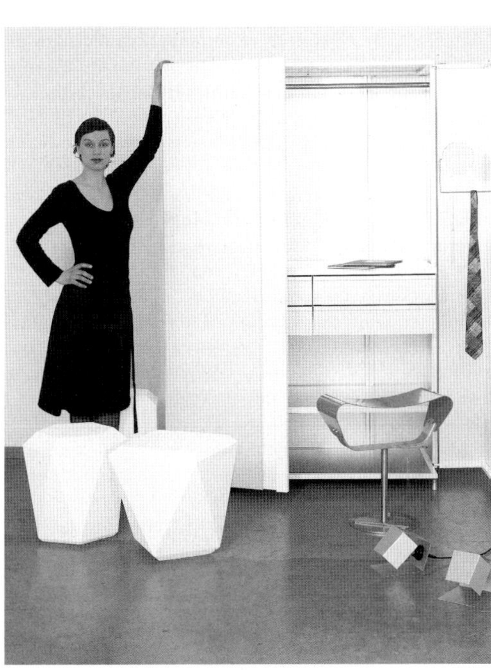

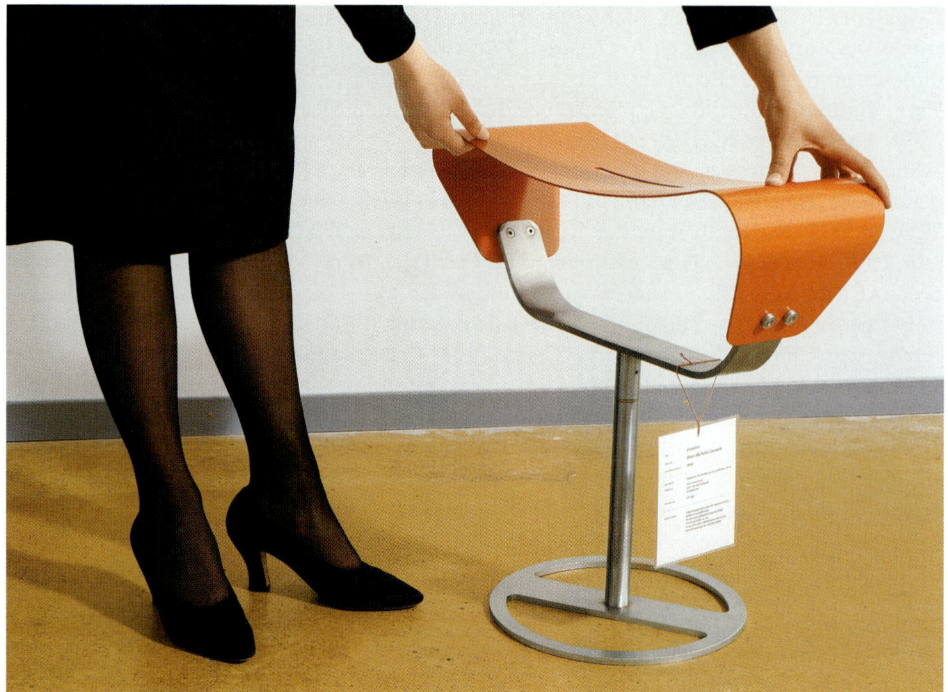

[D] Die eingereichten Objekte repräsentieren Frédéric Dedelleys breites Schaffen als Produktdesigner. Klare Linien und schnörkelloses, intelligentes Design prägen die Stücke. Und doch sind es nicht bloss vernünftig und asketisch gestaltete Objekte, denn allesamt strahlen sie eine sinnliche Gediegenheit aus. So zeigen sie auch Frédéric Dedelleys ausgeprägte Sensibilität für Raumgestaltung: Der Schrank offenbart eine wohl konzipierte Innenwelt, einen eigenständigen Raum, der als Boudoir individuell den persönlichen Bedürfnissen angepasst werden kann, und die Styroporhocker, die hier stellvertretend für das Ausstellungsdesign von ‹Swiss Design 2003› stehen, erinnern an die stimmungs- und respektvolle Ausstellungsgestaltung im mudac in Lausanne. Die mit einem überzeugenden Farbkonzept gestalteten Räume wurden von den Styropormöbeln – als klare optische Verbindung der eigenständigen Ausstellungsobjekte – wie von einer markanten, klar lesbaren Grafik durchzogen. Einzig Details (wie die etwas laut schliessenden Türen und Schubladen und die weiss lackierte Griffleiste des Schrankes) stehen im Kontrast zur sonst äusserst professionellen und kohärenten Gestaltung und Machart.

[F] Les objets rendus représentent l'ample œuvre de Frédéric Dedelley comme designer de produits. Les pièces se distinguent par des lignes pures et un design intelligent sans fioritures. Ce ne sont toutefois pas simplement des objets conçus de façon raisonnable et ascétique, car ils dégagent tous une solidité sensuelle. Ainsi, ils témoignent également de la grande sensibilité de Frédéric Dedelley pour l'agencement intérieur: l'armoire dévoile un monde intérieur bien conçu, un espace autonome pouvant être adapté aux besoins personnels de chacun comme boudoir, et les tabourets en polystyrène, qui représentent ici le design de l'exposition ‹Swiss Design 2003›, rappellent la conception évocatrice et respectueuse de l'exposition au mudac à Lausanne. Tel un graphisme distinctif et clairement lisible, les meubles en polystyrène établissaient un lien visuel clair entre les objets autonomes de l'exposition à travers les salles agencées selon un concept de couleurs convaincant. Seuls certains détails (comme les portes et tiroirs un tant soit peu bruyants lorsqu'on les ferme et la poignée laquée en blanc de l'armoire) ne s'accordent pas avec la conception et la fabrication sinon parfaitement professionnelles et cohérentes.

[E] The submitted objects represent Frédéric Dedelley's wide range of work as a product designer. The pieces are characterised by clear lines and unadorned, intelligent design. At the same time, however, they are not just reasonably and ascetically designed objects, because they all radiate sensual dignity. They thus also reveal Frédéric Dedelley's marked sensitivity for spatial design. The wardrobe opens up a well-designed internal world, an independent space, which – as a boudoir – can be individually adapted to one's personal needs. The polystyrene stools, which are representative of the exhibition design of 'Swiss Design 2003', are reminiscent of the atmospheric and respectful exhibition design at mudac in Lausanne. The polystyrene furniture, as a clear optical connection of the independent exhibition objects, pervaded the rooms, which were designed with a convincing colour concept, as if by prominent and clearly legible graphic art. Only details (such as the doors and drawers, which are somewhat noisy upon closing, and the white lacquered plate of the wardrobe) form a contrast to the otherwise extremely professional and coherent design and working.

←
Tabouret tournant ‹ Evolution ›
2002

→
Siège en polystyrène ‹ Diamond ›
2003

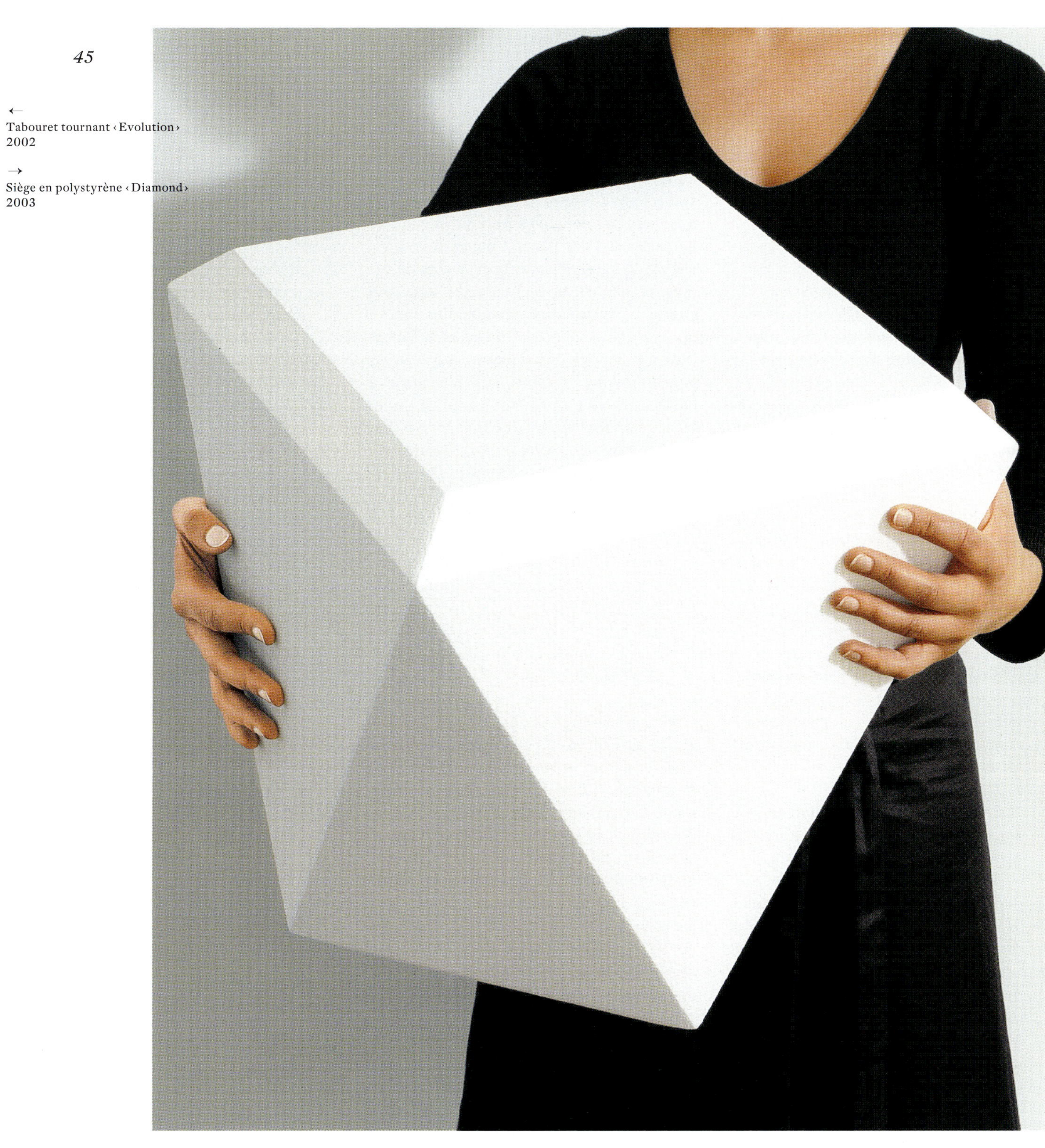

Est-ce que ton travail présente des aspects novateurs et, si oui, peux-tu nous les citer?

Un designer, par définition, cherche toujours à créer quelque chose de nouveau, et non à reproduire ou à copier. L'innovation elle-même peut intervenir à différents niveaux et se retrouver sur le plan fonctionnel, formel ou matériel, ou encore sur tous les plans en même temps.

(après un instant de réflexion) Dans mon travail, elle consiste surtout à inventer de nouvelles catégories de produits, comme c'est par exemple le cas avec le tabouret tournant ‹Evolution› qui incarne un nouveau type de meubles d'extérieur. Ce résultat s'obtient parfois en combinant plusieurs typologies connues, sur la base d'une analyse de projet bien entendu. Je ne suis sans doute pas un visionnaire, tel qu'on peut se l'imaginer aujourd'hui, mais plutôt un amoureux du détail qui s'efforce de réaliser un travail d'optimisation. Si je devais qualifier ce que je fais, je parlerais de ‹upgrade›, c'est-à-dire de revalorisation. A mon avis, l'optimisation peut être, elle aussi, une forme d'innovation.

Quand tu parles d'optimisation, tu penses à la fonction ou aussi aux qualités esthétiques?

Dans un premier temps davantage à la fonction et à la rationalisation de la fabrication qu'à la forme de l'objet. La conception est toujours liée à un certain degré de subjectivité qui n'est pas quantifiable.

Mais on rencontre aussi des redesigns qui ne sont en fait que des modifications de surface, qui reprennent un principe existant et lui donnent une nouvelle apparence…

Personnellement, je préfère les emprunts (léger temps d'hésitation), de temps à autre, mais je ne veux pas me contenter de prendre un objet et de l'embellir. Dans mon travail, la forme reflète souvent la fonction. Pour l'armoire, par exemple, je devais respecter un cahier des charges très précis. Je connaissais ses dimensions et sa fonction et je savais qu'il fallait des tringles à habits, des tablettes et des tiroirs, et que l'ensemble devait être aussi flexible que possible. Cela faisait déjà beaucoup d'éléments à prendre en compte si bien que la conception se résumait principalement à la question de l'ouverture. Une chose était sûre: étant donné qu'une armoire est un meuble caisson, je n'allais pas dessiner une armoire ronde. Je n'ai donc pas cherché à obtenir une forme qui sorte de l'ordinaire. Ce que je voulais, c'était surtout exprimer le caractère de cet objet sous l'angle de sa fonction. L'idée de la charnière latérale est le résultat d'une brève étude des principes d'ouverture et de fermeture. Le contenu de l'armoire s'offre au regard, la lumière pénètre généreusement à l'intérieur, les tablettes et les tiroirs semblent venir à la rencontre du bras, ce qui souligne ce geste d'ouverture. A ce moment, la forme était totalement secondaire. Elle s'est ensuite affinée au fil du processus d'ébauche pour finalement s'ancrer dans les détails.

Et pourtant le revêtement dégage une atmosphère particulière. Plutôt une impression de froideur même, en ce qui me concerne. Est-ce qu'on ne pourrait pas imaginer un autre matériau, par exemple de la fourrure?

L'aluminium fait pour ainsi dire partie intégrante de l'image de la société Lehni, qui fabrique l'armoire. Au début, nous avons effectivement hésité à utiliser d'autres matériaux. Cependant, j'étais d'avis que l'on ne devait pas porter atteinte à cette image en changeant de matière, mais plutôt essayer de la renouveler à d'autres niveaux, en revoyant l'approche du projet. Les meubles de Lehni sont avant tout fonctionnels. En donnant cette dimension à l'ouverture, j'ai essayé d'ajouter une note émotionnelle afin de rafraîchir l'image de la société.

Est-ce que ce serait un bon exemple de ‹upgrade›?

(acquiescement) Oui, puisque l'on s'appuie sur des points de référence.

Est-ce qu'il t'arrive de te renseigner pour savoir si ce que tu fais est vraiment nouveau?

Oui, bien sûr. S'informer et faire des recherches, que ce soit dans l'histoire du design ou sur le marché, est essentiel à mes yeux. Il est important de se tenir au courant afin de ne pas recréer, sans le savoir, ce qui existe déjà. C'est pourquoi je commence toujours par analyser les différents paramètres avant d'entamer un projet. Ensuite, je fais mon enquête auprès de designers que j'apprécie, dans l'histoire du design et dans la vie de tous les jours. Ce sont là des étapes majeures, surtout dans le contexte de l'innovation. La conception proprement dite n'intervient qu'après.

Est-ce que tu considères l'innovation comme un critère important lorsque tu évalues les produits d'autres designers?

Oui, car je souhaite être surpris et il ne peut y avoir de surprise sans innovation, au sens large du terme.

Gespräch

Kannst du Aspekte in deiner Arbeit bezeichnen, die innovativ sind?

Die Motivation als Designer ist sowieso, etwas Neues zu machen und nicht irgendetwas zu wiederholen oder zu kopieren. Innovation kann auf verschiedenen Ebenen passieren, auf der Funktionsebene, auf der formalen, der materiellen oder auf allen Ebenen gleichzeitig.

(denkt nach) In meiner Arbeit hat Innovation etwas mit dem Versuch zu tun, neue Typologien zu erfinden, wie zum Beispiel beim Drehhocker ‹Evolution›. Da geht es um einen neuen Möbeltyp für den Aussenbereich. Das gelingt manchmal, indem man verschiedene bekannte Typologien kreuzt und durchmischt – aufgrund einer Projektanalyse natürlich. Ich bin wahrscheinlich nicht unbedingt ein Visionär, sondern eher jemand, der im Detail arbeitet und versucht,

Frédéric Dedelley

eine Optimierungsarbeit zu leisten. Es gibt ein Wort, das ich sehr gerne habe in Bezug auf meine Arbeit: das ist ‹upgrade›, also die Aufwertung eines Zustands. Optimierung kann meiner Meinung nach auch eine Form von Innovation sein.

Wenn du Optimierung sagst, denkst du dann an die Funktion oder auch an ästhetische Qualitäten?

Zuerst eher an die Funktion und die Rationalisierung der Produktion als an die Form. Bei der Formgebung gibt es ja immer einen subjektiven Anteil, den man nicht quantifizieren kann.

Aber es gibt auch Redesigns, die nur Oberflächenveränderungen sind und für das gleiche Prinzip ein neues Kleid entwerfen …

Mich interessiert mehr das Zitat (zögert), ab und zu, aber ich möchte nicht einfach etwas nehmen und es schöner gestalten. Oft ist in meiner Arbeit die Form Ausdruck der Funktion. Beim Schrank beispielsweise hatte ich ein sehr klares Pflichtenheft zu erfüllen. Ich kannte seine Grösse und die Funktion und wusste, dass es Kleiderstangen, Tablare und Schubladen brauchte und dass der Schrank möglichst flexibel ausgestattet werden sollte. Damit war schon recht viel gegeben. Die Grundüberlegung für die Gestaltung um diese Funktion war dann das Inszenieren des Öffnens. Ich habe mir überlegt, dass ein Schrank eigentlich ein sachliches Kastenmöbel ist und dass ich sicher keinen runden Schrank machen würde. Ich suchte also nicht nach einer verrückten Form, sondern wollte vielmehr den Charakter dieses Objektes durch den Umgang mit der Funktion ausdrücken. Durch die kurze Analyse des Themas Öffnen und Schliessen ist dann die Idee des seitlichen Scharniers entstanden. Dadurch wird der Inhalt des Schrankes gut sichtbar, viel Licht kommt herein, die Tablare und die Schubladen scheinen einem entgegenzukommen und diese Geste des Öffnens wird betont. Die Form war zu diesem Zeitpunkt völlig untergeordnet, sie hat sich dann im Entwurfsprozess verfeinert und spielt sich eher in der Detaillierung ab.

Und trotzdem strahlt seine Oberfläche eine bestimmte Atmosphäre aus. Auf mich wirkt sie blank und eher kühl. Könnte sie auch aus einem anderen Material sein, zum Beispiel aus Pelz?

Die Firma Lehni, die den Schrank produziert, hat ein Image, das stark mit dem Material Aluminium verbunden ist. Am Anfang haben wir mit dem Gedanken gespielt, andere Materialien zu verwenden. Ich fand aber, dass man dieses Image nicht durch einen Materialwechsel antasten sollte, sondern vielmehr versuchen sollte, das Bild der Firma auf anderen Ebenen zu erneuern, indem man die Herangehensweise ans Projekt ändert. Die Möbel von Lehni sind sonst sehr reduziert und sachlich. Mit der Inszenierung des Öffnens habe ich versucht, ein bisschen Emotionalität ins Spiel zu bringen, um das Image der Firma Lehni etwas aufzufrischen.

Wäre das ein gutes Beispiel für ‹upgrade›?

(nickt) Ja, man baut auf Referenzpunkte auf.

Klärst du jeweils ab, ob etwas, das du machst, auch neu ist?

Ja absolut, ich finde es sehr wichtig, dass man sich informiert und recherchiert, entweder in der Designgeschichte oder auf dem Markt. Es ist sehr wichtig, dass man auf dem Laufenden ist und nicht unbewusst wiederholt, was es schon gibt. Ich beginne deshalb meine Projekte immer mit einer Analyse der Parameter, danach recherchiere ich entweder bei Designern, die ich sehr schätze, in der Designgeschichte und im Alltag. Das sind die wichtigsten Momente, gerade in Bezug auf Innovation. Erst danach fängt der Gestaltungsprozess an.

Ist für dich das Kriterium der Innovation auch wichtig, wenn du die Produkte von anderen Designern beurteilst?

Ja, eigentlich schon. Ich möchte überrascht werden und für eine Überraschung braucht es eine Innovation, auf welcher Ebene auch immer.

Discussion

Can you name aspects of your work that are innovative?

A designer's motivation is to do something new and not to repeat or copy anything. Innovation can occur at various levels, at a functional level, at a formal level, at a material level or at all levels at the same time.

(thinks) In my work, innovation is connected to the attempt to invent new typologies, such as the 'Evolution' swivel stool, which is a new type of furniture for outdoors. It sometimes works by crossing and mixing various well-known typologies – based on a project analysis, of course. I am probably not necessarily a visionary, but rather someone who works in detail and tries to perform optimisation work. There's a word that I really like in reference to my work, namely 'upgrade', i.e. the increase in value of a condition. To my mind, optimisation can also be a form of innovation.

When you say optimisation, are you thinking of the function or also of aesthetic qualities?

First of all, the function and rationalisation of production rather than the form. There is always a subjective aspect connected to form, which cannot be quantified.

But there are also redesigns, which are only surface changes and which create a new appearance for the same principle...

I'm more interested in quotation (hesitates), sometimes, but I don't simply want to take something and design it in a more beautiful manner. In my work, the form is often an expression of the function. In the case of the wardrobe, for example, I had extremely clear specifications to fulfil. I was aware of its size and function and knew that it needed clothes rails, shelves and drawers and that the wardrobe had to be as flexible as possible. That was already quite a lot of information. The basic thought behind the design surrounding this function was then how to stage-manage the opening. I decided that, objectively, a wardrobe is an item of unit furniture and that I would under no circumstances be making a round wardrobe. I thus did not look for a crazy form, but instead wanted to express the character of this object through dealing with its function. A brief analysis of the topic of opening and closing then led to the idea of the lateral hinge. This makes the inside of the wardrobe visible, a great deal of light streams in, the shelves and drawers appear to come towards you and the gesture of opening is emphasised. At this point, the form was completely subordinate. It was refined during the design process and tends to be implied in the details.

But its surface still exudes a certain atmosphere. It has a naked and rather cool effect on me. Could it also be made from a different material, for example fur?

The image of the company Lehni, which produces the wardrobe, is strongly linked to the material aluminium. At first we toyed with the idea of using other materials. However, I then felt that one shouldn't change the image by switching material, but that one should rather try to renew the company's image at a different level, by changing the way the project is approached. Furniture by Lehni tends to be extremely reduced and stark. By stage-managing the opening, I tried to bring some emotionality into the game to refresh the image of the company Lehni a little.

Would that be a good example of an 'upgrade'?

(nods) Yes. You use reference points as building blocks.

Do you always clarify if what you are doing is new?

Yes, absolutely. I think it's very important to obtain information and do research – either in design history or on the market. It's extremely important to remain in touch and not to repeat unconsciously what already exists. This is why I always start my projects with an analysis of the parameters, then I do research with designers I admire greatly, in design history and in everyday life. Those are the most important moments – especially with regard to innovation. It's only then that the design process starts.

Is the criterion of innovation also important to you when you assess products by other designers?

Yes, basically it is. I want to be surprised and, for a surprise, you always require an innovation – at whatever level.

Ist das Neue noch zeitgemäss?

Renate Menzi

L’innovation est-elle encore d’actualité ?

Renate Menzi

Is the New still Contemporary?

Renate Menzi

Der inflationäre Gebrauch des Etiketts ‹innovativ› macht es schwierig, nach seiner Bedeutung im Design zu fragen. Besonders dann, wenn man sich nicht auf technische Erfindungen beschränkt, sondern auch Erneuerungen im Bereich des Ästhetischen feststellen will. Schnell werden diese vom Lifestyle erfasst, werden ‹trendy›, um bald schon, wie alles, was mal Mode war, verbraucht zu sein.

Innovation ist keine feste Eigenschaft von Produkten, sondern sie wird ihnen als Auszeichnung vor dem Hintergrund einer Tradition zugeschrieben. Die Vorstellung einer Designgeschichte als Abfolge sich erneuernder Formen ist schon länger ins Wanken geraten, ebenso wie der Glaube an einen technischen Fortschritt. Spätestens seit Innovation zur Kernidentität jedes zweiten Unternehmens gehört und zahlreiche technische Neuheiten auf den Markt gelangen, deren Nutzen dem Publikum weitgehend verborgen bleibt, ist diese Auszeichnung auch für junge Designer fragwürdig. Trotzdem können sie sich der Nachfrage nach immer Neuem nicht entziehen, sondern müssen Mittel und Wege finden, um ihre Produkte von bestehenden zu unterscheiden. Mit ihrem Verständnis von Erneuerung und ihren Strategien positionieren sie sich in Bezug zur Geschichte.

In zwanzig Interviews, die je nach Vorlieben der Teilnehmenden entweder per Email, Fax, SMS, Brief oder bei einem persönlichen Treffen durchgeführt wurden, äusserten sich alle Preisträger des Eidgenössischen Wettbewerbs für Design 2004 des Bundesamtes für Kultur zum Thema Innovation in ihrer Arbeit. Was bedeutet heute das Schlagwort ‹Innovation› im Verständnis junger Designer, wie gehen sie rhetorisch damit um und welche innovatorischen Strategien verfolgen sie in ihrer beruflichen Praxis?

Verständlicherweise reagierten viele der Befragten vorsichtig abwehrend, als sie das Neue in ihrer Arbeit bezeichnen sollten. Und doch, stellte sich meist im Lauf der Gespräche heraus, möchten sie nichts produzieren, das es bereits gibt. Obwohl also viele nicht angeben wollten, aktiv nach dem Neuen zu suchen, ist Innovation mitunter doch ein Anspruch, dem sie sich in ihrem Schaffen stellen. Weil die Befragten unter ‹Erneuerung› sehr unterschiedliche Bedeutungen favorisierten, dehnte sich mit jedem Interview die Spannweite zwischen alt und neu, und es eröffneten sich vielfältige, vielleicht sogar neue Spielmöglichkeiten auf dem Feld der Tradition.

Déterminer la signification du terme ‹innovation› en design est un exercice difficile en raison de l'utilisation inflationniste de ce terme. Cela s'avère particulièrement vrai lorsque le champ d'investigation ne se limite pas aux inventions techniques, mais englobe également les renouvellements dans le domaine de l'esthétique. Ces nouveautés sont rapidement intégrées à la vie quotidienne, deviennent ‹tendance› puis tombent rapidement en désuétude, comme toute chose qui, un jour, a été à la mode.

L'innovation n'est pas une caractéristique immuable des produits; il s'agit plutôt d'une distinction qui vient s'ajouter à l'aspect traditionnel de l'objet. La théorie selon laquelle l'histoire du design résulte du renouvellement des formes a depuis longtemps été remise en question, tout comme l'idée qu'il s'agit d'un progrès technique. Depuis que l'innovation fait partie du caractère intrinsèque de la plupart des entreprises et que de nombreuses nouveautés techniques, dont l'utilité demeure parfois opaque, ont été lancées sur le marché, les jeunes designers s'interrogent à leur tour sur la nature effective de cette distinction. Toutefois, ils ne peuvent se dérober à la demande permanente de nouveautés et doivent trouver un moyen de différencier leurs produits de ceux qui existent déjà. A partir de leur vision du renouvellement et de leurs stratégies, ils se positionnent par rapport à l'histoire.

L'ensemble des lauréates et lauréats du Concours fédéral de design 2004 décerné par l'Office fédéral de la culture s'est exprimé sur le thème de l'innovation dans vingt interviews réalisées par courriel, fax, SMS et courrier ou sur rendez-vous, selon les préférences des participants. Que signifie le terme ‹innovation› pour les jeunes designers d'aujourd'hui, comment l'utilisent-ils d'un point de vue rhétorique et quelles stratégies novatrices adoptent-ils dans l'exercice de leur profession?

Si nombre d'entre eux ont naturellement répondu avec prudence lorsqu'ils ont dû présenter l'aspect novateur de leur travail, les conversations ont généralement révélé qu'ils ne veulent en aucun cas produire quelque chose qui existe déjà. Bien qu'ils aient été nombreux à ne pas vouloir admettre qu'ils sont en quête permanente d'inédit, l'innovation reste néanmoins une des exigences primordiales de leur travail. Les diverses significations du terme ‹renouvellement› données par les designers interrogés ont entraîné

The inflationary use of the label 'innovative' makes it difficult to ask about its significance in design. This applies in particular if one is not limited to technical inventions, but also wishes to determine innovations in the field of aesthetics. The latter are quickly adopted by the lifestyle sector, become trendy and are soon obsolete, as is the case for everything that constituted fashion at some time.

Innovation is not a fixed property of products, but is awarded to them against the background of a tradition. The idea of design history as a succession of renewing forms has been on shaky ground for some time now, as has the belief in technical progress. This accolade has also become questionable for young designers, since, at the latest, innovation has become part of the core identity of every other company, and numerous technical innovations have been marketed, the use of which remains largely indiscernible to the general public. Nevertheless, they are unable to withdraw from the demand for constantly new things and thus have to find ways and means of distinguishing their products from existing ones. They position themselves in relation to history with their understanding of innovation and their strategies.

In twenty interviews, which were carried out by e-mail, fax, sms, letter or in a personal meeting depending on the participant's preference, all award-winners of the 2004 Swiss Federal Design Competition of the Swiss Federal Office of Culture commented on the topic of innovation in their work. What does the catchword 'innovation' mean to young designers, how do they deal with it in terms of rhetoric and which innovative strategies do they pursue in their professional practice?

Understandably, many of those questioned reacted with cautious defensiveness when asked to describe the new aspects of their work. However, during the course of the discussion, it was usually revealed that they do not want to produce anything that already exists. Although many did not want to state that they actively seek the new, innovation is still one of the demands they make of their work. Because the interviewees favoured extremely different meanings of 'innovation', the range between old and new was broadened in each interview, and, maybe manifold, even new possibilities for performance were presented in the field of tradition.

Overall, this article tries to bundle the common points of the

Insgesamt will dieser Beitrag versuchen, die Gemeinsamkeiten in den Interviews zu bündeln und so die Konturen eines Begriffs ‹Innovation› nachzuzeichnen, wie ihn die zwanzig Preisträger des Eidgenössischen Wettbewerbs für Design beschrieben und besprochen haben. Die Interviews gestalteten sich als individuelle Gespräche und waren nicht auf quantitativ auswertbares Antwortmaterial ausgelegt. Die Kommunikation mit den Preisträgern war zudem geprägt durch die ‹magischen Kanäle›. Sie bot den Teilnehmenden die Freiheit, diesen medialen Spielraum zu nutzen, um sich darin zu exponieren oder zu verbergen.

1. Redefiguren

Möglicherweise ist es leichter, das Neue mit seinem Gegenteil zu beschreiben. Schliesslich ist es neu und die bereitstehenden Wörter müssen es verfehlen. Das Unbekannte [Gut], das Unerwartete [Jantz] oder die Abweichung vom gewohnten Bild [Jantz] sagen aber nicht nur etwas über den Zustand vor dem Eintreffen des Neuen aus, sie nehmen auch Bezug auf die Differenz von vorher und nachher, beschreiben also den Prozess der Erneuerung. Positiv formuliert, wird Innovation auch als Überraschung verstanden [Dedelley, Moser], was etwas über die Empfindung dessen verrät, der mit dem Neuen konfrontiert wird. Offenbar erneuert sich der Benutzer selbst im Umgang mit dem Neuen [Gut, Regamey].

Für viele der Befragten ist Innovation fast gleichbedeutend mit Eigenständigkeit [Jantz, Collenberg/Ponicanova, Berchtold, Münger]. Sie verstehen das Eigene nicht nur als Persönliches, Einzigartiges oder Authentisches [Gut], sondern meinen damit auch Produkte, die für sich selbst stehen können und sich von ihrer Herkunft und ihren Artgenossen emanzipiert haben. Andere verwenden visuelle Metaphern, wenn sie das Neue beschreiben und meinen damit weniger die Erscheinung eines Produktes – sein Gesicht [Hoving] – als die andere Sicht- oder Betrachtungsweise [Benner, Lang], den anderen Blickwinkel [Rothenberger] oder die neue Perspektive [Regamey] als Voraussetzung und Wirkung einer Erneuerung.

Innovation wird konzeptuell als neuer Ansatz [Lang] oder sprachlich als neue Aussage [Gilbert-Lodge] oder neuer Ausdruck

une différenciation marquée de l'ancien et du nouveau et ont permis de révéler de nombreuses, voire de nouvelles opportunités dans le cadre de la tradition.

Ce document a pour ambition de dégager les points communs des interviews et de redéfinir le terme ‹innovation› en fonction des descriptions et des explications fournies par les vingt lauréates et lauréats du Concours fédéral du design. Les interviews s'articulent autour de conversations individuelles et n'ont pas été réalisées dans le but d'obtenir du matériel exploitable d'un point de vue quantitatif. La communication avec les lauréats a été influencée par la nature des ‹canaux magiques› de communication. Elle a permis aux participants d'utiliser ces médias pour s'exposer ou se dissimuler.

1. Métaphores

Il est sans doute plus simple d'exprimer ce qui est nouveau par son contraire. En effet, les mots du présent n'arriveront jamais à décrire une nouveauté. L'inconnu [Gut], l'inattendu [Jantz] ou la modification de la référence visuelle [Jantz] n'évoquent pas seulement l'état des choses avant l'arrivée de la nouveauté. Ils présentent également les changements intervenus et illustrent ainsi le processus de renouvellement. L'innovation sous son aspect positif, est également considérée comme une source d'étonnement [Dedelley, Moser] qui trahi les émotions de celui qui est confronté à la nouveauté. Manifestement, l'utilisateur se renouvelle lui-même au contact de la nouveauté [Gut, Regamey].

Pour de nombreux participants interrogés, ‹innovation› équivaut plus ou moins à ‹originalité› [Jantz, Collenberg/Ponicanova, Berchtold, Münger]. Ils ne considèrent pas l'originalité exclusivement comme une qualité individuelle, unique ou authentique [Gut], mais ils s'en servent pour désigner des produits à part entière, affranchis de leur origine et distincts de leurs congénères. D'autres utilisent des métaphores visuelles pour décrire ce qui est nouveau. Dès lors, l'effet de renouvellement est moins conditionné par l'apparence du produit, son visage [Hoving], que par un point de vue différent, une façon de voir différente [Benner, Lang], un angle inédit [Rothenberger] ou une perspective nouvelle [Regamey].

interviews and thus trace the contours of the term 'innovation' as described and discussed by the twenty winners of the Swiss Federal Design Competition. The interviews were structured as individual discussions and were not designed for quantitatively assessable responses. Furthermore, communication with the award-winners was characterised by the 'magic channels'. This allowed the participants the freedom of using this medial space to reveal or conceal themselves in.

1. Figures of speech

It may be easier to describe the new by means of its opposite. After all, it is new, and the existing words must miss the point. The unknown [Gut], the unexpected [Jantz] or deviation from the familiar image [Jantz] not only make a statement about the condition before the arrival of the new item, but also refer to the difference between before and after and thus describe the process of innovation. Formulated in a positive manner, innovation is also understood as a surprise [Dedelley, Moser], which reveals something about the feeling of the person confronted by what is new. It appears that users renew themselves when dealing with the new [Gut, Regamey].

For many of those interviewed, innovation is almost synonymous with self-reliance [Jantz, Collenberg/Ponicanova, Berchtold, Münger]. They not only understand self-reliance to mean personal, unique or authentic [Gut], but to also mean products that can stand independently and have emancipated themselves from their origin and fellow products. Others use visual metaphors to describe the new, meaning less the appearance of a product – its face [Hoving] –, as another perception or observation [Benner, Lang], the other angle [Rothenberger] or the new perspective [Regamey] as a precondition for and effect of innovation.

Innovation is interpreted as a new approach [Lang] in conceptual terms and as a new statement [Gilbert-Lodge] or a new expression [Collenberg/Ponicanova] in terms of language. Using specific examples from their work, the interviewees rendered the term more precisely, for example, by designating the various levels at which innovation can occur [Dedelley]. The product

[Collenberg/Ponicanova] interpretiert. An konkreten Beispielen aus ihrer Arbeit präzisieren die Befragten den Begriff. Indem sie etwa die unterschiedlichen Ebenen bezeichnen, auf denen Innovation stattfinden kann [Dedelley]. Die Produktdesigner unter ihnen orientieren sich dabei stärker an der Funktion [Stauffacher, Dedelley], während die Textildesigner häufiger mit Materialien und Techniken experimentieren [Collenberg/Ponicanova, Jantz]. Je nach Arbeitsbereich wurden diese Parameter in Bezug auf ihr Innovationspotenzial [Stauffacher] anders gewichtet und nehmen auch unterschiedliche Abfolgen im Arbeitsprozess ein. Modedesigner verbanden das Neue eher mit der Erscheinung, was natürlich nicht heisst, dass ihre Produkte nicht funktionieren würden. Umgekehrt kommen Produktdesigner nicht darum herum, Bilder zu produzieren, nur werten sie eine Innovation auf funktionaler Ebene höher. Hier spielt womöglich auch die sprachliche Ausdrucksweise berufsspezifischer Milieus sowie die Kritikkultur in den verschiedenen Ausbildungen eine Rolle.

Für die Mehrheit der Befragten, und das gilt für alle Bereiche, liegt Innovation aber nicht in einer Idee, sondern in der Art ihrer materiellen Umsetzung. Speziell die Vertreter des 3-D-Designs vermuten Innovationspotenzial in den Produktionsabläufen und forschen aktiv nach Materialien und Techniken [Collenberg/Ponicanova, Moser, Jantz], die dann zu neuartigen Erscheinungen führen können. Das Abweichen vom gewohnten Bild [Jantz] ergibt sich dann im Prozess und steht nicht zu Beginn als Intention fest. Dem kreativen Wurf [Trüb] aber auch dem formalen Gag [Collenberg/Ponicanova] stehen die Designer eher skeptisch gegenüber. Das Neue muss erarbeitet werden oder ist gar Resultat der Arbeit eines ganzen Lebens [Hayward].

Nur wenige bezeichnen sich auch als Erfinder von Bildern [Gilbert-Lodge, Gut]. Diese Zurückhaltung bei der Behauptung ästhetischer Innovationen hängt sicher mit der Schwierigkeit zusammen, ästhetische Komponenten zu quantifizieren [Dedelley]. Es lässt aber auch vermuten, die Formfindung werde der Sphäre des gestaltenden Subjekts, seiner persönlichen Handschrift [Collenberg/Ponicanova] und seinem Stil [Gilbert-Lodge] zugerechnet und gehöre, wenn nicht zum Unterbewusstsein, so doch zum Betriebsgeheimnis eines

L'innovation est interprétée de manière conceptuelle comme une nouvelle approche [Lang] ou, d'un point de vue linguistique, comme un nouveau message [Gilbert-Lodge] ou une nouvelle expression [Collenberg/Ponicanova]. Les participants ont précisé le terme à l'aide d'exemples concrets issus de leurs travaux. Ils ont notamment évoqué les différents niveaux où peut avoir lieu l'innovation [Dedelley]. Les designers de produits ont souvent axé leurs travaux sur la fonction [Stauffacher, Dedelley], alors que les designers textile ont davantage réalisé des expériences avec des matériaux et des techniques [Collenberg/Ponicanova, Jantz]. Suivant le secteur d'activité, ces paramètres revêtent une importance variable en terme de potentiel d'innovation [Stauffacher]; de même, ils ont des conséquences variées au niveau du processus de production. Les stylistes associent davantage le nouveau à l'apparence, ce qui ne signifie pas pour autant que leurs produits ne fonctionnent pas. A l'inverse, les designers de produits ne peuvent pas se soustraire à la production d'images, même s'ils estiment que l'innovation fonctionnelle revêt une plus grande importance. Le langage spécifique aux divers milieux professionnels ainsi que la culture de la critique différant d'une formation à l'autre jouent probablement aussi un rôle à cet égard.

Pour la majorité des personnes interrogées, tous secteurs confondus, l'innovation ne réside pas dans l'idée, mais dans la manière de la matérialiser. Les représentants du design 3D attribuent un potentiel novateur aux processus de production et recherchent activement des matériaux et des techniques [Collenberg/Ponicanova, Moser, Jantz] capables de générer des apparences nouvelles. La différence par rapport à l'aspect habituel [Jantz] découle ainsi du processus et n'est pas l'intention initiale qui prédétermine le travail. Les designers sont relativement septiques à l'égard des élans créatifs [Trüb] et des gags purement formels [Collenberg/Ponicanova]. La nouveauté doit être élaborée ou doit résulter du travail de toute une vie [Hayward].

D'ailleurs, rares sont ceux qui se considèrent comme des inventeurs d'images [Gilbert-Lodge, Gut]. Cette réserve vis-à-vis de la création d'innovations esthétiques dépend certainement de la difficulté de quantifier les composantes esthétiques [Dedelley]. Elle laisse

designers more strongly focus on function [Stauffacher, Dedelley], while the textile designers experiment more frequently with materials and techniques [Collenberg/Ponicanova, Jantz]. Depending on the field of work, these parameters were weighted differently with regard to their innovative potential [Stauffacher] and also occupy different sequences in the working process. Fashion designers connected the new rather with the appearance, which, of course, does not mean that their products would not work. Product designers, on the other hand, cannot avoid producing images; only they value an innovation at a functional level more highly. It is possible that the linguistic form of expression of profession-specific environments and the culture of criticism in the various forms of training also play a role here.

For most of the interviewees, and this applies to all areas, innovation is not to be found in an idea, but in the manner of its material implementation. The representatives of 3D design, in particular, suspect that there is innovative potential in production processes and actively seek materials and techniques [Collenberg/Ponicanova, Moser, Jantz] that may then lead to innovative appearances. Deviation from the familiar image [Jantz] thus occurs in the process and is not set as an intention from the start. Designers, however, are rather sceptical about the creative direct hit [Trüb] and about the formal gag [Collenberg/Ponicanova]. The new must be acquired or is even the result of a life's work [Hayward].

Only few describe themselves inventors of images [Gilbert-Lodge, Gut]. This reticence in claiming aesthetic innovations is undoubtedly linked to the difficulty of quantifying aesthetic components [Dedelley]. It can, however, also be assumed that form-finding is attributed to the sphere of the designing subject, his personal handwriting [Collenberg/Ponicanova] and his style [Gilbert-Lodge], and thus belongs, if not to the unconscious, to the trade secrets of a designer. An innovation is easier to determine if the niche can be named that has been filled by the new product.

While innovation is a challenge [Lüthy], driving force or motivation [Dedelley] for some, for others it signifies an expectation or even an impertinence that is brought to them from the outside [Benner].

Designers. Leichter lässt sich eine Innovation feststellen, wenn die Nische bezeichnet werden kann, die durch das neue Produkt gefüllt worden ist.

Während Innovation für die einen Herausforderung [Lüthy], Antrieb oder Motivation [Dedelley] ist, bedeutet sie für andere eine Erwartung oder gar eine Zumutung, die von aussen an sie herangetragen wird [Benner]. Der Anspruch, innovativ zu sein, wird dann als Druck erlebt, der mitunter die Fantasie blockieren kann [Rothenberger]. Diese Designer verstehen Innovation nicht als Kriterium für die Beurteilung der Qualität einer Arbeit [Benner] und verneinen, gezielt innovatorisch vorzugehen. Die meisten der Befragten halten sich auch zurück bei der Beurteilung der eigenen Produkte in Bezug auf ihren Innovationsgehalt. Teils weil ihnen die Distanz fehlt [Collenberg/Ponicanova, Lang], teils weil sie den Anspruch an sich selbst nicht stellen. Doch die Erwartung, innovativ zu sein, ob von aussen an die Designer herangetragen oder von ihnen erhoben, ist bei allen Befragten präsent und kann nicht ignoriert werden. Wie weit sich die Designer diesem Anspruch stellen oder wie sie ihn umgehen, ist bereits Teil ihrer Aussagen zu den praktischen Strategien.

2. Praktische Strategien

Eines ist klar: Eine Nische zu finden ist schwierig. Zu vieles gibt es schon oder hat es schon gegeben [Lüthy]. Nur zwei der Befragten [Dedelley, Stauffacher] geben allerdings an, sich aktiv zu informieren, um die Parameter für ihr neues Produkt festzulegen, noch bevor sie mit einem Entwurf beginnen. Ihr Prozess ist von Anfang an auf Innovation ausgerichtet, also innovatorisch im engeren Sinn. Die Mehrheit der Befragten aber nimmt sich nicht vor, etwas Innovatives herzustellen [Lang]. Sie gehen davon aus, dass sich Innovation erst nachträglich feststellen oder bestätigen lässt [Moser] und verstehen sie deshalb als «rückwärts gewandten Begriff» [Benner]. Vor allem jene Designerinnen, die im Bereich der Mode tätig sind, werden von kurzen Produktionszyklen zu beinahe seherischen Fähigkeiten gezwungen. Um mit dem schnellen Wechsel mitzuhalten, müssen sie mit verbundenen Augen auf eine Erneue-

également à penser que la création d'une forme dépend des spécificités du créateur, de sa griffe [Collenberg/Ponicanova] et de son style [Gilbert-Lodge]; cette dernière relève, si ce n'est du subconscient, du secret de fabrication d'un designer. Une innovation est plus facile à constater lorsque la niche qu'elle vient combler est aisément identifiable.

Alors que certains considèrent l'innovation comme un défi [Lüthy], un moteur ou une motivation [Dedelley], d'autres la perçoivent davantage comme une exigence ou même un enjeu qui s'impose à eux de l'extérieur [Benner]. La volonté d'obtenir un résultat novateur est vécue alors comme une contrainte qui peut parfois paralyser l'imagination [Rothenberger]. Ces designers ne conçoivent pas l'innovation comme un critère d'évaluation de la qualité du travail [Benner] et nient vouloir être intentionnellement novateurs. La plupart des participants interrogés se sont aussi exprimés avec prudence quant au caractère novateur de leurs produits. Cette attitude résulte d'une part d'un manque de distance par rapport à leurs réalisations [Collenberg/Ponicanova, Lang] et d'autre part, du fait que l'innovation ne fait pas partie de leurs exigences. Pourtant, la nécessité d'être novateur, qu'elle soit exprimée par le monde extérieur ou par les designers eux-mêmes, est toujours présente et ne peut être ignorée. La façon dont les designers satisfont à cette exigence ou la contournent fait déjà partie de leur message à propos des stratégies pratiques.

2. Les stratégies pratiques

Une chose est certaine: il est difficile de trouver une niche. Il existe trop de choses et trop de concepts ont déjà été réalisés [Lüthy]. Seuls deux lauréats [Dedelley, Stauffacher] ont affirmé s'informer activement pour déterminer les paramètres de leur nouveau produit avant d'en commencer la conception. Dès le début, leur processus est axé sur l'innovation au sens strict du terme. Cependant, la plupart des participants ne prévoient pas de fabriquer quelque chose de novateur [Lang]. Ils partent du principe que l'innovation est un concept que l'on ne peut constater ou confirmer que rétrospectivement [Moser] et le considèrent, par conséquent, comme « un

The demand of being innovative is then experienced as pressure that can, among others, also block the imagination [Rothenberger]. These designers do not see innovation as a criterion for assessing the quality of a work [Benner] and deny that they proceed in a specifically innovative manner. Most of the interviewees are also reticent in the assessment of their own work with regard to its innovative content, partly because they do not have the necessary distance [Collenberg/Ponicanova, Lang] and partly because they do not make this demand of themselves. However, the expectation of being innovative, whether it is brought to the designers from the outside or whether self-imposed, is present for all interviewees and cannot be ignored. To which degree the designers face up to this demand or how they circumvent it already forms part of their statements on the practical strategies.

2. Practical strategies

One thing is clear, namely that it is hard to find a niche. There are too many things that already exist or have existed [Lüthy]. However, only two of the interviewees [Dedelley, Stauffacher] indicate that they actively search for information to determine the parameters for their new product before starting with a draft. Their process is aimed at innovation from the beginning, thus innovative in a narrower sense. Most of the interviewees, however, do not set out to produce something innovative [Lang]. They assume that innovation can only be determined or confirmed in retrospect [Moser]; therefore, they see it as a "backward directed term" [Benner]. In particular, those designers, who work in the field of fashion, are forced by short production cycles to acquire almost visionary abilities. To keep up with the rapid change, they have to blindly aim for innovation. This is an appealing, albeit risky game, because if you blink too much and focus on the current choices in the preliminary stages, you will definitely be too late [Münger].

This may be why, for some, innovative ability seems to be present in the talent of a person and cannot be rationally controlled. Their attitude [Trüb], intuition [Regamey] or filter [Moser] guarantees the selection of interesting material. The author is unconsciously

rung zielen. Ein reizvolles, wenn auch riskantes Spiel, denn wer zu sehr blinzelt und sich im Vorfeld am gegenwärtigen Angebot orientiert, kommt damit bestimmt schon zu spät [Münger].

Vielleicht scheint deshalb für einige die Fähigkeit zur Innovation wie eine Begabung in der Person zu liegen und nicht rational kontrollierbar zu sein. Ihre Einstellung [Trüb], ihre Intuition [Regamey] oder ihr Filter [Moser] garantieren die Selektion des interessanten Materials. Der Autor wird unbewusst beeinflusst durch das zeitgenössische Geschehen [Münger], wenn er mit den geeigneten Mitteln wie Spontaneität [Regamey], Antennen [Moser] oder einfach geöffneten Augen [Gut] durch die Welt geht. Es macht den Anschein, als würden Designer wie einst Künstler von Ahnungen oder Gefühlen geleitet, die erst später zur Gewissheit werden [Lang].

Andere kommen zu neuen Resultaten, indem sie sich mit aktuellen Themen beschäftigen oder mit ihren Arbeiten gesellschaftliche Probleme reflektieren. Dafür scannen sie nicht bloss die modischen Oberflächen auf der Suche nach dem nächsten Trend, vielmehr recherchieren sie wie Reporterinnen vor Ort und im Kontakt mit anderen Kulturen [Hoving, Pelletier, Rothenberger].

Dass aber neben der Erweiterung der Möglichkeiten [Moser] auch deren Einschränkung [Collenberg/Ponicanova, Dedelley] zu Veränderungen der gewohnten Arbeitsweise und damit zu neuen Resultaten führen kann, steht für viele der Befragten fest. Sie lassen sich beispielsweise im Gespräch mit ihren Auftraggebern oder durch Feedbacks von Kunden [Moser] so weit irritieren, dass sie schliesslich neue Wege einschlagen. Das produktive Missverständnis [Benner], das Fremde oder die Einschränkung fungiert in diesen Fällen als innovatorisches Mittel. Ein Preisträger nutzte dies explizit als Arbeitsmethode und setzte sich enge zeitliche Rahmen für die Entwicklung seiner Produkte [Regamey].

Viele der Befragten beschreiben eine Kontextverschiebung als innovatorische Strategie. Mit dem Transfer zwischen diversen kulturellen Sphären verändern sie die Bedeutung von Zeichen und nehmen langfristig Umwertungen im ästhetischen System vor. Indem sie zum Beispiel profane Materialien und Codes aus der alltäglichen Lebenswelt in die Sphäre von Kunst und Design versetzen [Pelletier, Benner], Privates ins Öffentliche kehren [Hoving, Pelletier] oder bekannte Figuren [Gilbert-Lodge] und Symbole

terme axé sur le passé» [Benner]. En raison de la rapidité des cycles de production, les stylistes seraient bien avisés de posséder un don de voyance. En effet, pour composer avec la rapidité d'évolution, ils doivent opter pour une nouveauté les yeux fermés. Un jeu aussi passionnant que risqué, car celui qui hésite trop longtemps et axe son travail sur l'offre actuelle, arrivera sans doute trop tard [Münger].

C'est peut-être pour cette raison que d'aucuns pensent que la capacité d'innover est un don inné et non quelque chose de rationnel et de contrôlable. Les innovateurs se fient à leurs points de vue [Trüb], à leur intuition [Regamey] ou à leurs filtres [Moser] pour sélectionner des matériaux intéressants. Ils sont inconsciemment influencés par les événements contemporains [Münger] s'ils parcourent le monde armés d'instruments adéquats tels la spontanéité [Regamey], les antennes [Moser] ou simplement un regard attentif [Gut]. Comme les artistes autrefois, les designers semblent ainsi guidés par des intuitions ou des émotions qui se révèlent être ensuite des certitudes [Lang].

D'autres obtiennent de nouveaux résultats en abordant des thèmes actuels ou en évoquant des problèmes de société dans leur travail. Pour cela, ils ne se bornent pas à sonder les sujets à la mode pour en dégager la prochaine tendance, mais, tels des journalistes, ils mènent plutôt des recherches de terrain et entrent en contact avec des cultures différentes [Hoving, Pelletier, Rothenberger].

Mais pour nombre de participants, il est clair que l'élargissement [Moser] ou la restriction [Collenberg/Ponicanova, Dedelley] de leur champ d'action peut entraîner des modifications de leur processus de travail habituel et, par conséquent, générer de nouveaux résultats. Ainsi, un entretien avec leur mandataire ou des commentaires formulés par leurs clients [Moser] peuvent les troubler au point qu'ils choisiront d'emprunter de nouvelles voies. Le malentendu productif [Benner], l'inconnu ou la restriction fonctionnent ici comme des vecteurs d'innovation. Un des lauréats a intentionnellement utilisé ce procédé comme méthode de travail et s'est fixé des délais serrés pour le développement de ses produits [Regamey].

Pour de nombreux designers interrogés, transposer le contexte fait partie de la stratégie d'innovation. En transférant des élé-

influenced by contemporary events [Münger], as he moves through the world with appropriate means such as spontaneity [Regamey], antennae [Moser] or simply with open eyes [Gut]. It seems as if designers, like artists once, are led by premonitions or feelings that only later become certain [Lang].

Others achieve new results by dealing with current affairs or reflecting social problems in their work. To do so, they do not simply scan fashionable surfaces in their quest for the next trend, but instead do research like on-site reporters in contact with other cultures [Hoving, Pelletier, Rothenberger].

It is clear for many of those interviewed that, in addition to expanding possibilities [Moser], limiting them [Collenberg/Ponicanova, Dedelley] can also lead to changes in their usual manner of working and thus to new results. They can, for example, become so irritated during discussions with their customers or through customer feedback [Moser] that they end up embarking in new directions. Productive misunderstanding [Benner], the alien, and limitations act as innovative means in these cases. One award-winner explicitly used this as a working method by setting a tight temporal framework for developing his products [Regamey].

Many of those interviewed describe contextual shifts as an innovative strategy. By transferring between various cultural spheres, they change the significance of symbols and undertake long-term revaluations in the system of aesthetics. They do this by shifting, for example, profane material and codes from everyday life into the sphere of art and design [Pelletier, Benner], turning the private into the public [Hoving, Pelletier], or placing well-known figures [Gilbert-Lodge] and symbols [Benner] into an alien environment. Statements are reinforced [Gilbert-Lodge] and compressed [Gut] or changed in their dimension [Hoving].

3. Renewing history

None of the procedures described, however, necessarily leads to innovation, but simply guarantees that a product will be different or topical. Even if the authors rely on the uniqueness of their person, their intuition or their developed ability to select, they only consider history to the degree that they partake in it. However,

[Benner] in eine fremde Umgebung verpflanzen. Aussagen werden verstärkt [Gilbert-Lodge] und verdichtet [Gut] oder in ihrer Dimension verändert [Hoving].

3. Geschichte erneuern

Keine der beschriebenen Verfahrensweisen führt aber zwingend zur Innovation, sondern garantiert lediglich die Andersartigkeit oder Aktualität eines Produktes. Auch wenn die Autoren auf die Einzigartigkeit ihrer Person, ihre Intuition oder ihr entwickeltes Selektionsvermögen setzen, berücksichtigen sie die Geschichte nur insofern, als sie selbst an ihr teilhaben. Als neu kann aber etwas nur auftreten, wenn es sich deutlich von seinen Vorläufern unterscheidet. Und diese Unterscheidung verlangt einen Bezug zur Geschichte und kann sich nicht ausschliesslich im Hier und Jetzt entfalten. Das Neue setzt einen linearen Zeitstrahl voraus und muss darauf den vordersten Platz einnehmen, wenigstens für einen Moment.

Keiner der Befragten geht so weit, seiner Zeit voraus sein zu wollen. Die Vorstellung eines Bruchs mit der Tradition ist die Ausnahme [Trüb], ebenso der Wunsch, mit «zeitlosem Design aus der Geschichte auszubrechen» [Berchtold]. Für die meisten der Befragten bedeutet Innovation die persönliche und zeitgenössische Interpretation des Bestehenden und sie beschreiben Erneuerung als Weiterführung, Aktualisierung oder Verwandlung. Dieser Prozess wird von den Preisträgern sehr differenziert wahrgenommen und beschrieben und es zeichnen sich darin tendenziell zwei Positionen gegenüber der Geschichte ab. Die einen nehmen an ihr Anteil, indem sie Vergangenes in Neues transformieren und damit die Designgeschichte fortschreiben. Ihre Produkte ersetzen die obsolet gewordenen Vorgänger. Die andern stehen zur Geschichte in einer gewissen, nicht unbedingt ironischen Distanz, indem sie Elemente aus dem Alten ins Gegenwärtige einsetzen, um es zu erneuern. Mit ihren Produkten stellen sie Spannungen und Risse in einem Geschichtsbild dar, das seine lineare Klarheit verloren hat.

Dass Geschichte auch als Fundus aufgefasst werden kann, ist nicht neu. Möglicherweise aber die Mischungsverhältnisse von alt und

ments d'une sphère culturelle à une autre, ils modifient le sens des signes et entreprennent une transvaluation, à long terme, des valeurs du système esthétique. Pour ce faire, ils transposent par exemple des matériaux et des codes de la vie courante dans l'univers de l'art et du design [Pelletier, Benner], font basculer le privé dans le public [Hoving, Pelletier] ou introduisent des personnages [Gilbert-Lodge] et des symboles connus [Benner] dans un environnement étranger. Les messages sont renforcés [Gilbert-Lodge] et accentués [Gut] ou modifiés dans leur dimension [Hoving].

3. Renouveler l'histoire

Aucun des procédés mentionnés n'entraîne obligatoirement une innovation; ils garantissent cependant la particularité ou l'actualité du produit. Même si les auteurs se fient à l'unicité de leur personne, à leur intuition ou à leur capacité éprouvée de sélection, ils ne tiennent compte de l'histoire que dans la mesure où ils y participent. Un produit ne pourra être considéré comme innovant que s'il se différencie de manière significative de ses prédécesseurs. Cette différence implique une référence à l'histoire et ne peut pas s'épanouir exclusivement dans le seul présent. La nouveauté exige une ligne du temps sur laquelle elle doit pouvoir s'imposer au moins pour un bref instant.

Aucun des lauréats interrogés ne prétend être en avance sur son temps. L'idée de rupture avec la tradition constitue plutôt l'exception [Trüb], tout comme la volonté de « s'évader de l'histoire à l'aide d'un design intemporel » [Berchtold]. Pour la plupart d'entre eux, l'innovation constitue l'interprétation personnelle et contemporaine de ce qui existe et ils décrivent le renouvellement comme une prolongation, une actualisation ou une transformation. Les lauréats perçoivent et décrivent ce processus de façon très variée. Il se dégage de leurs propos deux tendances en terme de positionnement face à l'histoire. Les uns y participent en transformant des éléments passés en nouveautés, écrivant ainsi une nouvelle page de l'histoire du design. Leurs produits remplacent alors leurs prédécesseurs, devenus obsolètes. Les autres gardent une certaine distance, pas nécessairement empreinte d'ironie, par rapport à l'histoire, dans la mesure où ils introduisent le passé dans le présent

something can only appear as new if it clearly distinguishes itself from its predecessors. And this distinction requires a reference to history and cannot only develop in the here and now. The new presupposes a time line and needs to occupy the foremost position on it, at least for a moment.

None of the interviewees goes as far as wanting to be ahead of his time. The idea of breaking with tradition is an exception [Trüb], as is the wish to "break out of history with timeless design" [Berchtold]. For most of the interviewees, innovation means the personal and contemporary interpretation of what already exists, and they describe innovation as continuation, update or transformation. This process is perceived and described by the award-winners in very differentiated ways, and tendentious two positions emerge with regard to history. One group takes part in history by transforming past things into new things and thus continues to write design history. Their products replace predecessors that have become obsolete. The other group maintains a certain, not necessarily ironic, distance to history by inserting elements of the past into the present with the aim of renewing the old. With their products, they create tension and cracks in a historical image that has lost its linear clarity.

It is nothing new that history can be seen as a resource pool. However, the mixed relationship of old and new, the contemporary forms of quotation, types of modification, transformation and recombination of its supply of symbols may well be new. Fascinated by what is "old-fashioned" [Lüthy], these designers turn backwards in their quest for the new. Not to ascertain that their ideas are new, but as hunters and gatherers [Burkhardt]. Because they see a basis for innovation in the relationship between the new and tradition [Pelletier], they appropriate, for example, forgotten handicraft techniques [Pelletier] or inject new life into stepmotherly items of clothing through a contemporary design [Berchtold]. The use of 'objets trouvés' can also convey an illusion of the past [Scherrer]. Irrespective of whether the old is represented as an auratic object, a technique, a material or a symbol, the aim is to be fashionable and unfashionable at the same time [Lüthy]. It is only from this tension [Jantz] that dynamics develop [Scherrer], and old and new are combined in a language that is innovative in terms of form

neu, die zeitgenössischen Zitierweisen, Arten der Modifikation, Transformation und Rekombination ihres Zeichenvorrats. Fasziniert von «Ältlichem» [Lüthy] wenden sich diese Designer auf der Suche nach dem Neuen rückwärts. Nicht um sich zu vergewissern, dass ihre Ideen neu sind, sondern als Jäger und Sammler [Burkhardt]. Weil sie in der Beziehung des Neuen mit der Tradition eine Basis für Innovation sehen [Pelletier], eignen sie sich zum Beispiel vergessene Handarbeitstechniken an [Pelletier] oder beleben stiefmütterliche Kleidungsstücke durch eine zeitgemässe Gestaltung [Berchtold]. Auch die Verwendung von ‹objets trouvés› kann eine Illusion der Vergangenheit vermitteln [Scherrer]. Egal, ob das Alte als auratisches Objekt, als Technik, als Material oder Symbol im Neuen vorkommt, Ziel ist es, gleichzeitig modisch und unmodisch zu sein [Lüthy]. Erst aus dieser Spannung [Jantz] entwickelt sich eine Dynamik [Scherrer], alt und neu verbinden sich zu einer innovativen formalen und inhaltlichen Sprache. Zugleich wird das Alte in welcher Ausprägung auch immer – im Neuen erhalten und Geschichtlichkeit selbst kann zum Stilmittel für die Inszenierung des Neuen werden.

afin de le renouveler. Avec leurs produits, ils génèrent des tensions et des ruptures au sein d'une histoire qui ne suit plus son cours établi.

Le fait que l'histoire serve de référence n'a rien de nouveau. Ce sont probablement l'étendue des mélanges entre l'ancien et le nouveau, la manière contemporaine de citer les références et l'art de la modification, de la transformation et de la recombinaison de ses signes qui sont novateurs. Fascinés par « le rétro » [Lüthy], ces designers recherchent la nouveauté à reculons. Non pour s'assurer que leurs idées sont inédites, mais en tant que chasseurs et collectionneurs [Burkhardt]. Parce qu'ils voient dans la relation entre le nouveau et la tradition une base pour l'innovation [Pelletier], ils s'approprient notamment des techniques artisanales oubliées [Pelletier] ou font revivre des vêtements d'antan à travers leur représentation contemporaine [Berchtold]. L'utilisation d'objets trouvés peut également donner l'illusion du passé [Scherrer]. Peu importe que l'ancien apparaisse dans la nouveauté sous la forme d'un objet doté d'une aura particulière, d'une technique, d'un matériau ou d'un symbole. L'objectif est d'être à la mode sans l'être vraiment [Lüthy]. Cette tension [Jantz] génère une dynamique [Scherrer], l'ancien et le nouveau s'associent pour former un langage formel et conceptuel novateur. L'ancien, quelque soit sa forme, est conservé dans le nouveau et l'historicité elle-même peut devenir un moyen stylistique de mettre en scène la nouveauté.

and content. At the same time the old, in whatever form, is maintained in the new and historicity itself can become a means of style for the production of the new.

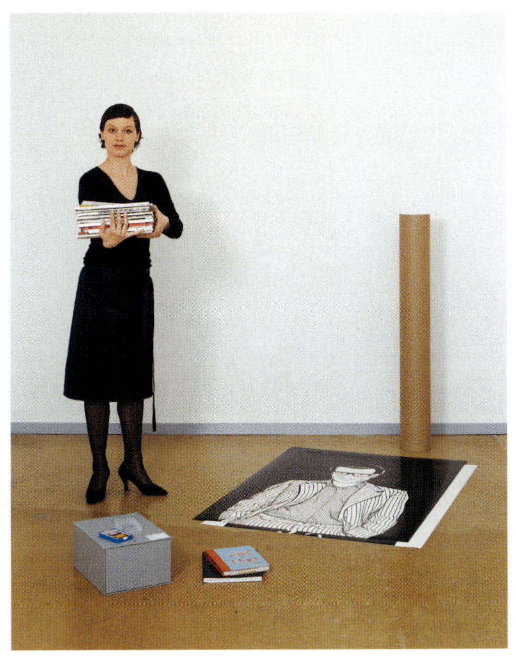

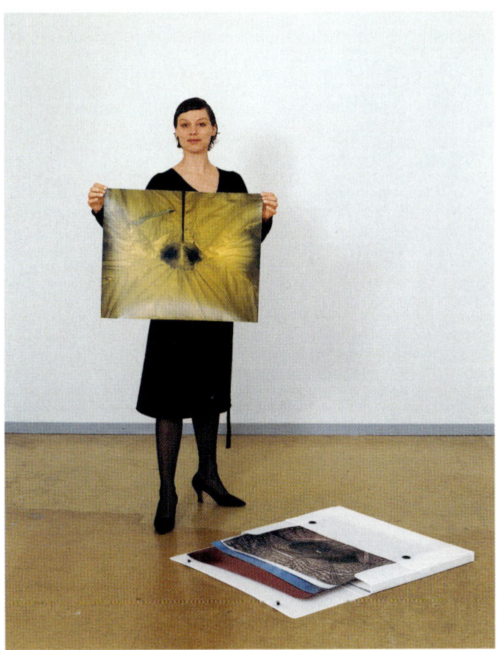

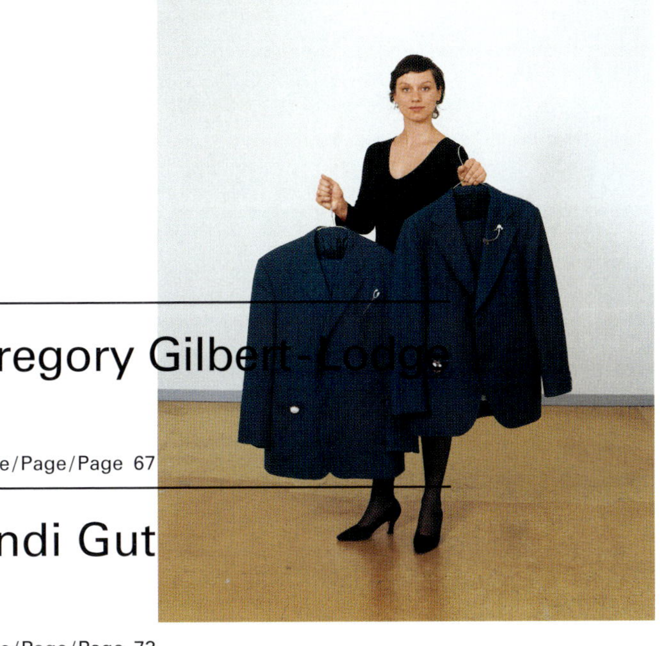

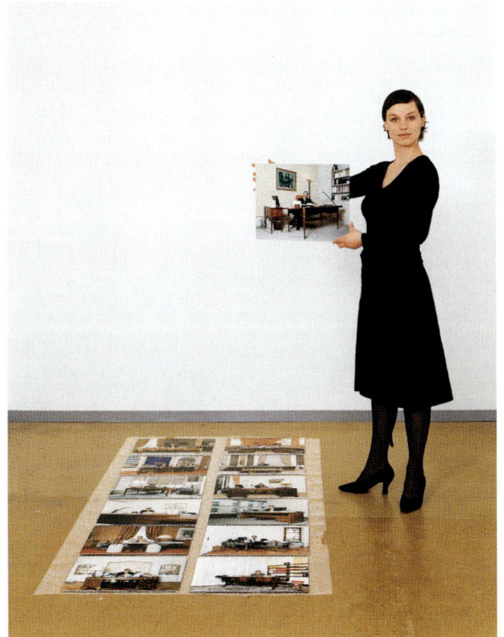

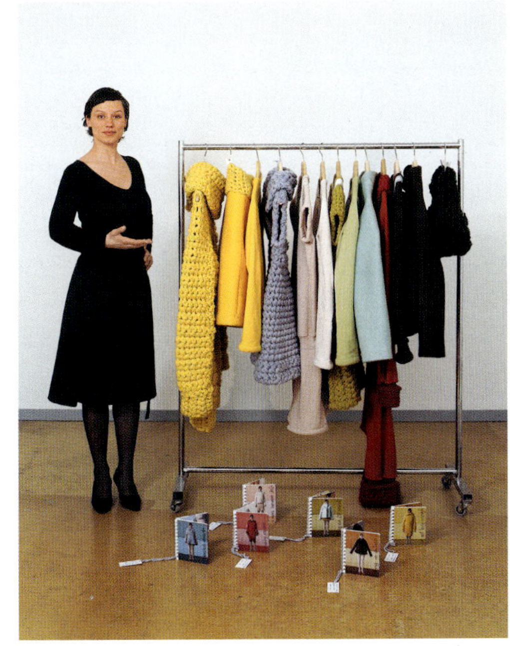

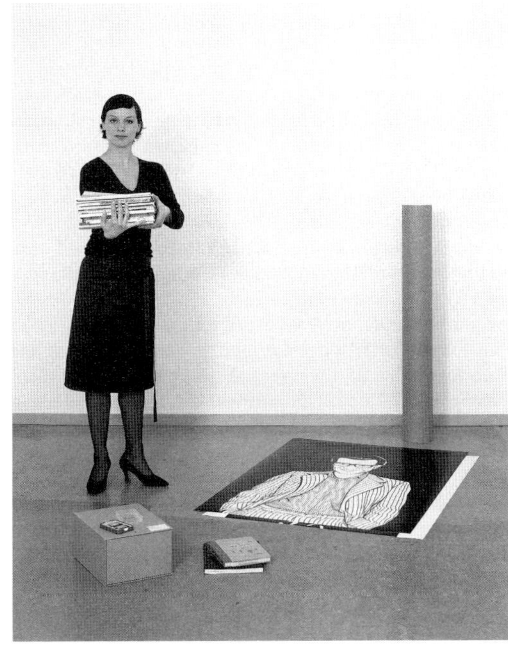

Gregory Gilbert-Lodge

Email gilbert-lodge @ mydiax.ch **Beruf** Illustrator **Jahrgang** 1967 **Lebt und arbeitet** in Zürich **Studium** an der Schule für Gestaltung Biel **Abschluss / Diplom** als Grafikdesigner, 1992 **Arbeitet auch zusammen mit** Anna Albisetti, Bastien Aubry, Dimitri Broquard, Dimitri Bruni, Manuel Krebs, Aude Lehmann **unter dem Label** Silex **Ausstellungen** ‹Weapons Of Mass Seduction›, ‹DesignMai›, Berlin, 2004, Galerie 68elf, Köln, 2003 — ‹Fuck of Typogaphy›, Westzone Gallery, London, 2001 — ‹The Face 20th Birthday Exhibition›, Atlantis Gallery, London, 2000 **Publiziert in** Titelblatt/Logo, ‹dv›, Deliciae Vitae, No. 02/03/..., 2002/03/... — Titelblatt, ‹Ozzy›, ‹The Face›, No. 66, 07/2002, London — Titelblatt, ‹The Face›, No. 36, 01/2002, London — ‹Silex My Way›, Die Gestalten Verlag, Berlin, 2001 **Werke / Projekte** Prämiert wurden diverse Illustrationen (u.a. für: ‹Das Magazin›, ‹Die Weltwoche›, ‹SODA-Magazin›, ‹Silex›, ‹Sleazenation›, ‹Ministry›, ‹Deliciae Vitae›, ‹The Face›) — 2 Siebdruck-Plakate ‹Goldie & Yves› (freie Arbeit) — ‹Silex My Way› (freie Arbeit), Autoquartett, Zürich **Entstehungsjahre** 2000–2003 **Gruppe** B **Bezugsquellen** ‹Goldie & Yves›, 2 Siebdruck-Plakate (auf Aluminium), Autoquartett: Gregory Gilbert-Lodge, Pfingstweidstrasse 31a, 8005 Zürich — ‹Silex My Way›, im Buchhandel erhältlich, ISBN 3-931126-65-X

[F] Les travaux de l'illustrateur freelance Gregory Gilbert-Lodge sont pour la plupart des commandes exécutées pour des clients nationaux et internationaux dans le domaine rédactionnel. Chaque semaine, ses illustrations paraissent dans divers magazines et sont dès lors connues d'un large public. Souvent, des photographies sélectionnées avec précision servent de supports (optiques) aux illustrations coupées nettement en deux couleurs, qui – appliquées sur ces ‹réalités› comme dans un collage – se chargent véritablement de leurs fonds respectifs. Avec de petits détails chargés de sens symbolique et en rapport avec la situation dans les ‹images› imprimées, Gregory Gilbert-Lodge oriente subtilement l'interprétation des observateurs et suscite des associations sans jamais devenir lourd. L'originalité évocatrice de ces illustrations découle de l'équilibre bien réparti entre une représentation objective-précise et une interprétation libre, presque suggestive de la thématique proposée, souvent reconnaissable comme telle seulement lors d'une seconde approche. Une exploitation habile de la marge de manœuvre restreinte entre les attentes des mandants, la représentation exacte et l'expression personnelle.

[E] The works submitted by freelance illustrator Gregory Gilbert-Lodge are mainly commissions for national and international editorial customers. His illustrations appear weekly in various magazines and are thus known to a large general public. Precisely selected photographs often serve as (optical) bearers of the illustrations with their precise two-tone cuts, which, applied to these 'realities' like in a collage, appear to charge themselves completely in front of the different backgrounds. With small, but highly symbolic and situation-related details in the printed 'images', Gregory Gilbert-Lodge subtly guides the viewers' reading, and inspires associations without ever being clumsy. The impressive independence of these illustrations is based on the harmonious equilibrium between an objectively precise representation and a, often only recognisable as such at a second glance, free, almost suggestive interpretation of the specified topic. This is skilful exploitation of the limited scope between the ideas of customers, the exact representation and personal expression.

[D] Bei den vom freischaffenden Illustrator Gregory Gilbert-Lodge eingereichten Arbeiten handelt es sich zu einem grossen Teil um Auftragsarbeiten für nationale und internationale Kunden aus dem redaktionellen Bereich. Im Wochentakt erscheinen seine Illustrationen in diversen Magazinen und sind daher einem breiten Publikum bekannt. Oftmals dienen präzis ausgewählte Fotografien als (optische) Träger der scharf zweifarbig geschnittenen Illustrationen, die sich – wie in einer Collage auf diese ‹Realitäten› appliziert – vor den jeweiligen Hintergründen richtiggehend aufladen. Mit kleinen, aber symbolträchtigen und situationsbezogenen Details in den aufgedruckten ‹Bildern› lenkt Gregory Gilbert-Lodge auf subtile Weise die Lesart der Betrachtenden und weckt Assoziationen, ohne jemals plump zu werden. Die eindrückliche Eigenständigkeit dieser Illustrationen basiert auf dem ausgewogenen Gleichgewicht zwischen einer sachlich-präzisen Darstellung und einer, oftmals erst auf den zweiten Blick als solche erkennbaren, freien, beinahe suggestiven Interpretation der vorgegebenen Thematik. Ein gekonntes Ausnutzen des beschränkten Spielraums zwischen den Vorstellungen der Auftraggebenden, dem genauen Abbild und dem eigenen Ausdruck.

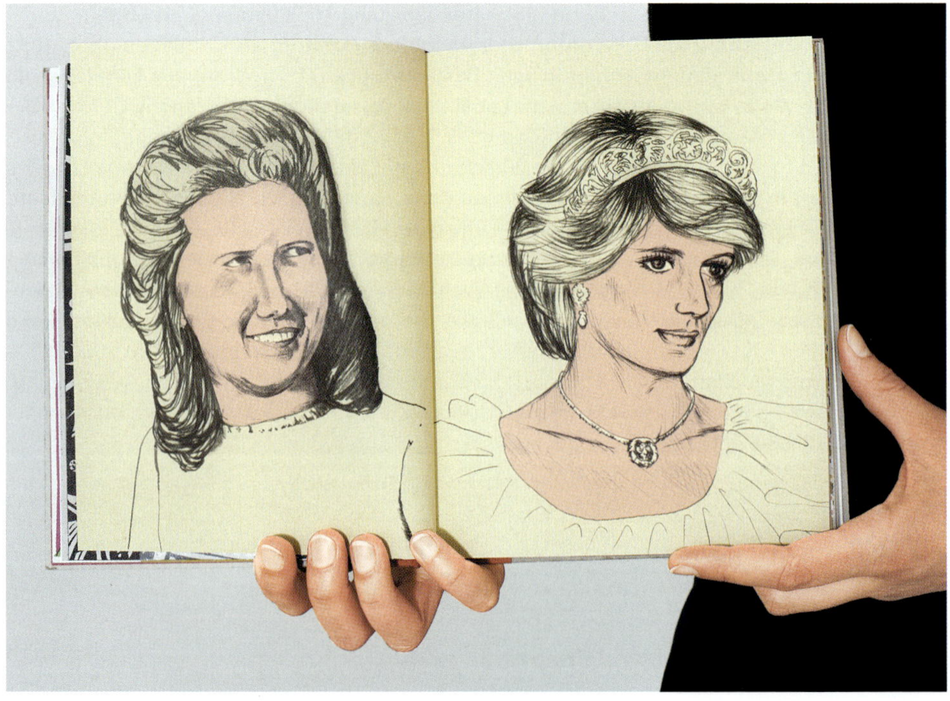

←
Doppelseite aus der Publikation ‹Silex My Way›
2001

→
Illustration aus ‹Die Weltwoche›
2003

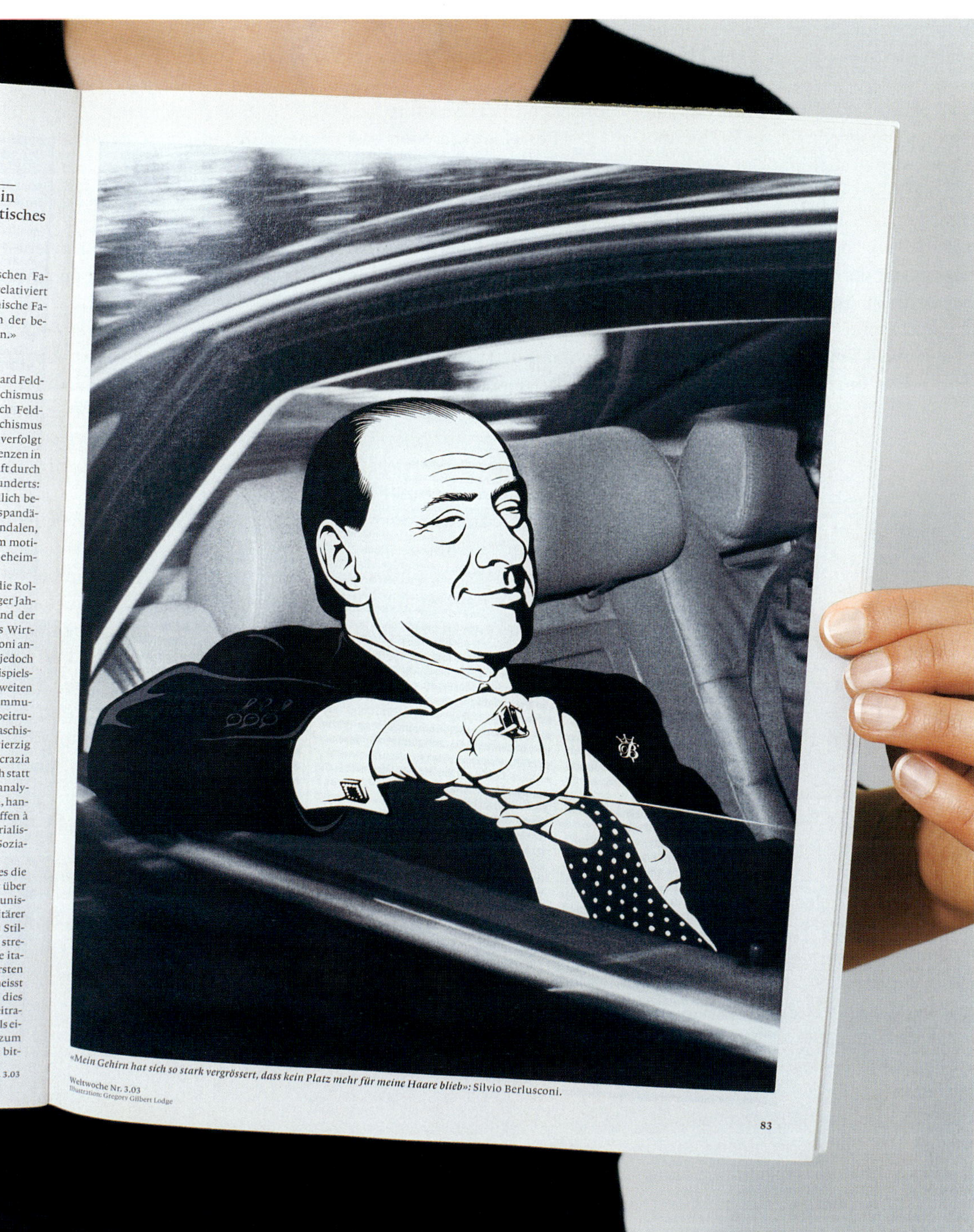

Briefwechsel

Lieber Gregory

Wie du weisst, ist Innovation ein wichtiges Kriterium für die Auswahl der Gewinnerinnen und Gewinner des Eidgenössischen Wettbewerbs für Design. Da du unter vielen Bewerbern ausgewählt worden bist, gehe ich davon aus, dass sich innovative Aspekte in deiner Arbeit finden lassen. Ich möchte dich bitten, diese näher zu umschreiben.

Erlaube mir aber vorerst, etwas zu spekulieren und einige Möglichkeiten aufzuwerfen.

Im Bereich Illustration scheint mir die Frage nach der Innovation besonders schwierig zu sein. Schliesslich entwirfst du ja keine neuen Gebrauchsgegenstände wie ein Produktdesigner, sondern du bildest Gegenstände ab. Worin liegt die Innovation, wenn du Autos abzeichnest? Vielleicht in der Komposition, in der Verwendung neuartiger Techniken oder im Strich, der deine persönliche Handschrift ausmacht?

Bei deinen Porträts fällt mir ein charakteristischer Ausdruck in den Gesichtern auf. Hier ist die Bedeutungsebene deiner Bilder angesprochen, obwohl dieser Ausdruck sicher auch mit der Technik zusammenhängt. Ich stelle mir vor, dass du die Gesichter sowie die Autos nach Fotos zeichnest, sie auf gewisse Weise überzeichnest. Wie kommen diese Bedeutungen in die Gesichter?

Dies alles ist sicher auch abhängig von der jeweiligen Auftragslage, das heisst, von den Vorgaben, an die du dich halten musst.

Es ist bestimmt nicht möglich, alle meine Fragen zu beantworten, aber bitte versuche, einige der angesprochenen Zusammenhänge auf deine Arbeit zu beziehen – in Form eines Briefes. Ich bin gespannt auf deine Antwort.

Herzlich Renate

Liebe Renate

Vielen Dank für deinen Brief. Gerne beantworte ich dir deine Fragen betreffend innovative Aspekte in meinen Arbeiten. Ich möchte meine Antwort von der Seite der Ikonenmalerei aus der Kunstgeschichte her angehen.

Ikonenmalerei umfasst die Kunst des Kultbildes in der byzantinischen Malerei ab dem 6. Jahrhundert und ist abgeleitet von der Bezeichnung ‹eikon›, dem altgriechischen Begriff für Abbild, Ebenbild.

In der Zeit der Ikonenmalerei war es für Maler zur Herstellung von Ikonenporträts die heilige Pflicht, eine Gottesfigur zu kopieren. Meist waren es Christus, die Gottesmutter Maria oder andere grosse Heilige, die auf Holztafeln dargestellt wurden.

In der Theologie wurde festgelegt, dass die Ikone ein authentisches Abbild des Dargestellten und als Bild unlösbar mit dem Wesen und Sein der heiligen Gestalt verbunden ist, so dass dessen idealisierende Kraft aus dem Bild wirken kann.

Aus heutiger Sicht sehe ich mich als Zeichner/Illustrator in einer ähnlichen Situation.

Als moderner Auftragsmaler ist es auch meine Pflicht und Notwendigkeit für den Auftraggeber, eine präzise Darstellung der gewünschten Figur oder des gewünschten Gegenstandes zu zeigen, wie zum Beispiel das Porträt von Yves Saint Laurent, die Abbildung vom Sportwagen Ferrari Enzo oder anderen ‹grossen Heiligen›, die in Magazinen publiziert werden.

Anders als zur Zeit der Ikonenmalerei verstärke ich entweder die Aussage der Figuren oder der Gegenstände, indem ich sie in ein Umfeld oder eine Handlung setze, oder versuche auf zweiter Ebene eine neue Aussage zu kommunizieren. Sie wird daher weg von der ‹Nur-Ikone› ein Produkt freien künstlerischen Schaffens und freier künstlerischer Fantasie.

Humor spielt für mich hier eine wichtige Rolle. Mit fein eingesetzten zeichnerischen Zitaten, sei es in der Gestik von Figuren, ihren Handlungen oder in präzis eingesetzten Objekten im Bild, möchte ich den Betrachter lustvoll unterhalten. In Verbindung zum textlichen Inhalt hoffe ich, dass so ein interessantes Spannungsfeld entsteht.

Meine Illustrationen sind somit die Verbindung von einer wissenschaftlich, sachlich präzisen Darstellung und einer freien künstlerischen Interpretation.

Dies charakterisiert sicher meine Handschrift im inhaltlichen Bereich meiner Illustrationen und, um auf die Frage zurückzukommen, ob diese Art von inhaltlicher Umsetzung innovativ ist, würde ich im Bezug zur früheren Ikonenmalerei bejahen.

Als Stylist meiner Illustrationen erfinde ich zudem auch in jedem Bild neue Formen, wie innovative Umhänge, fantasievolle Architektur und allerlei modisches Zubehör.

Innovative Aspekte haben meine Illustrationen sicher auch in technischer Hinsicht. Der Stil meiner Handschrift in der Art der verschiedenen Umsetzungen zum Beispiel. Er ist nicht aus einem schnellen, kreativen Prozess entstanden, sondern wurde über einen längeren Zeitraum von mir entwickelt. Ein Prozess, der sich natürlich auch stetig weiterentwickeln muss, um ein Thema gut, modern und einzigartig umsetzen zu können.

Die Fotografie brauche ich teilweise als Gerüst zum Zeichnen, mein Stil aber erlaubt mir dann, den Ausdruck in den Gesichtern präzise darzustellen und zu verändern, sei es vom Auftraggeber her oder aus meinem eigenen Wunsch. Der Ausdruck im Gesicht eines Porträts ist da zum Beispiel meist weit weg vom Ausdruck der ursprünglichen Vorlage. Die Bedeutung des Gesichtes ist somit rein erfunden. Der Inhalt des Bildes, wie zum Beispiel der Ausdruck im Gesicht einer Person, spricht durch den Stil seiner Darstellung zum Betrachter. Das ist vielleicht ein Unterschied der Illustration zum fotografischen Abbild. Das macht für mich die Illustration sehr flexibel und spannend.

Leider wird die Aussage der Illustration dafür auch nie Realität sein, sie bleibt immer fiktiv.

Ich hoffe, dass ich dir hiermit ein paar Zusammenhänge aufzeigen konnte, wie ich arbeite.

Herzliche Grüsse
Gregory

Correspondance

Cher Gregory,

Comme tu le sais, l'innovation est l'un des principaux critères d'évaluation du travail des participants au Concours fédéral de design. Comme tu as été sélectionné parmi de nombreux candidats, je suppose que ton travail présente des aspects novateurs. Pourrais-tu me les décrire?

Je me permets d'anticiper un peu sur ta réponse et te propose quelques possibilités.

Dans le domaine de l'illustration, l'aspect novateur semble être une question délicate. En effet, tu ne conçois pas de nouveaux objets tel un designer, tu les représentes. En quoi réside l'innovation lorsque tu dessines des voitures? Peut-être dans la composition de l'image, dans l'utilisation de nouvelles techniques ou dans le trait, qui révèle ta griffe?

Je trouve que les personnes portraiturées portent une expression caractéristique sur le visage. Je veux parler de la signification de tes images, bien que cette expression soit sûrement en relation avec la technique. J'imagine que tu dessines les visages comme les voitures, d'après des photos, que tu dessines par-dessus en quelque sorte. Comment apparaissent ces expressions sur ces visages?

Cela dépend certainement des contrats, c'est-à-dire des instructions que tu reçois.

Tu ne pourras probablement pas répondre à toutes mes questions, mais essaye s'il te plaît de rapporter certains des aspects évoqués à ton travail sous forme de lettre. J'attends ta réponse avec impatience.

Gregory Gilbert-Lodge

Sincèrement
Renate

Chère Renate,

Merci beaucoup pour ton courier. C'est avec grand plaisir que je réponds à tes questions concernant l'aspect novateur de mes travaux. Je souhaite introduire ma réponse avec la peinture iconique dans l'histoire de l'art.

Les icônes sont des images divines et l'expression de l'art byzantin qui s'est répandu à partir du 6e siècle. Le mot tire son origine de ‹eikon›, le terme grec ancien désignant une représentation, un portrait.

A cette époque, lorsqu'un peintre réalisait un portrait, il avait le devoir sacré de copier une figure divine. La plupart du temps, il s'agissait du Christ, de Marie, la mère de Dieu, ou de grands Saints, qui étaient représentés sur des âmes de bois.

Selon le code précis défini par la théologie, l'icône est le portrait fidèle de l'être sacré représenté. L'image doit être indissociable de l'essence et de l'entité du sujet sacré afin qu'elle reflète inéluctablement la puissance glorifiée de ce dernier.

D'un point de vue contemporain, je me trouve dans une situation similaire en tant que dessinateur/illustrateur.

En tant que peintre professionnel moderne, il est de mon devoir de réussir une représentation fidèle de la personne ou de l'objet souhaité telle que le portrait d'Yves Saint Laurent, la représentation de la voiture de sport Ferrari Enzo ou les portraits d'autres ‹grands pontifes› publiés dans les magazines.

Contrairement à la peinture iconique, soit je renforce le message des personnages ou des objets en les plaçant dans un environnement ou en les mettant en scène, soit j'essaye de communiquer un autre message au second plan. Il ne s'agit plus seulement d'une icône, mais d'un produit né de la libre expression et de la fantaisie de l'artiste.

Pour moi, l'humour joue un rôle primordial. A l'aide de citations graphiques introduites avec précision au niveau des gestes des personnages ou de leur attitude, ou par le biais d'objets placés de façon très réfléchie dans l'image, je souhaite divertir la personne qui contemplera mon travail. Associée à un contenu textuel, j'espère ainsi que mon image génèrera une réflexion intéressante.

Cela caractérise certainement ma griffe d'un point de vue du contenu de mes illustrations. Pour ce qui est de savoir si cette façon de transposer une image est novatrice, je dirais qu'elle l'est par rapport à la peinture iconique d'autrefois.

En tant que styliste de mes illustrations, j'invente dans chaque image de nouvelles formes telles que des pèlerines novatrices, des architectures imaginaires et toutes sortes d'accessoires tendances.

La technique utilisée pour réaliser mes illustrations représente certainement un aspect novateur. Comme le style de mon trait et les différentes façons dont je l'utilise, par exemple. Il n'est pas né d'un processus rapide et créatif. Je l'ai développé au cours d'une longue période. C'est un processus qui doit continuer d'évoluer afin qu'il me soit toujours possible de traduire un thème de façon optimale, moderne et unique.

J'utilise parfois la photographie comme base pour dessiner, mon style me permet ensuite de représenter et de modifier avec une plus grande précision l'expression du visage soit à la demande du mandataire soit parce que j'en éprouve le besoin. L'expression du visage de la personne portraiturée est généralement relativement éloignée de celle du modèle original. La signification est alors complètement inventée. Le contenu de l'image tel que l'expression du visage d'une personne interpelle le spectateur à travers le style de sa représentation. C'est peut être la différence entre l'illustration et la photographie. Cela rend l'illustration très flexible et passionnante.

Malheureusement le message de l'illustration ne sera jamais réalité, il restera toujours fictif.

J'espère avoir réussi à te présenter au mieux le contexte dans lequel je travaille.

Meilleures salutations
Gregory

Correspondence

Dear Gregory

As you know, innovation is an important criterion when selecting the Swiss Federal Design Competition winners. Because you were selected from numerous entrants, I am assuming that there are innovative aspects in your work. I would like to ask you to describe these in detail.

Allow me to speculate a little first and raise a few possibilities. To my mind, the issue of innovation seems to be particularly difficult in the field of illustration. After all, you are not designing new everyday objects like a product designer, but you are reproducing objects. Where does the innovation lie when you draw cars? Could it lie in the composition, in the use of innovative techniques or in the line that determines your personal handwriting?

I have noticed a characteristic expression in the faces of your portraits. This refers to the level of significance of your pictures, even though this expression is undoubtedly also connected to the technique. I could imagine that you draw the faces and the cars based on photos, that – at a certain level – you draw over the lines. How do the faces take on these meanings?

And all this surely also depends on the situation of the order in question, i.e. the instructions you have to adhere to.

It is unlikely that you will be able to answer all my questions, but please try to relate some of the contexts mentioned above to your work – in the form of a letter. I look forward to your response.

Yours sincerely
Renate

Dear Renate

Thank you very much for your letter. I am more than happy to answer your questions with regard to innovative aspects of my work. I would like to approach my response from the art historical perspective of icon painting.

Icon painting comprises the art of the cult idol in Byzantine painting from the 6th century onwards and is derived from the word 'eikon', the Ancient Greek term for image.

At the time of icon painting, the sacred duty of the painter when producing icon portraits was to copy a holy figure. It was usually Christ, Mary, the Mother of God, or other great saints who were represented on wooden boards.

Theology determined that the icons represent an authentic image of the figure portrayed and that, as a picture, this is insolubly linked to the essence and being of the holy figure, which means that the idealising power of the latter can have an effect from the picture.

From today's perspective, I see myself in a similar situation as an artist/illustrator.

As a modern commissioned artist, it is also my duty and a necessity for my customer to show a precise representation of the desired figure or the desired object, such as the portrait of Yves Saint Laurent, the picture of the Ferrari Enzo sports car or other 'great saints' that are published in magazines.

In contrast to the time of icon painting, I either strengthen the statement of the figures or objects by placing them in a surrounding or an action, or I try to communicate a new statement at a second level. It thus moves away from 'just an icon' and becomes a product of free artistic creation and free artistic imagination.

Here, humour plays an important role for me. With delicately inserted graphic quotations, either in the gestures or actions of figures or in precisely positioned objects in the image, I want to entertain the viewer in a pleasurable manner. I thus hope that, in connection with the text-based contents, this will lead to an interesting field of tension.

My illustrations are therefore the connection of a scientific, objectively precise representation and a free artistic interpretation.

This undoubtedly characterises my handwriting with regard to the contents of my illustrations and, to return to the question about whether this type of content-based implementation is innovative, I would reply positively with reference to icon painting of the past.

As the stylist of my illustrations, I also invent new forms in every picture, such as innovative cloaks, imaginative architecture and all kinds of fashionable accessories.

My illustrations also undoubtedly contain innovative aspects from a technical point of view. This includes the style of my handwriting in the manner of the various implementations, for example. This is not the result of a rapid artistic process, but instead I developed it over a longer period of time. This is a process that must, of course, always constantly develop further to be able to implement a topic in a good, modern and unique manner.

I occasionally use photographs as a framework for drawing, but my style then allows me to represent precisely the expression in the faces and to change it – either as prescribed by the customer or based on my own desire. Here, the expression in the face of a portrait is usually far removed from the expression of the original model. This means that the significance of the face is thus completely invented. The content of the picture, such as the expression in the face of a person, addresses the viewer through the style of its representation. This may be a difference between an illustration and a photographic image. This makes illustrations extremely flexible and exciting for me.

Unfortunately, the statement made by an illustration will thus never be reality and will always remain fictional.

I hope that I have been able to provide you with a few connections regarding my manner of working.

Best regards
Gregory

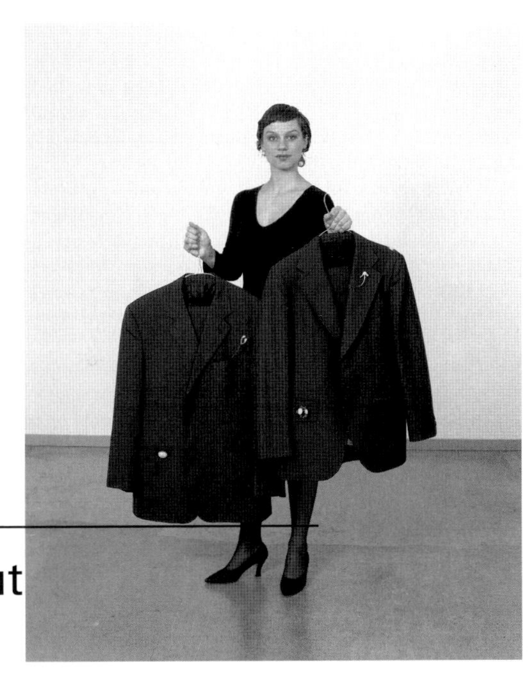

Andi Gut

Email gut@dingdrin.ch **Beruf** Schmuckmacher **Jahrgang** 1971 **Lebt und arbeitet** in Zürich **Berufsausbildung** Lehre als Goldschmied bei Franz Lohri, Zug **Studium** Vorkurs Hochschule für Kunst und Gestaltung Zürich – Hochschule für Gestaltung Pforzheim **Abschluss / Diplom** als Dipl. Des. Schmuck, 1996 **Praktikum** bei Pierre Degen, London, 1995 **Arbeitet auch zusammen mit** Gedusa Arndt **unter dem Label** dingdrin – Peter Bauhuis, Gründungsmitglied der Association d'oeil plaisé **Mitglied** des Salon International EPJH **Preise / Auszeichnungen** Eidg. Preis für Design 2001/1999 – ‹Herbert Hoffmann Preis›, München, 2003 – Werkbeitrag Kanton Zug, 2002 – Atelier des Kantons Zug in New York, 2000 – Auszeichnung vom Form Forum Schweiz, 2000 **Ausstellungen** ‹Mimesen›, Galerie Biró, München, 2004 – ‹Salon International›, (mit Doris Betz, Peter Bauhuis, Mascha Moje, Sally Marsland, Manon v. Kouswijk), Rathausgalerie, München, 2004 – ‹Neophyten›, (mit Peter Bauhuis), Galerie V & V, Wien, 2004 – Galerie Vice Versa, Lausanne, 2003 – ‹Schmuck›, Handwerksmesse, München, 2003 – ‹CRISS & CROSS Design aus der Schweiz›, New York, São Paolo, Winterthur, Berlin u.a., 2003/2004 – ‹Schmuckpreis Schweiz›, Kornhausforum, Bern, 2003 – ‹Schweizer Schmuck des 20. Jh.›, Landesmuseum, Zürich, 2003 – ‹Exhibit›, Galerie Tactile, Genf, **Werk / Projekt** Prämiert wurden 6 Schmuckstücke aus der Reihe ‹Mimesen› **Titel** ‹Mimesen› **Materialen / Technik** Nylon, gefräst, geschnitzt, teilweise gehämmert und gefärbt – Gold, Stahl **Entstehungsjahre** 2002–2004 **Gruppe** A **Auflage** Einzelstücke **Verkaufspreise** CHF 350.– bis CHF 1'800.– **Bezugsquellen** Galerie Vice Versa, Place Saint-François 2, 1003 Lausanne – Galerie s o, Schmuck/Objekt, Riedholzplatz 18, 4500 Solothurn – Galerie Biró, Zieblandstrasse 19, 80799 München – Galerie V & V, Bauernmarkt 19, 1010 Wien – Galerie Louise Smit, Prinsengracht 615, 1016 Amsterdam

[E] The six pieces of men's jewellery submitted by Andi Gut were developed as part of the 'Mimesen' (mimeses) work. Like in the animal world, where camouflage is effective through its deception of the enemy, Andi Gut's pieces initially confuse viewers too and deceive those trying to read them. What at a first glance appears to be a twig that got caught during a walk in the woods, turns out at a second glance to be the 'mimesis' of a well-camouflaged piece of jewellery. There is, however, further deception of the eye, for the pieces often take on, not only formally, but also through the material combination of plastic and pearls or even gold, a technical language of form. They are thus reminiscent of a modern microphone worn directly attached to one's collar, a roll of thin cable or an anti-theft device attached to one's jacket pocket. The 'Mimesen' are a clever seduction of one's gaze into the wide world of associations and, once again, Andi Gut has cleverly expanded the current definition of jewellery with his pieces that are cast in nylon, lathed, forged and dyed in part.

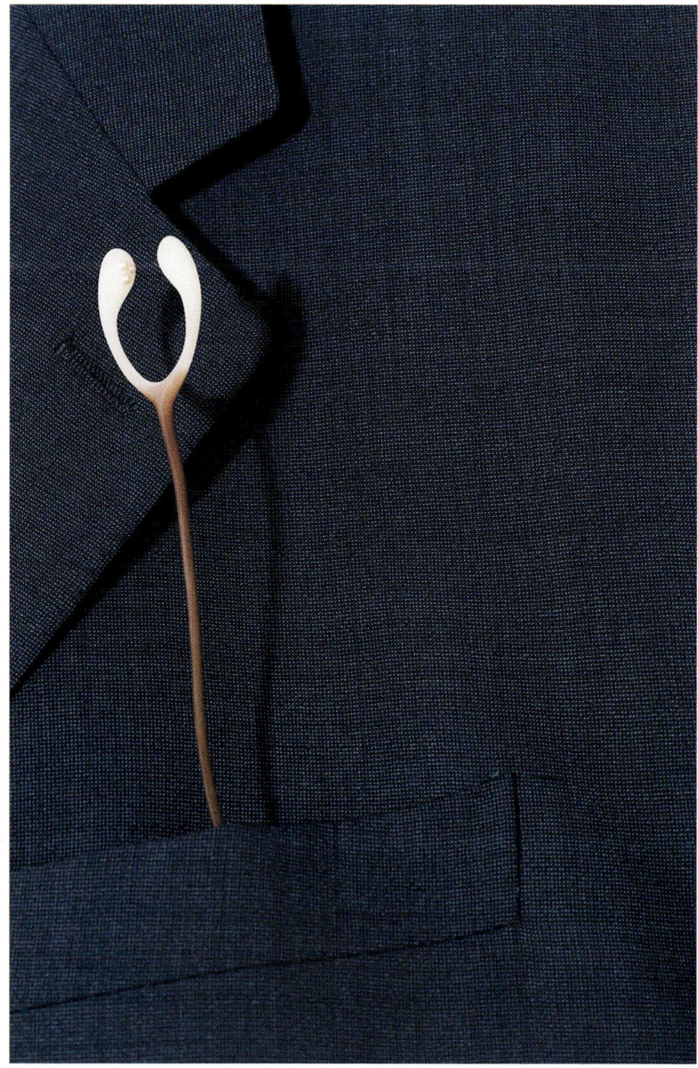

[D] Die sechs von Andi Gut eingereichten Männerschmuckstücke sind als Teil der Arbeit ‹Mimesen› entstanden. Wie in der Tierwelt, in der die Tarnung dank der Täuschung des Feindes ihre Wirkung tut, führen auch die Stücke Andi Guts die Betrachtenden vorerst in die Irre und täuschen diejenigen, die sie zu lesen versuchen. Was auf den ersten Blick wie ein auf dem Waldspaziergang hängen gebliebenes Zweiglein erscheint, entpuppt sich erst auf den zweiten Blick als ‹Mimese› eines sich gut tarnenden Schmuckstücks. Der Blick wird jedoch weiter verwirrt, denn die Stücke nehmen oftmals nicht nur formal, sondern auch durch die Materialkombination von Kunststoff und Perlen oder sogar Gold eine technische Formensprache auf. So erinnern sie zum Beispiel an ein modernes, direkt an den Kragen gestecktes Mikrofon, ein aufgerolltes feines Kabel oder eine an der Westentasche befestigte Diebstahlsicherung. Die ‹Mimesen› sind eine gekonnte Verführung des Blicks in die weite Welt der Assoziationen und einmal mehr erweitert Andi Gut mit seinen aus Nylon gegossenen, gedrehten und geschmiedeten, teilweise gefärbten Stücken raffiniert den gängigen Schmuckbegriff.

[F] Les six bijoux masculins présentés par Andi Gut ont été créés dans le cadre du travail ‹Mimesen›. Comme dans le monde animal, dans lequel le camouflage agit grâce à la duperie de l'ennemi, les pièces d'Andi Gut induisent dans un premier temps l'observateur en erreur, et trompent ceux qui essaient de les lire. Ce qui, au premier abord, ressemble à une petite branche restée accrochée lors d'une promenade en forêt s'avère au second regard être une ‹mimèse› d'un bijou qui cache bien son jeu. Le regard est cependant déconcerté plus avant, car souvent les bijoux adoptent un langage technique, non seulement sur le plan formel, mais également par la combinaison de matériaux synthétiques et de perles, voire même d'or. Ainsi, ils rappellent par exemple un microphone moderne directement épinglé au col, un câble fin enroulé ou une chaîne antivol attachée au gousset. Les ‹mimèses› sont un détournement habile du regard dans le monde des associations, et une fois de plus Andi Gut, avec ses pièces coulées en nylon, tournées, forgées et en partie teintées, élargit de façon raffinée la conception courante du bijou.

‹Mimesen›
2002 – 2004

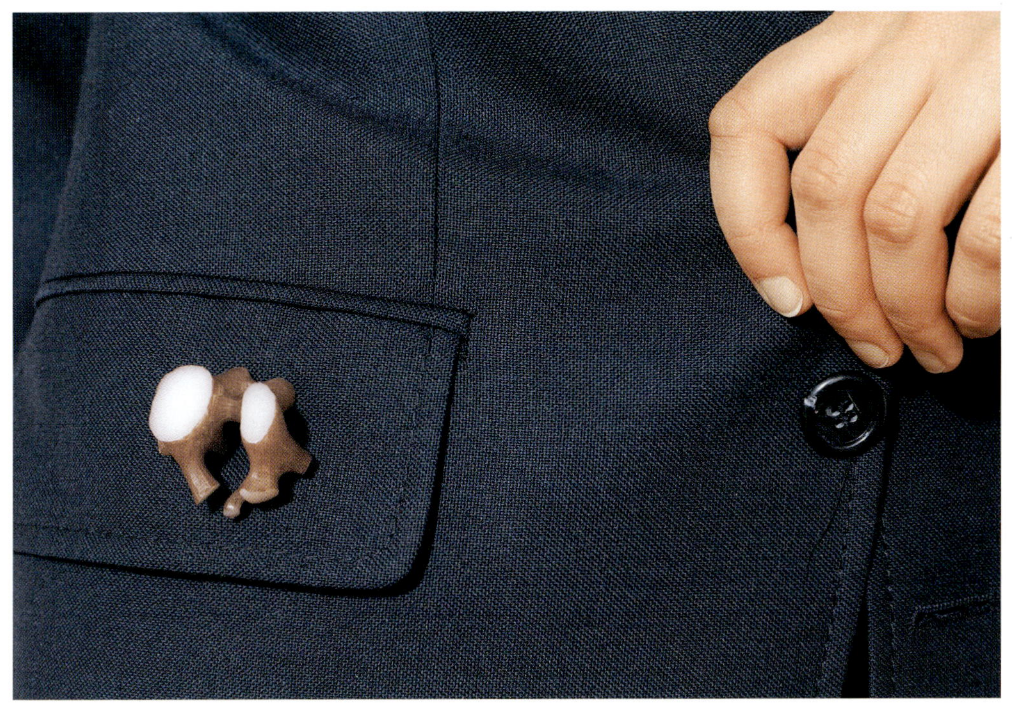

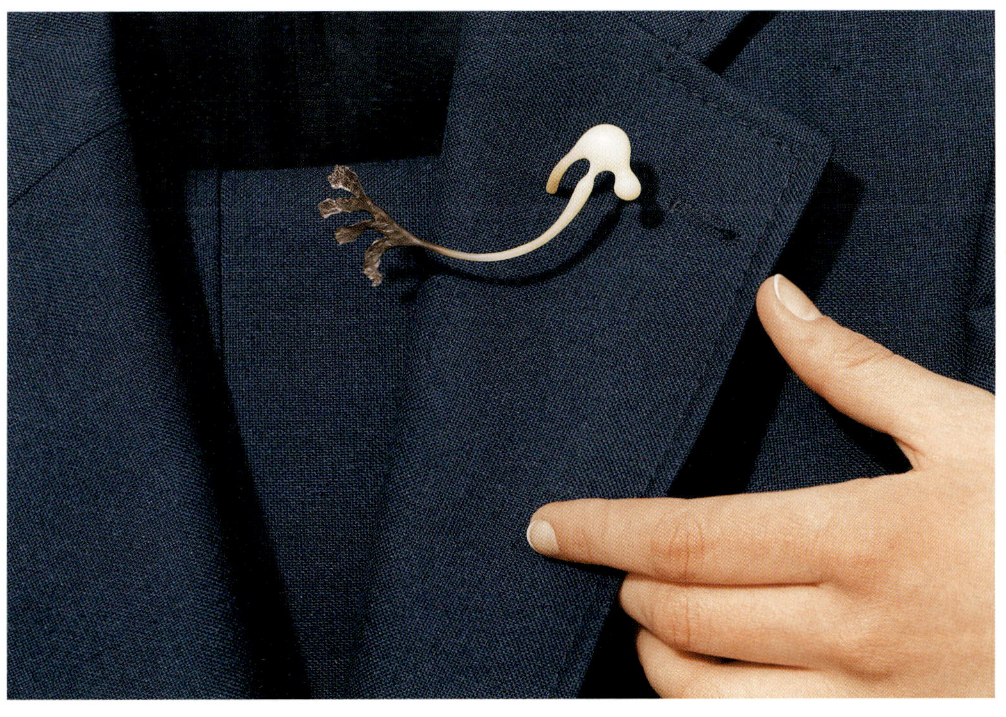

SMS-Interview

guten morgen andi erste frage: wo steckt innovation in deiner arbeit?

Hallo Renate! Noch schnell den Kaffee austrinken und dann schau ich mal nach … Gruss A.

wenn z.b. ein abgesägter baumstrunk aus dem jacket wächst …

Inn.* ist eigentlich gar kein Begriff, mit welchem ich bei meiner Arbeit hantiere. I.* hört sich nach Problemlösung an. Das wollen diese Arbeiten ja nicht aber …

aber wenn du dich in der schmuckszene umschaust, hast du dann nicht den anspruch, etwas zu machen, das noch nicht dagewesen ist? eine ästhetische i* sozusagen?

Zeitgen. würde ich meine Arbeiten schon bezeichnen. Schaue, was auf der Welt gemacht worden ist und reagiere mit meinen Mitteln …

… Den Strunk hat sich mein Onkel Anton mal angesteckt. Das war schon inn*tiv. Diese Neuartigkeit interessiert mich, wenn neue Zus.hänge entstehen …

in bezug auf was ist das i* gewesen?

Meinst du Onkel Anton? Der Strunk ist ein Ausdrucksmittel, mit dem Onkel Anton eine Nuance seiner Persönlichkeit neu zeigt (für mich) …

… eine Sensibilität oder Verletzlichkeit und auch Humor. Alles nichts Neues, aber ein neues Medium für ihn. Extrem inn*tiv! Darum finde ich es so spannend …

… diese Gewächse an Männern zu sehen.

und ohne anton, sozusagen als kleinskulptur?

Kommt drauf an, wos liegt. Im Museum kanns wohl so daherkommen. Ein ungetragenes Stück ist natürlich nichts Schlechtes, aber …

aber …?

Moment bitte, Tante Esther ist grad zu Besuch

Alles klar ;-) Ich denke inzwischen an ‹neues medium› + ‹ausdrucksmittel›. Deine i* ist kommunikativ!

… für mich ist der an- oder abwesende Körper Teil der Arbeit. Onkel Anton verändert das Stück. Auch Skulptur kommt nur mit Onkel!

… und onkel nur mit kommunizierender umgebung! denkst du dir also träger und rezipienten, wenn du einen neuen schmuck entwirfst?

Ja u. nein. Antrieb ist subjektiv. Ich bin erster Träger und Rezip. und habe es gerne mehrdeutig. Als Autor …

… mache ich Vorschläge, Anspielungen, deute etwas an. Es soll (neuer) Ausdrucks-Spielraum entstehen für die Leute …

… Genug Dichte muss schon da sein. Damit so ein Ding entstehen kann, muss ich ehrliches Interesse daran haben …

… und das tut eher Unbekanntes, also doch Inn* im Sinne von erfinderisch. Aber auch authentisch. Manchmal denke ich …

… dies oder jenes wäre doch eine i*tive Idee für die Leute, aber wenns mich nicht packt, entsteht ein Produkt ohne Identität, davon gibts ja schon genug.

Andi Gut

Interview par sms

bonjour andi première question: peux-tu me présenter les aspects novateurs de ton travail?

Bonjour Renate! Je finis de boire mon café et je me penche sur la question … A tout de suite, A.

par exemple lorsque que la souche d'un arbre semble sortir d'une veste …

L'inn* n'est pas un terme que j'utilise lorsque je travaille. Le mot i* ressemble à la solution d'un problème. Ce que ces travaux ne veulent pas être, mais …

mais lorsque tu regardes ce qui ce fait dans le secteur de la bijouterie, tu n'as pas envie de faire quelque chose d'inédit? de réaliser une i* esthétique en quelque sorte?

Je dirais de mes travaux qu'ils sont contemporains. Regarde ce qui se passe dans le monde et réagis avec mes moyens …

… Un jour, mon oncle Anton a arboré cette souche. C'était une action novatrice. Les innovations m'intéressent lorsque de nouveaux rapports apparaissent …

en quoi cette action était-elle nov*?

Tu veux parler de celle de l'oncle Anton? La souche est un moyen d'expression à l'aide duquel oncle Anton dévoile une partie de sa personnalité (pour moi) …

… une sensibilité ou une vulnérabilité, mais également de l'humour. Rien de nouveau, un média inédit pour lui. C'est extrêmement nov*! C'est pourquoi je trouve si passionnant …

… de voir les hommes porter ces plantes.

et sans anton, elle serait en quelque sorte une petite sculpture?

Cela dépend de l'endroit où elle se trouve. Elle pourrait très bien être placée dans un musée. Une pièce qui n'a pas été portée n'est pas une mauvaise chose bien sûr, mais …

mais …?

Un instant, ma tante Esther vient d'arriver

Je comprends ;-) Je pensais justement aux termes ‹nouveau média› + ‹moyen d'expression›. L'aspect nov* de ton travail est communicatif!

… pour moi le corps présent ou absent fait partie du travail. Oncle Anton modifie l'objet. Même la sculpture n'est possible qu'avec l'oncle!

… et l'oncle seulement avec un environnement qui communique! lorsque tu crées un nouveau bijou, tu te mets à la place de la personne qui va le porter et de celle qui va le percevoir?

Oui et non. La motivation est subjective. Je suis le premier à porter l'objet et à le percevoir et j'aime l'ambiguïté. En tant qu'auteur, …

… je fais des propositions, des allusions, des sous-entendus. Les gens doivent disposer de (nouvelles) possibilités d'expression …

… Il faut qu'il y ait une certaine consistance. Pour qu'un tel objet puisse voir le jour, il faut que je m'y intéresse véritablement …

… et cela n'est le cas que lorsque je dois affronter l'inconnu donc l'innovation dans le sens d'invention, mais également d'authenticité. Parfois je pense que …

… telle ou telle chose serait une idée novatrice pour les gens, mais si cela ne m'enthousiasme pas, il en ressort un produit sans identité comme il en existe tant.

SMS interview

good morning andi first question: where's the innovation in your work?

Hi Renate! Just finishing my coffee, then I'll have a look… BW A.

when e.g. a sawn-off stump grows out of the jacket…

Inn.* isn't really a term I use in my work. I.* sounds like solving problems. But that's not the aim of these works…

but when you look around the jewellery scene, don't you demand to do something that has never existed before? an aesthetic i* so to speak?

I would call my work contemp. I look at what has been done in the world and react with my means…

… My uncle Anton once pinned on the stump. That was inn*tive. I am interested in this type of novelty, when new connections develop…

how was that i*?

You mean uncle Anton? The stump is a form of expression uncle Anton uses to show a nuance of his personality in a new way (for me)…

… a sensitivity or vulnerability and also humour. None of it new, but a new medium for him. Extremely i*tive! that's why I find it so exciting…

… to see these plants on men.

and without anton, as a small sculpture so to speak?

Depends where it is. It could probably appear on its own in a museum. An unworn piece isn't anything bad, but…

but…?

Just a moment, please, my aunt Esther has just come to visit

OK ;-)
In the meantime, I'm thinking about 'new medium' + 'means of expression'. your i* is communicative!

… for me the present or absent body is part of the work. Uncle Anton changes the piece. Sculpture also only comes with an uncle!

… and uncle only comes with surroundings that communicate! do you think of wearers and recipients when you design new jewellery?

Yes & no. My drive is subjective. I am the first wearer and recip. and like things to be ambiguous. As an author…

… I make suggestions, allusions, insinuations. I aim to create (new) space for expression for people…

… It needs to be dense enough. For something like this to develop, I need to be genuinely interested in it…

… and that is more the case for unknown things, so inn* in the sense of inventive. But also authentic. Sometimes I think…

…this or that would be an i*tive idea for people, but if I am not hooked, it leads to a product with no identity, and there are enough of those around already.

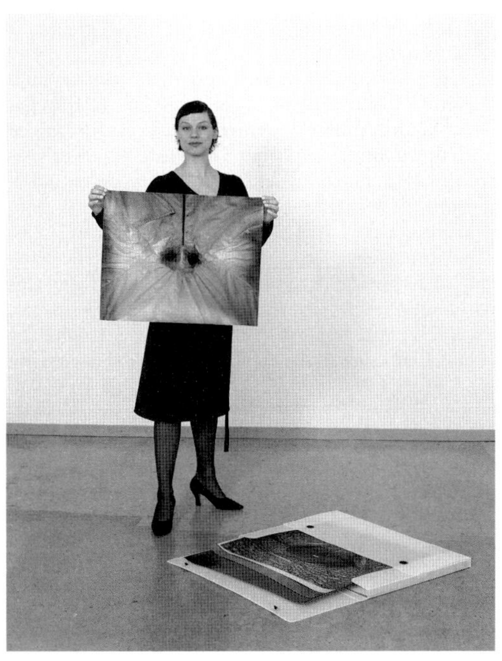

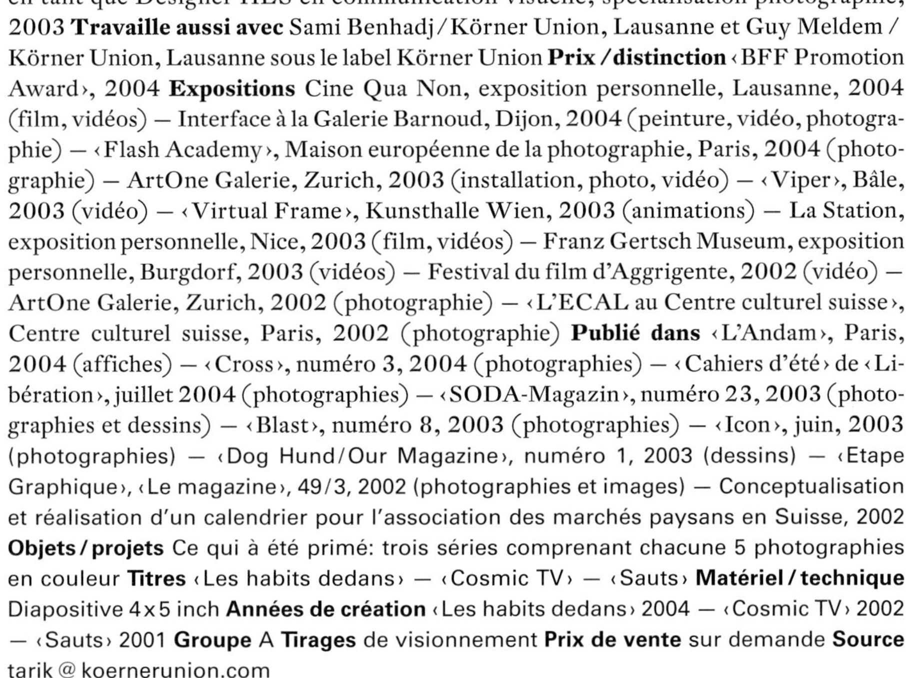

E-mail tarik@koernerunion.com **Profession** Designer **Année de naissance** 1979 **Vit et travaille** à Lausanne **Etudes** à l'Ecole cantonale d'art de Lausanne **Achèvement/diplôme** en tant que Designer HES en communication visuelle, spécialisation photographie, 2003 **Travaille aussi avec** Sami Benhadj/Körner Union, Lausanne et Guy Meldem/Körner Union, Lausanne sous le label Körner Union **Prix/distinction** ‹BFF Promotion Award›, 2004 **Expositions** Cine Qua Non, exposition personnelle, Lausanne, 2004 (film, vidéos) — Interface à la Galerie Barnoud, Dijon, 2004 (peinture, vidéo, photographie) — ‹Flash Academy›, Maison européenne de la photographie, Paris, 2004 (photographie) — ArtOne Galerie, Zurich, 2003 (installation, photo, vidéo) — ‹Viper›, Bâle, 2003 (vidéo) — ‹Virtual Frame›, Kunsthalle Wien, 2003 (animations) — La Station, exposition personnelle, Nice, 2003 (film, vidéos) — Franz Gertsch Museum, exposition personnelle, Burgdorf, 2003 (vidéos) — Festival du film d'Aggrigente, 2002 (vidéo) — ArtOne Galerie, Zurich, 2002 (photographie) — ‹L'ECAL au Centre culturel suisse›, Centre culturel suisse, Paris, 2002 (photographie) **Publié dans** ‹L'Andam›, Paris, 2004 (affiches) — ‹Cross›, numéro 3, 2004 (photographies) — ‹Cahiers d'été› de ‹Libération›, juillet 2004 (photographies) — ‹SODA-Magazin›, numéro 23, 2003 (photographies et dessins) — ‹Blast›, numéro 8, 2003 (photographies) — ‹Icon›, juin, 2003 (photographies) — ‹Dog Hund/Our Magazine›, numéro 1, 2003 (dessins) — ‹Etape Graphique›, ‹Le magazine›, 49/3, 2002 (photographies et images) — Conceptualisation et réalisation d'un calendrier pour l'association des marchés paysans en Suisse, 2002 **Objets/projets** Ce qui à été primé: trois séries comprenant chacune 5 photographies en couleur **Titres** ‹Les habits dedans› — ‹Cosmic TV› — ‹Sauts› **Matériel/technique** Diapositive 4x5 inch **Années de création** ‹Les habits dedans› 2004 — ‹Cosmic TV› 2002 — ‹Sauts› 2001 **Groupe** A **Tirages** de visionnement **Prix de vente** sur demande **Source** tarik@koernerunion.com

Tarik Hayward

[F] La partie essentielle de ce travail photographique en plusieurs parties est une série de cinq images grand format qui guident le regard vers l'intérieur de vêtements. Gonflés par un fort courant d'air et éclairés par un flash, un pantalon, une chemise, une combinaison ou une veste apparaissent comme des systèmes de grottes textiles. D'autres séries de photographies couleur montrent de l'inhabituel, voire même de l'onirique: des groupes de personnes rient, sont assises ou dorment la nuit dans leurs salons, toujours en présence de la télévision, qui – d'une image de cercles concentriques – semble les observer. Ou des gens flottent la nuit dans des pièces obscures, comme s'ils étaient complètement libérés de la pesanteur. Les photographies de Tarik Hayward entraînent, de façon très originale, dans des espaces inhabituels. Elles racontent des histoires, mais seulement de manière incomplète et cryptique, de telle sorte que l'imagination de l'observateur est sans cesse sollicitée. Dans un langage de réalisme fantastique, le photographe crée des univers dans lesquels les êtres humains sont en visite, mais paraissent accepter ceci avec une évidence de rêve.

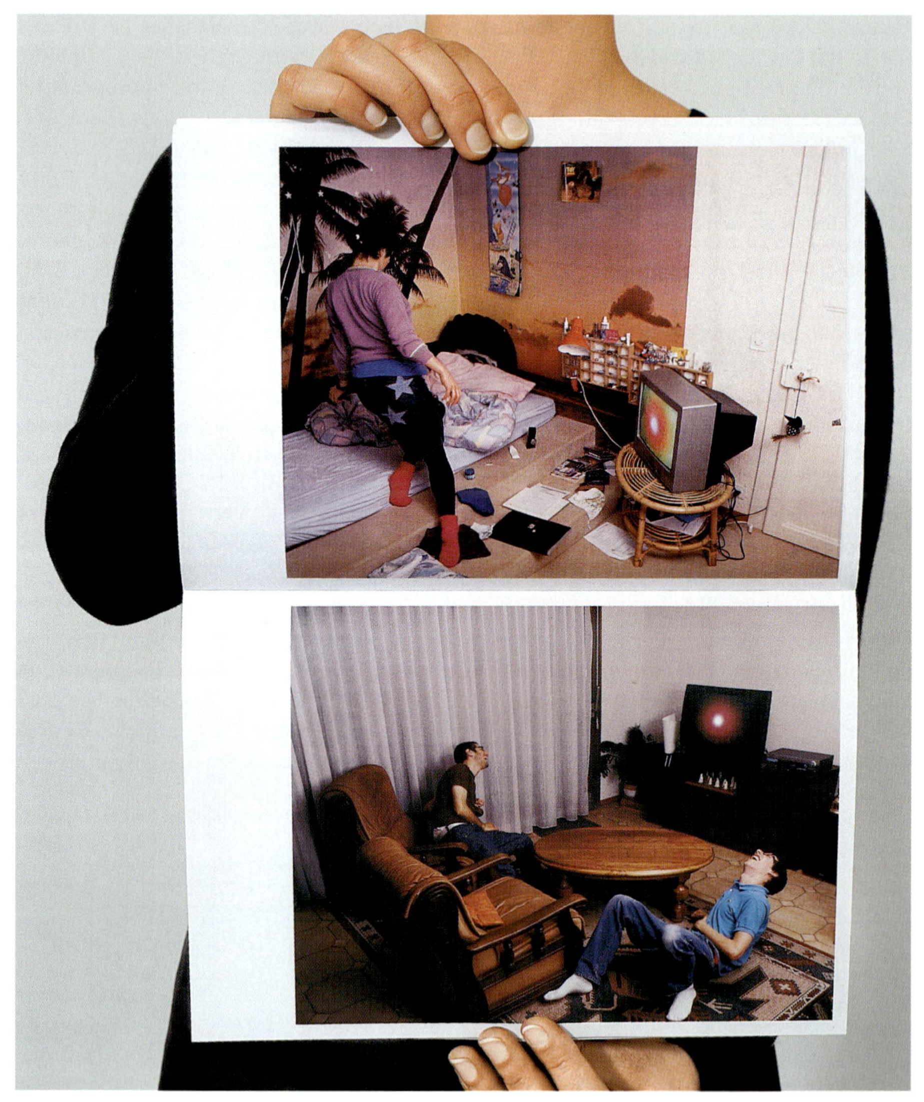

[E] The core of this multi-part photographic work is a series of five large-size images that lead one's gaze into the inside of items of clothing. Inflated by a strong air jet and illuminated by photoflash, the trousers, shirt, overall and quilted jacket now appear as textile cave systems. Further series of colour photographs show unfamiliar, even dreamlike situations. In one instance, groups of people laugh, sit or sleep in their living room at night, always in the presence of a television, which appears to be observing them from an image of concentric circles. Or people float in darkened rooms at night as if they were completely released from gravity. In an extremely idiosyncratic manner, Tarik Hayward's photographs lead us into unfamiliar spaces. They tell stories, but only in a rudimentary and encoded manner, which means that the viewers' imagination is constantly challenged. In the language of a dreamlike realism, the photographer creates worlds in which human beings are guests, but appear to accept this as a dreamlike experience.

[D] Das Kernstück dieser mehrteiligen Fotoarbeit ist eine Serie von fünf grossformatigen Bildern, die den Blick ins Innere von Kleidungsstücken führen. Aufgeblasen von einem starken Luftstrom und ausgeleuchtet vom Blitzlicht wirken Hose, Hemd, Overall oder Steppjacke nun wie textile Höhlensysteme. Ungewohntes, ja geradezu Traumähnliches, zeigen weitere Serien von Farbfotografien: Einmal lachen, sitzen oder schlafen Personengruppen des Nachts in ihren Wohnzimmern, immer in Gegenwart eines Fernsehers, der sie – aus einem Bild von konzentrischen Kreisen – zu beobachten scheint. Oder Menschen schweben in nächtlich verdunkelten Zimmern, als ob sie gänzlich von der Schwerkraft befreit wären. Die Fotografien Tarik Haywards führen auf sehr eigenwillige Art und Weise in ungewohnte Räume. Sie erzählen Geschichten, jedoch nur ansatzweise und verschlüsselt, so dass die Fantasie der Betrachtenden immer wieder aufs Neue gefordert ist. In der Sprache eines traumhaften Realismus kreiert der Fotograf Welten, in welchen die menschlichen Wesen Gäste sind, dies aber mit einer traumhaften Selbstverständlichkeit hinzunehmen scheinen.

←
De la série ‹Cosmic TV›
2002

→
De la série ‹Les habits dedans›
2004

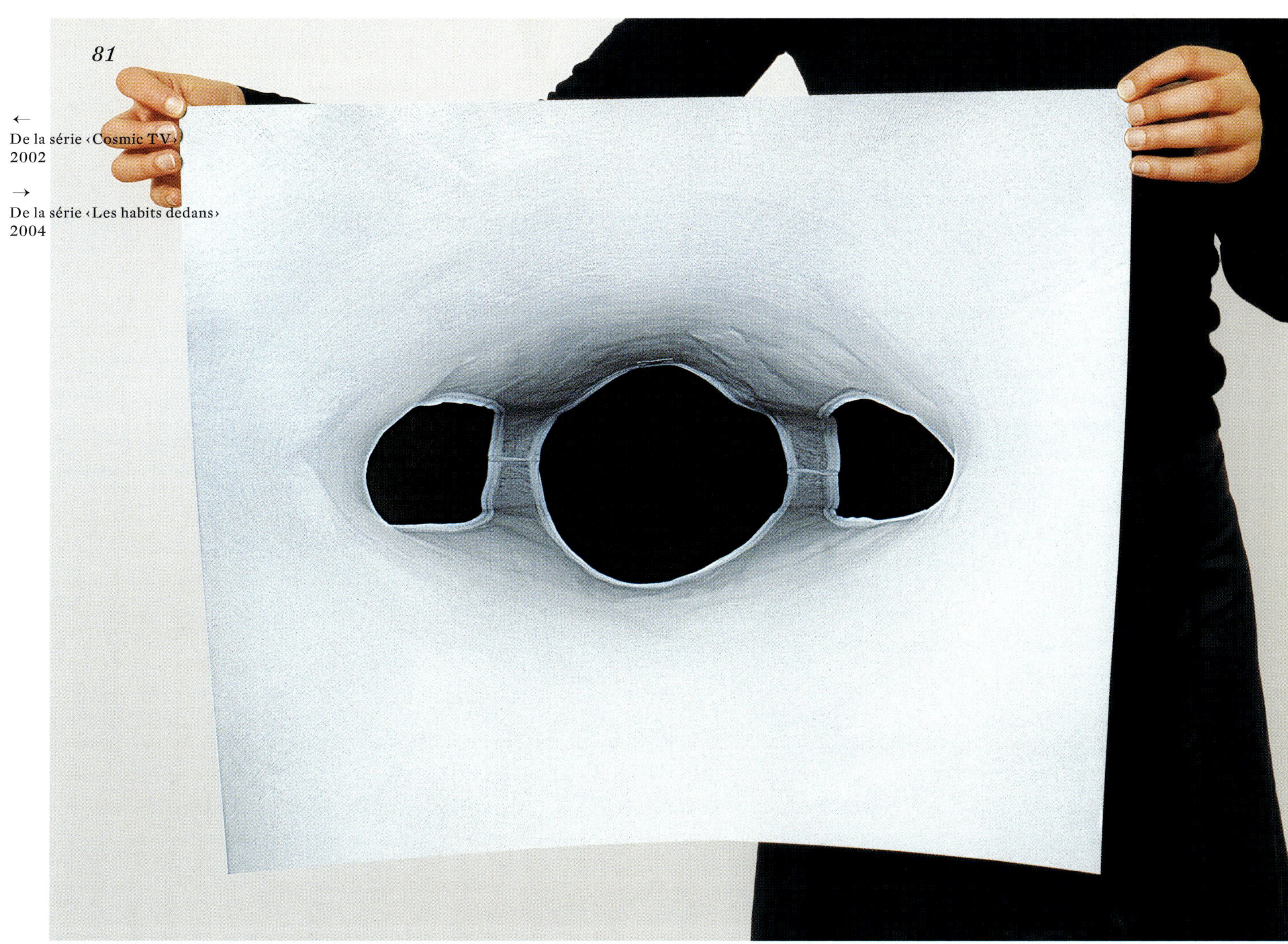

[F]

Interview par fax

1. Où réside l'innovation dans ton travail?
   (La réponse peut se rapporter à un produit déterminé ou à la démarche dans sa globalité.)

a) matériau/technologie:

b) idée/sujet/concept:

   Dans le cas de la série de mode présentée au Concours fédéral de design, l'innovation consiste à faire du documentaire cosmique pour une série de mode.

c) forme/esthétique:

   L'innovation dans mon travail en général consiste à faire du documentaire cosmique.

d) fonction:

e) autres:

2. A travers quoi cette innovation se manifeste-t-elle?

a) le produit lui-même:

b) la mise en scène:

   Le produit, dans une série de mode, étant de la mode, l'innovation doit se situer ailleurs.

c) autres:

3. Comment en es-tu arrivé/e à cette innovation?

a) recherche:

b) méthodique:

c) hasard/intuition:

d) autres:

   C'est le travail d'une vie.

4. Quel a été le point d'ancrage de cette innovation, autrement dit sur quel substrat a-t-elle été conçue?

a) problème/lacune:

b) phénomène culturel:

c) tradition/histoire:

   Marre du documentaire, marre du cosmique. J'aime le documentaire cosmique.

d) autres:

5. Qu'est-ce qui t'intéresse dans un nouveau produit?
   (Qu'il s'agisse d'un de tes produits ou non.)

a) inventivité technique:

b) nouvel aspect visuel:

   Je préfère regarder que réfléchir, c'est plus efficace.

c) recombinaison/sampling:

d) recontextualisation:

e) autres:

Fax-Interview

1. Wo steckt die Innovation in deiner Arbeit?
(Die Antwort kann sich auf ein exemplarisches Produkt oder auf die gesamte Projekteingabe beziehen.)
a) Material/Technologie:
b) Idee/Thematik/Konzept:
Im Rahmen der am Eidgenössischen Wettbewerb für Design präsentierten Modeserie bestand die Innovation darin, einen kosmischen Dokumentarfilm für eine Modeserie zu machen.
c) Form/Ästhetik:
Die Innovation in meiner Arbeit insgesamt besteht darin, kosmische Dokumentarfilme zu drehen.
d) Funktion:
e) andere:

2. Wie vermittelt sich diese Innovation?
a) über das Produkt selbst:
b) über die Inszenierung:
Da das Produkt innerhalb einer Modeserie selber zur Mode gehört, muss die Innovation anderswo liegen.
c) andere:

3. Wie bist du auf diese Innovation gekommen?
a) Recherche:
b) Methodik:
c) Zufall/Intuition:
d) andere:
Es ist die Arbeit eines ganzen Lebens.

4. Wovon bist du ausgegangen?
(Hier ist das ‹Alte› oder das Bestehende gemeint, das den Hintergrund für deine Innovation bildet.)
a) Problem/Mangel:
b) kulturelles Phänomen:
c) Tradition/Geschichte:
Mir reicht's mit dem Dokumentarfilmen, mir reicht's mit dem Kosmischen. Ich mag den kosmischen Dokumentarfilm.
d) andere:

Tarik Hayward

5. Was ist dein Anspruch an ein neues Produkt?
(Das kann sich auf eigene oder fremde Produkte beziehen.)
a) technische Erfindung:
b) neue Erscheinung:
Ich schaue lieber, als ich dass ich denke, das ist effizienter.
c) Rekombination/Sampling:
d) Rekontextualisation:
e) andere:

[E]

Fax interview

1. Where is the innovation in your work?
(The answer can refer to a specific product or to overall reasoning)
a) Material/technology:
b) Idea/topic/concept:
In the case of the fashion series submitted to the Swiss Federal Design Competition, the innovation consists of making a cosmic documentary for a fashion series.
c) Form/aesthetics:
Innovation in my work in general consists of making a cosmic documentary.
d) Function:
e) Other:

2. How is this innovation conveyed?
a) Via the product itself:
b) Via the production:
The product in a fashion series is fashion, so the innovation needs to lie elsewhere.
c) Other:

3. Where did you get the idea for this innovation?
a) Research:
b) Methodology:
c) Coincidence/intuition:
d) Other:
This is a life's work.

4. What was your starting point?
(This refers to the 'old' or existing aspects that form the background to your innovation.)
a) Problem/deficiency:
b) Cultural phenomenon:
c) Tradition/history:
Fed up with the documentary, fed up with the cosmic.
I like the cosmic documentary.
d) Other:

5. What demands do you make of a new product?
(This can refer to your own or to other products.)
a) Technical inventiveness:
b) New appearance:
I prefer looking to thinking, it is more efficient.
c) Recombination/sampling:
d) Recontextualisation:
e) Other:

E-mail ahoving1978@yahoo.fr **Profession** Photographe **Année de naissance** 1978 **Vit et travaille** à Genève **Etudes** à l'Ecole cantonale d'art de Lausanne **Achèvement / diplôme** en tant que Designer HES en communication visuelle, spécialisation photographie, 2002 **Prix / distinction** 3e prix ‹Breguet Poster Competition›, 2001 **Expositions** ‹Flash Academy›, Maison Européenne de la photographie, Paris, 2004 – Image House Galerie, Zurich, 2003/ 2004 – Villa Noailles, ‹18e Festival International des Arts de la Mode Hyères›, 2003 **Publié dans** ‹Das Magazin›, Zurich, mai, 2004 – ‹ECAL Photographie›, JRP/ Ringier Kunstverlag AG, Zurich, 2004 – ‹L'OFFICIEL›, ‹Bal des Débutantes›, Paris, mars, 2004 – ‹FIMH› Catalogue du ‹18e Festival International des Arts de la Mode Hyères›, 2003 **Objet / projet** Ce qui à été primé: une série comprenant 13 photographies en couleur **Titre** ‹Déontologiquement correct› **Format** 30 cm x 40 cm **Matériel / technique** Mamiya pro RZ2, négatifs Kodak 160 VC 6x7 **Année de création** 2003 **Groupe** A **Prix de vente** sur demande **Source** ahoving1978@yahoo.fr

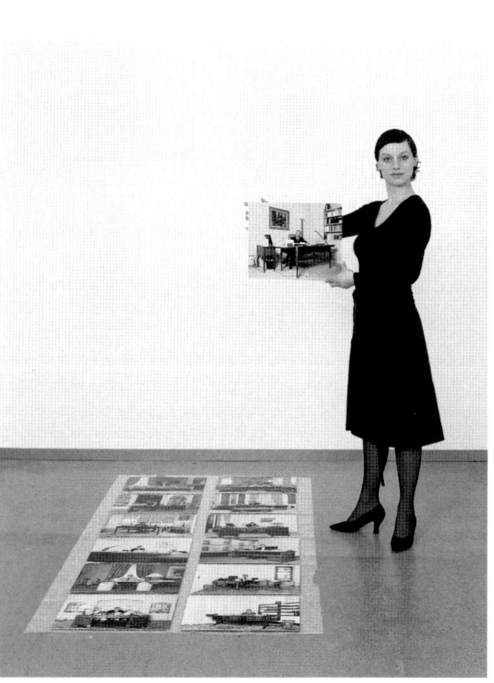

Aimée Hoving

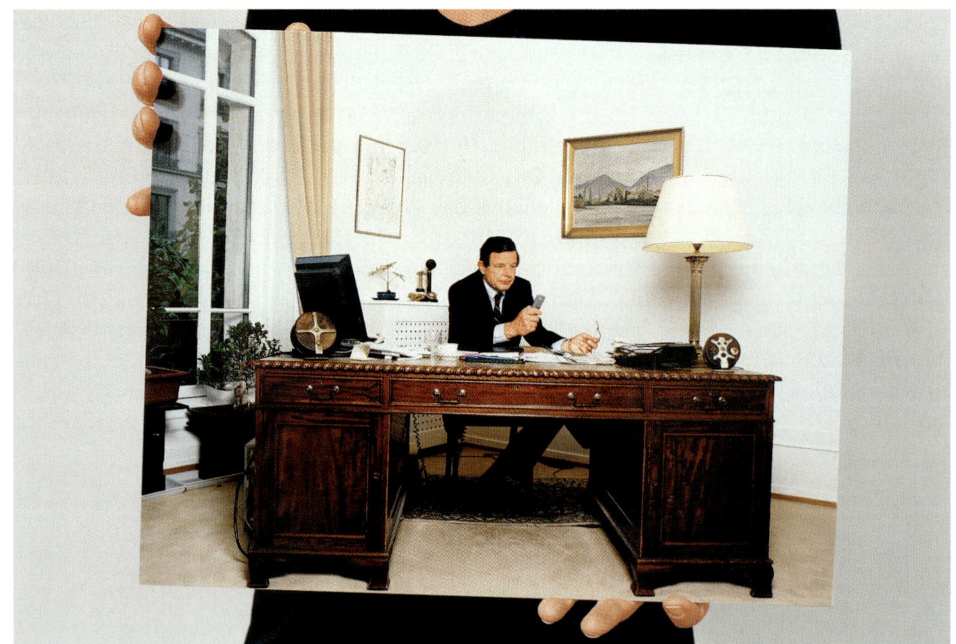

[F] La recherche photographique «de personnalités dans le domaine professionnel» effectuée par Aimée Hoving la mène au cœur de nombreuses études d'avocats genevoises: sa série de treize photographies couleur (inédites) montre les hommes dont elle fait le portrait derrière leurs bureaux, entourés de leurs outils de travail quotidiens. La structure répétitive des images – la photographe se positionne toujours en face des bureaux et focalise sur ceux-ci – intègre les personnages représentés à l'agencement intérieur et incite à une observation comparative qui, de façon nette et quasi caricaturale, met en avant aussi bien les différences que les parallèles de ces univers de travail. Bien que ces pièces ne soient que partiellement destinées à des rencontres représentatives, elles semblent servir aux avocats de plate-forme pour leur mise en scène professionnelle et personnelle. Les images ont – surtout grâce à la présentation comme série et à un discret potentiel voyeuriste – un contenu fortement anecdotique. Malgré la proximité, la photographe réussit cependant toujours à préserver le respect, et à faire ainsi de ces images un essai divertissant sur la culture du travail.

[E] Aimée Hoving's photographic quest for "personalities in the professional sphere" leads her to the innermost areas of numerous Geneva law firms. Her series of thirteen (unpublished) colour photographs show all the portrayed men behind their desks, surrounded by the requisites of daily work. The photographer always positions herself in front of the desks and makes these the centre of her focus. The repeated image formation means that those portrayed become part of the interior, and induces comparative observation, which shifts the emphasis onto the differences and parallels of these worlds in a clear and almost caricature-like manner. Although representative encounters only partly occur in these rooms, they appear to serve the portrayed lawyers as a platform of professional and personal self-production. The images have a strongly anecdotal content, especially because they are presented as a series and due to a discreetly voyeuristic potential. Despite the proximity, the photographer always manages to maintain respect and thus to make the images an entertaining essay about working culture.

[D] Aimée Hovings fotografische Suche «nach den Persönlichkeiten im beruflichen Umfeld» führt sie ins Innerste von zahlreichen Genfer Anwaltskanzleien: Ihre Serie von dreizehn (nicht publizierten) Farbfotografien zeigt die porträtierten Männer alle hinter ihren Schreibtischen, umgeben von den Requisiten ihrer täglichen Arbeit. Der sich wiederholende Bildaufbau – immer positioniert sich die Fotografin frontal vor die Pulte und stellt diese ins Zentrum des Fokus – lässt die Abgebildeten zu einem Teil der Interieurs werden und verleitet zu vergleichender Betrachtung, die sowohl Unterschiede wie auch Parallelen dieser Arbeitswelten deutlich und beinahe karikierend in den Vordergrund rückt. Obwohl in diesen Räumen nur teilweise repräsentative Begegnungen stattfinden, scheinen sie den abgebildeten Anwälten als Plattform beruflicher wie auch persönlicher Selbstinszenierung zu dienen. Die Bilder haben – vor allem dank der Präsentation als Serie und einem diskreten voyeuristischen Potenzial – einen stark anekdotischen Gehalt. Trotz der Nähe gelingt es der Fotografin aber immer, den Respekt zu wahren und die Bilder so zu einem unterhaltsamen Essay über Arbeitskultur werden zu lassen.

De la série ‹ Déontologiquement correct ›
2003

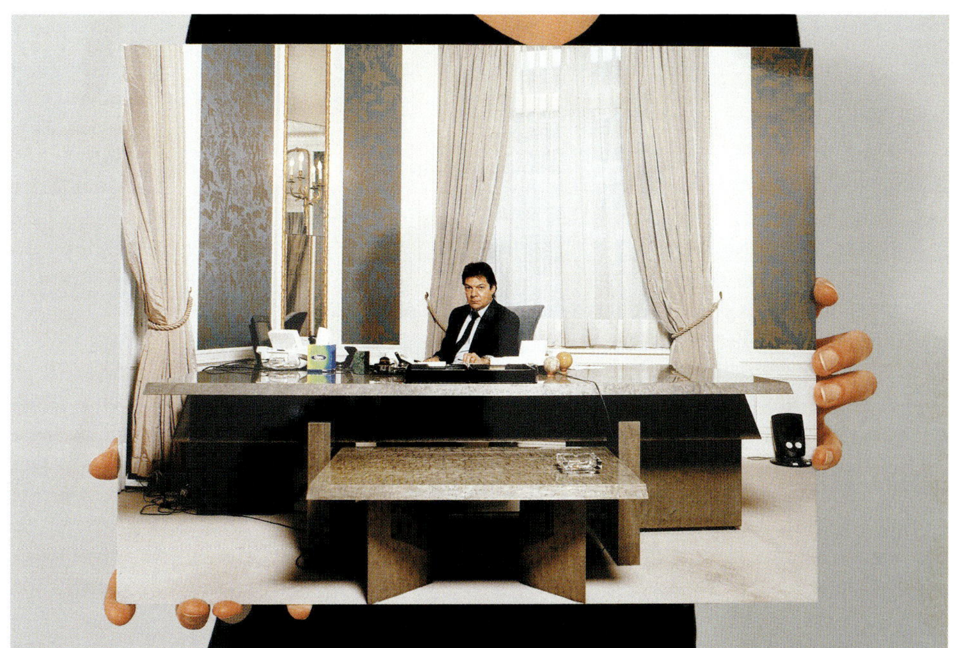

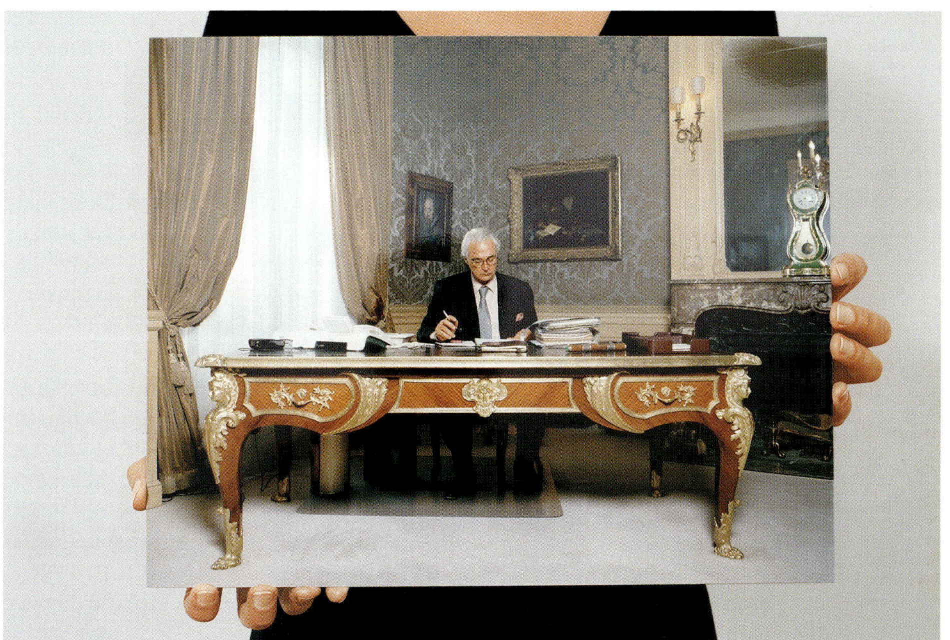

[F]

Interview par fax

1. Où réside l'innovation dans ton travail?
(La réponse peut se rapporter à un produit déterminé ou à la démarche dans sa globalité.)

a) matériau/technologie:

J'ai fait mes photographies avec un Mamya pro RZ2.

b) idée/sujet/concept:

Cette série de photographies tente de donner un autre visage du Barreau genevois, à l'intérieur même de sa sphère professionnelle. On découvre ainsi une autre vision de cet auxiliaire de justice, une image que les médias ne donnent jamais, étant donné que l'avocat apparaît seulement pour celle ou celui qu'il représente et non pas pour ce qu'il est.

c) forme/esthétique:

d) fonction:

Mon intention est de donner un visage plus humain au monde feutré des Etudes d'avocats, souvent faussement perçu comme ‹un milieu vénal, dans lequel l'intérêt pécuniaire prime souvent sur l'intérêt du client›.

e) autres:

2. A travers quoi cette innovation se manifeste-t-elle?

a) le produit lui-même:

Au premier coup d'œil sur ces clichés, on remarque que l'espace professionnel relève entièrement de la sphère privée, intimiste, de l'avocat. Dans une même Etude, on peut trouver des bureaux extrêmement différents et il est important de relever qu'un avocat ne reçoit que rarement dans son bureau, préférant utiliser la salle de conférence. Le bureau étant essentiellement destiné à son propre usage, la personnalité cachée de son occupant se libère. En raison du fait que c'est un lieu dans lequel l'avocat passe la majeure partie de son temps, je suis donc rentrée dans leur vie privée en investissant leur bureau avec mon appareil photo.

b) la mise en scène:

Je ne suis pas intervenue dans l'espace et les sujets ont choisi librement de poser ou non. Les cadrages dépendent entièrement de la taille de la pièce, la caméra est placée afin de la maximiser. Ce n'est que dans les grands bureaux que j'ai pu faire un cadrage frontal. Dans l'ensemble, le sujet disparaît derrière son décorum: il fait partie des meubles. L'avocat valorisant le décor et vice-versa, une unité esthétique s'installe donc.

c) autres:

L'avocat, tel le loup dans sa tanière, se fond dans son décor. Sa traditionnelle prestance, indispensable à toute audience et apparition publique, s'efface derrière son pupitre. Sa vraie nature se révèle.

3. Comment en es-tu arrivé/e à cette innovation?

a) recherche:

Pour cette série, je trouvais intéressant de prendre en photographie un lieu protégé, qui reste la plupart du temps confidentiel et auquel beaucoup de gens n'ont pas accès. Mon idée originale était de saisir le contraste entre le côté ‹publique› et ‹privé› de l'avocat, au sein même de l'exercice de sa profession. Ce but ne pouvait être atteint qu'en photographiant le sujet dans son propre bureau, dont la disposition est intimement liée à la personnalité de son occupant.

b) méthodique:

c) hasard/intuition:

d) autres:

4. Quel a été le point d'ancrage de cette innovation, autrement dit sur quel substrat a-t-elle été conçue?

a) problème/lacune:

Les avocats appartiennent à un milieu associatif encore très fermé sur lui-même et régi par des règles déontologiques strictes, même si celles-ci ont tendance à s'assouplir progressivement. Ainsi, jusqu'à il y a peu, un avocat n'était pas autorisé à faire de la publicité, sous peine de sanction ordinale. Cette règle, aujourd'hui modérée, est toutefois toujours profondément inscrite dans les mœurs, surtout des aînés.

b) phénomène culturel:

Les règles de la profession définissent clairement le comportement que doit observer tout avocat dans l'exercice de sa profession. Il est intéressant de constater qu'il est maintes fois fait référence à son indépendance, à sa liberté morale ainsi qu'à ses devoirs de probité et d'honnêteté implicites à sa qualité d'auxiliaire de la justice.

c) tradition/histoire:

Le devoir de réserve de l'avocat trouve initialement sa source dans le serment professionnel de l'avocat, que tout avocat inscrit au barreau a dû prêter au début de sa carrière.

d) autres:

5. Qu'est-ce qui t'intéresse dans un nouveau produit?
(Qu'il s'agisse d'un de tes produits ou non.)

a) inventivité/technique:

b) nouvel aspect visuel:

c) recombinaison/sampling:

d) recontextualisation:

e) autres:

Je pense que le meilleur moyen de répondre à cette question est que la photographie reste malgré tout un médium extrêmement libre et difficile à réduire sous une seule définition. Que ce soit en fonction du sujet ou de la technique, la photographie me touche toujours à différents niveaux. C'est peut être son mystère qui lui donne finalement tant d'intérêt.

Fax-Interview

1. Wo steckt die Innovation in deiner Arbeit?
(Die Antwort kann sich auf ein exemplarisches Produkt oder auf die gesamte Projekteingabe beziehen.)

a) Material/Technologie:
Ich habe meine Fotos mit einer Mamya pro RZ2 gemacht.

b) Idee/Thematik/Konzept:
Die Fotoserie versucht, ein anderes Bild von der Genfer Anwaltschaft zu vermitteln, ein Bild aus dem Inneren dieser Berufssphäre. Auf diese Weise soll sich eine andere Vorstellung dieser an der Rechtspflege beteiligten Personen entdecken lassen, ein Bild, das in den Medien nie erscheint, da Anwälte immer nur ihre Mandanten repräsentieren und nie sich selbst.

c) Form/Ästhetik:

d) Funktion:
Meine Absicht war, dem abgeschotteten Milieu der Anwaltskanzleien ein humaneres Gesicht zu geben – diesem Milieu, das oft fälschlicherweise wahrgenommen wird als ‹käufliche Welt, in der Geldinteressen häufig wichtiger sind als die Interessen der Klientel›.

e) andere:

2. Wie vermittelt sich diese Innovation?

a) über das Produkt selbst:
Beim ersten Blick auf diese Bilder bemerkt man, dass der Arbeitsort zur privaten, intimen Sphäre des Anwalts gehört. In derselben Kanzlei finden sich extrem unterschiedliche Büros, wobei man wissen muss, dass ein Anwalt seine Klientinnen und Klienten nur selten in seinem Büro empfängt, sondern meistens das Konferenzzimmer benützt. Das Büro dient im Wesentlichen seinem eigenen Gebrauch; hier kann sich die verborgene Persönlichkeit seines Benutzers zeigen. Da Anwälte die meiste Zeit hier verbringen, bin ich mit meiner Kamera sozusagen in ihre private Sphäre eingedrungen.

b) über die Inszenierung:
Ich habe den Raum nicht verändert, die angefragten Personen haben frei entschieden, ob sie posieren wollten oder nicht. Die Bildeinstellung hängt einzig von der Raumgrösse ab, die Kamera wurde so platziert, um den Raum so gross wie möglich erscheinen zu lassen. Nur in den grossen Büros konnte ich frontal fotografieren. Gesamthaft gesehen verschwinden die Personen hinter der Einrichtung: Sie werden Teil der Möblierung. Der Anwalt wertet die Einrichtung auf und umgekehrt, es kommt zu einer ästhetischen Verschmelzung.

Aimée Hoving

c) andere:
Der Anwalt geht in seiner Einrichtung auf, verschwindet darin wie ein Wolf in seinem Bau. Sein gewöhnliches Auftreten, unerlässlich für das Publikum und für jeden öffentlichen Auftritt, löst sich hinter dem Pult auf: Seine wahre Natur kommt zum Vorschein.

3. Wie bist du auf diese Innovation gekommen?

a) Recherche:
Für diese Serie hat es mich gereizt, einen geschützten Ort zu fotografieren, der in der Regel vertraulich ist und zu dem die meisten Leute keinen Zutritt haben. Meine ursprüngliche Idee war, den Gegensatz zwischen der ‹öffentlichen› und ‹privaten› Seite des Anwalts bei der Ausübung seines Berufs heraus zu arbeiten. Dieses Ziel konnte ich nur erreichen, indem ich die Personen in ihren eigenen Büros fotografierte, deren Einrichtung die Persönlichkeit ihrer Benützer auf intime Weise widerspiegelt.

b) Methodik:

c) Zufall/Intuition:

d) andere:

4. Wovon bist du ausgegangen?
(Hier ist das ‹Alte› oder das Bestehende gemeint, das den Hintergrund für deine Innovation bildet.)

a) Problem/Mangel:
Anwälte und Anwältinnen gehören zu einer Verbandswelt, die noch sehr hermetisch abgeschlossen ist und von strengsten Standesregeln beherrscht wird, auch wenn diese allmählich etwas flexibler werden. So war es Anwälten bis vor kurzem unter Androhung einer Ordnungsstrafe verboten, Werbung zu machen. Diese Regeln gelten heute zwar weniger streng, sind aber immer noch grundlegender Bestandteil des Standeskodex, vor allem für ältere Vertreter.

b) kulturelles Phänomen:
Die Vorschriften des Berufsstandes geben Anwältinnen und Anwälten klare Verhaltenslinien für ihre Berufsausübung vor. Interessant dabei ist, dass viele Male auf ihre Unabhängigkeit hingewiesen wird, auf ihre moralische Freiheit sowie auf die Verpflichtung zu Ehrenhaftigkeit und Aufrichtigkeit, die zur Funktion als an der Rechtspflege beteiligte Personen gehört.

c) Tradition/Geschichte:
Die Verpflichtung zur Zurückhaltung geht ursprünglich auf den Berufseid zurück, den jeder von der Anwaltskammer zugelassene Anwalt zu Beginn seiner Karriere ablegen muss.

d) andere:

5. Was ist dein Anspruch an ein neues Produkt?
(Das kann sich auf eigene oder fremde Produkte beziehen.)

a) technische Erfindung:

b) neue Erscheinung:

c) Rekombination/Sampling:

d) Rekontextualisierung:

e) andere:
Ich glaube, die beste Antwort auf diese Frage ist die, dass Fotografie trotz allem nach wie vor ein äusserst freies Medium ist und sich kaum auf eine einzige Definition reduzieren lässt. Sei es in Bezug auf das gewählte Thema oder in Bezug auf die Technik: Die Fotografie vermag mich immer auf verschiedenen Ebenen zu berühren. Darin liegt vielleicht ihr Geheimnis, das ihr am Ende eine so grosse Anziehungskraft verleiht.

Fax interview

1. Where is the innovation in your work?
(The answer can refer to an exemplary product or to the whole submitted project.)

a) Material/technology:
I took my photographs with a Mamiya pro RZ2.

b) Idea/topic/concept:
This series of photographs sets out to reveal another face of the lawyer at the Geneva Bar, namely from inside his professional sphere. One thus discovers another view of this representative of the law, an image never shown by the media because the lawyer only ever appears for whomever he is representing and not simply as who he is.

c) Form/aesthetics:

d) Function:
My intention is to give a more human face to the muffled world of the Law Offices, which is often falsely seen as a 'mercenary milieu where pecuniary interests frequently override the client's interest'.

e) Other:

2. How is this innovation conveyed?

a) Via the product itself:
Taking a first look at these clichés, one notices that the professional space falls completely within the private and intimate sphere of the lawyer. In the same Office, one will find extremely different offices, and it is important to note that a lawyer only rarely meets people in his own office and prefers to use the conference room. With the office essentially destined for his personal use, the hidden personality of the occupant is released. Because this is a place where the lawyer spends most of his time, I entered into his private life by surrounding his office with my camera.

b) Via the production:
I did not intervene in the space and the subjects chose voluntarily whether to pose or not. The framing depends entirely on the size of the room and the camera is positioned to maximise this size. It was only in the large offices that I was able to use frontal framing. Overall, the subject disappears behind his protocol. He becomes part of the furniture. The lawyer increases the value of the décor and vice versa, and thus an aesthetic unity is established.

c) Other:
Like the wolf in his den, the lawyer merges into his décor. His traditional presence, which is indispensable for any audience and any public appearance, fades away behind his desk. His true nature is revealed.

3. Where did you get the idea for this innovation?

a) Research:
For this series, I found it interesting to take photographs in a protected area, which remains private most of the time and to which many people have no access. My original idea was to reveal the contrast between the 'public' and the 'private' side of the lawyer, whilst he was practising his profession. This goal could only be achieved by photographing the subject in his own office, where the layout is intimately linked to the personality of the occupant.

b) Methodology:

c) Coincidence/intuition:

d) Other:

4. What was your starting point?
(This refers to the 'old' or existing aspects that form the background to your innovation.)

a) Problem/deficiency:
Lawyers belong to an associative milieu that is still extremely closed onto itself and regulated by strict ethical rules, even if the latter are becoming progressively more relaxed. Thus, until recently, a lawyer was not allowed to advertise – under threat of an ordinal penalty. Although this rule has been limited today, it is still profoundly engraved in the morals, especially those of the older generation.

b) Cultural phenomenon:
The rules of the profession clearly define the behaviour that every lawyer has to adhere to whilst practising his profession. It is interesting to note that numerous references are made to his independence and moral liberty and to his duties of integrity and honesty, which are implicit in his quality as a representative of the law.

c) Tradition/history:
The lawyer's duty to preserve secrecy initially stems from the lawyer's oath of office, which every lawyer admitted to the bar has to take at the beginning of his career.

d) Other:

5. What demands do you make of a new product?
(This can refer to your own or to other products.)

a) Technical invention:

b) New appearance:

c) Recombination/sampling:

d) Recontextualisation:

e) Other:
I think that the best way of answering this question is that, despite everything, photography remains an extremely free medium and is difficult to reduce to a single definition. Whether in relation to the subject or the technique, photography always affects me at different levels. This may be its mystery, which ultimately makes it so interesting.

Email valerie.jantz@gmx.net **Beruf** Modedesignerin **Jahrgang** 1978 **Lebt und arbeitet** in Muttenz **Berufsausbildung** als Modistin **Studium** an der Hochschule für Gestaltung und Kunst Basel, Studienbereich Modedesign **Abschluss / Diplom** als Modedesignerin FH, 2004 **Praktikum** bei DIDIER/ANGELO, Paris, 2002/2003 **Show** Diplomabschlussmodeschau, Kaserne Basel, 2004 **Werk/ Projekt** Prämiert wurde eine Kollektion bestehend aus 6 Outfits – 6 Booklets – 2 Puppen **Titel** ‹just not big enough› **Entstehungsjahre** 2003/2004 **Gruppe** A **Auflage** Einzelstücke – Puppen 20 Stück **Verkaufspreise** Kleider und Booklets unverkäuflich – Puppen CHF 75.– bis CHF 78.– **Bezugsquellen** Septième Etage, Rue du Perron 10, 1240 Genf – Konkurrenz, Feldbergstrasse 40, 4057 Basel

Valerie Jantz

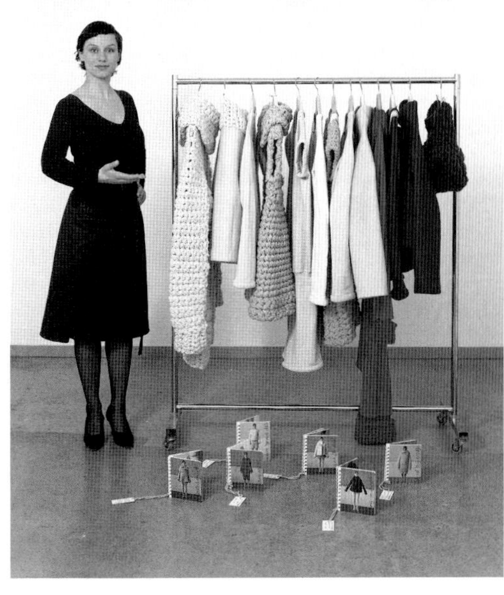

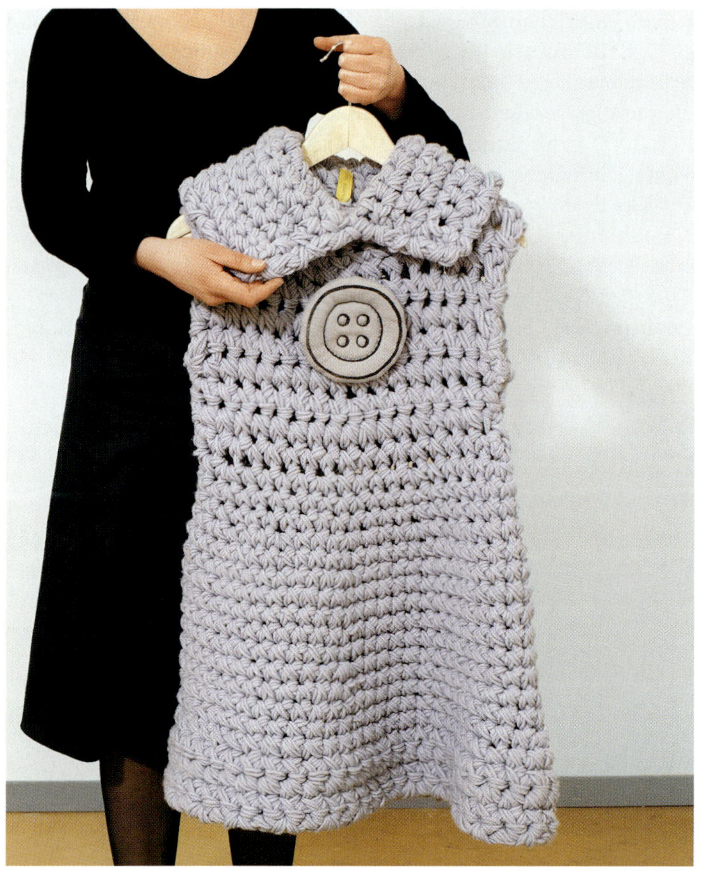

[F] S'inspirant de l'artiste japonais Yoshitomo Nara et de ses êtres oscillant entre un adorable infantilisme et une monstruosité infecte, Valerie Jantz nous entraîne, avec les six tenues de sa collection de diplôme ‹just not big enough›, vers un autre monde – un monde aux dimensions imprévisibles, aux proportions décalées et aux sensations ambivalentes. Ce sont les couleurs claires et la fermeté de l'épais feutre industriel, les gros boutons et cols cousus et molletonnés, ainsi que les mailles surdimensionnées de la laine crochetée par quatre brins qui donnent à ces tenues des airs d'objets plutôt que de vêtements. ‹Emballés› dans ces habits, les corps des porteuses changent de proportions, deviennent immuables comme des poupées et semblent subitement bizarrement fragiles. Avec une clarté conséquente et une présence convaincante, Valerie Jantz applique son idée et présente une collection qui impressionne de par l'originalité de l'idée fondamentale réalisée – une idée qui contient un grand potentiel irritatif.

[D] Inspiriert vom japanischen Künstler Yoshitomo Nara und dessen zwischen kindlicher Niedlichkeit und fieser Monstrosität schwankenden Wesen entführt Valerie Jantz mit den sechs Outfits ihrer Diplomkollektion ‹just not big enough› in eine andere Welt – eine Welt der unberechenbaren Dimensionen, verschobenen Proportionen und ambivalenten Gefühle. Es sind die klaren Farben und die Festigkeit des dicken Industriefilzes, die grossen genähten, wattierten Knöpfe und Kragen wie auch die überdimensionierten Maschen der vierfach gehäkelten Wolle, die diese Outfits eher als Objekte, denn als Kleidungsstücke erscheinen lassen. Die Körper der Trägerinnen verändern – ‹eingepackt› in diese Stücke – ihre Proportionen, werden dabei puppenhaft unbeweglich und wirken plötzlich eigenartig fragil. Mit konsequenter Klarheit und überzeugender Präsenz setzt Valerie Jantz ihre Idee um und präsentiert eine Kollektion, die durch die Eigenständigkeit der realisierten Grundidee – einer Idee mit grossem Irritationsgehalt – beeindruckt.

[E] Inspired by the Japanese artist Yoshitomo Nara and his creature that fluctuates between child-like cuteness and invidious monstrosity, Valerie Jantz uses the six outfits of her diploma project 'just not big enough' as a means of seduction into another world, a world of capricious dimensions, shifted proportions and ambivalent feelings. The clear colours and firmness of the thick industrial felt, the large sewn padded buttons and collars, and the over-sized stitches of the quadruply crocheted wool make these outfits look more like objects than items of clothing. The bodies of the women wearing them, 'packed' into these pieces, change proportions, become immobile in a doll-like manner and suddenly appear to be uniquely fragile. With consistent clarity and a convincing presence, Valerie Jantz implements her idea and presents a collection, which is impressive in the autonomy of the implementation of the basic idea, an idea with a great ability to irritate.

Kleider aus der Kollektion ‹just not big enough›
2003/2004

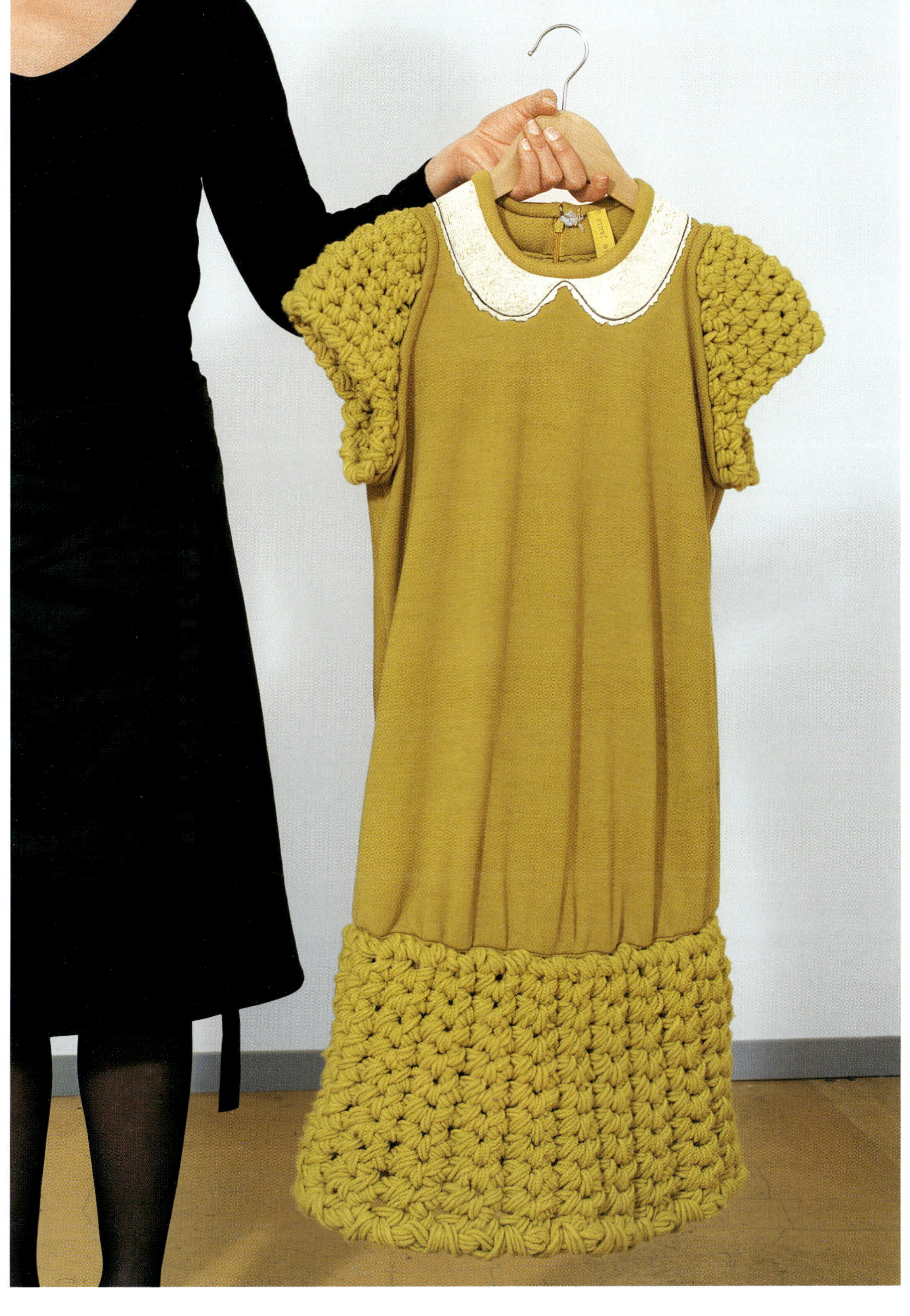

[D]

SMS-Interview

wo steckt die
innovation in
deiner kollektion
‹just not big
enough›?

das neue an
meiner arbeit
zeigt sich im
umgang mit dem
material und der
oberfläche. eine
alte technik
wie das häkeln
wurde so neu
interpretiert.

mir sind vor allem
die proportionen
aufgefallen.
wie bist du darauf
gekommen?

mich interessierte
die irritation.
sie entsteht durch
das abweichen
vom gewohnten
bild.

zwei bilder, die
sich überlagern.
in welchem
verhältnis stehen
sie zueinander?

sie erzeugen
eine spannung,
wirken aber nicht
unästhetisch.
die bilder
werden von den
betrachtern
unterschiedlich
empfunden.

wenn die
betrachter die
spannung
wahrnehmen,
haben sie dann
das neue erkannt?

ja. aber ich denke,
dass das neue
nicht nur in den
spannungen zu
erkennen ist.
das neue verbirgt
sich oft im
unerwarteten.

du hast vorhin
material und
technik erwähnt.
gibt es auch
inhaltlich
unerwartetes?

das ganze ist
ausdruck für das
inhaltliche. es
geht um das
gegensätzliche,
das in uns steckt.
das freche und
fiese, das sich
hinter einer braven
fassade verbirgt.

stand dieser inhalt
am anfang deiner
arbeit?

ja. die technik
war dann das mittel,
das ich gesucht
habe, um diesen
inhalt umzusetzen.

verstehst du dich
als forscherin,
als erfinderin oder
als ingenieurin,
wenn du die
mittel für einen
bestimmten
ausdruck suchst?

vielleicht als ein
bisschen von
allem. zuerst als
forscherin der
mittel und
wenn ich nichts
geeignetes finde,
als deren
erfinderin.

hast du diese
riesigen
häkelmaschen
erfunden oder
gab es das schon
vorher?

ich möchte nicht
behaupten, dass
ich sie erfunden
habe. aber ich
denke schon, dass
sie auf ihre art
neu sind.

noch eine letzte
frage: ist innovation
ein antrieb für
dein schaffen?

innovativ zu
sein, ist eine
herausforderung
und ein grosser
ansporn, kreativ
zu arbeiten.
es beinhaltet für
mich aber nicht
nur, von grund auf
neues zu erfinden.

mich interessiert
es viel mehr,
bekanntes neu
zu formulieren,
ihm meinen charakter
zu verleihen und
dadurch etwas neues
und eigenständiges
zu schaffen.

Interview par sms

où est l'innovation dans ta collection ‹just not big enough›?

l'aspect novateur de mon travail réside dans la façon d'utiliser le matériau et les surfaces. une ancienne technique telle que le crochet est ainsi ‹réinterprétée›.

les proportions des vêtements ont attiré mon attention. comment en es-tu arrivé là?

je m'intéresse au trouble qui naît lorsque que l'on s'éloigne de l'image que l'on connaît.

deux images se superposent. quel lien les unit?

elles provoquent une tension, mais ne donnent pas l'impression d'être inesthétiques. les images sont ressenties différemment par les spectateurs.

les spectateurs ont-ils découvert le caractère novateur de l'objet lorsqu'ils ressentent une tension?

oui. mais je pense que l'on ne reconnaît pas seulement l'innovation à la tension. l'innovation se cache bien souvent dans l'inattendu.

tu as évoqué le matériau et la technique. l'inattendu est-il également intrinsèque?

l'ensemble exprime le caractère intrinsèque. il reflète les conflits, qui nous habitent. c'est l'insolence et la méchanceté, qui se dissimulent derrière un visage sympathique.

as-tu pris cet aspect en compte dès le début de ton travail?

oui, la technique a été le moyen que j'ai ensuite cherché pour pouvoir transposer cet aspect.

as-tu l'impression d'être une chercheuse, une inventrice ou un ingénieur lorsque tu cherches les moyens pour exprimer quelque chose de précis?

peut-être un peu des trois. je suis d'abord une chercheuse de moyens et lorsque je ne trouve rien d'approprié, je deviens inventrice.

as-tu inventé ces énormes mailles crochetées ou existaient-elles déjà avant?

je ne veux pas prétendre que je les aie inventées. mais je pense que d'une certaine façon, elles sont novatrices.

une dernière question: l'innovation est-elle une motivation pour ton travail?

être innovatrice est un défi et une motivation importante pour travailler de façon créative. mais à mon avis, cela ne signifie pas qu'il est indispensable d'inventer quelque chose de totalement nouveau.

je préfère modifier quelque chose qui existe déjà, lui donner mon caractère et créer ainsi quelque chose de novateur et d'unique.

Valerie Jantz

SMS interview

where is the innovation in your collection 'just not big enough'?

the new aspects of my work can be seen in the handling of the material and the surface. an old technique, like crocheting, has thus been interpreted in a new manner.

I noticed the proportions in particular. where did you get the idea?

I was interested in irritation, which occurs through deviations from the usual image.

two pictures that are superimposed. what is their relationship to each other?

they create tension, but do not have an unaesthetic effect. the pictures are perceived differently by viewers.

have viewers recognised what is new if they perceive the tension?

yes, but I think that the new aspects are not only to be seen in the tensions. the new aspects are also concealed in the unexpected.

you mentioned material and technique before. are there also unexpected aspects in the contents?

the whole represents an expression of the contents. it is about the oppositions in us. the brash and invidious aspects that are concealed behind a virtuous façade.

were these contents already determined at the beginning of your work?

yes. the technique then became the means I was looking for to implement these contents.

do you see yourself as a researcher, an inventor or an engineer when you're looking for the means for a certain expression?

maybe a bit of everything. primarily as a researcher of means and if I can't find anything suitable, then as the inventor thereof.

did you invent the giant crocheting titches or did they already exist?

I don't want to claim that I invented them, but I believe that they are new in their own way.

and one last question: does innovation drive you in your work?

being innovative is a challenge and a great incentive to work creatively. however, for me it does not only mean inventing new things from scratch.

I am much more interested formulating the familiar in a new manner, giving it my character and thus creating something autonomous.

Designwelten-erzeugungen

Joachim Huber

Faire les mondes du design

Joachim Huber

Design World Productions

Joachim Huber

Utopie

Innovation bezeichnet – neben der heutigen sozial- und wirtschaftswissenschaftlich geprägten Verwendung als Produktionsfaktor – den kulturgeschichtlichen Übergang von ‹Imitatio› / ‹Mimesis› als zentralem Gegenstand des ‹Disegno› (Gestaltung) hin zur neuzeitlichen Auffassung der ‹Innovatio› (Erneuerung). [1] Bis in die Aufklärung hinein hielt sich das von Aristoteles in seiner ‹Poetik› ausgearbeitete Mimesis-Prinzip, welches den Bezug von Form und Inhalt eines Werkes zur dargestellten ausserkünstlerischen Wirklichkeit beschreibt. Diese Beziehung ist als Ideal einer perfekten Nachahmung – ‹Imitatio› – von Objekten und Zuständen, aber auch narrativ, von Handlungen und Ereignissen, bestimmt. Ein schöpferischer Akt der ‹Poiesis› (als schöpferische Gestaltung) im Sinne einer Transformation des gewählten Wirklichkeitsausschnittes ist dabei mitgedacht. ‹Poiesis› gehört bei Aristoteles zu einer der grossen Gruppen des Wissens (‹Episteme›) und wird, gleichbedeutend mit ‹Techné›, als ein auf das Hervorbringen abzielendes, geplantes Verhalten betrachtet. Doch auch der ‹techné-poietische› schöpferische Akt ist dabei immer dem mimetischen Prinzip verpflichtet. Erst mit Francis Bacon taucht im Übergang zur Aufklärung – in dessen Essay ‹On Innovation› (1625) – ein neuzeitlicher Innovationsbegriff als Verknüpfung von neuem gelehrtem Wissen und technologischem Fortschritt auf. Innovation, und mit ihr der Innovator, wird darin metaphorisch und durchaus misstrauisch mit einem Fremden verglichen, der gleichzeitig bewundert und gefürchtet, aber selten geliebt werde, da Innovation immer auch eine Ungewissheit bedeute. Innovation war demzufolge selbst eine kulturelle Innovation zwischen Renaissance und Aufklärung.

Die Interaktion zwischen Mimesis und Innovation prägt auch heute noch die Designlandschaft. Mimesis verlangt ein immerfortes Beweisen des gestalterisch-technischen Handwerkes, welches sich aus historischem Fundus aktualisiert. Der geschichtliche Horizont kann dabei auch kurz sein, wie das Beispiel der im Design hoch gehandelten klassischen Moderne mit entsprechendem, im Trend liegendem, mimetischem Redesign zeigt. Innovation setzt demgegenüber ein Zeitzeichen durch das Auftreten von etwas absolut Neuem. ‹Mimesis› zu ‹Innovatio› markiert den Schritt von überliefertem, erfahrenem Wissen zur Generierung von neuem Wissen als Forschung.

An der Schwelle zur Neuzeit tauchte auch ein anderer zukunft-

---

1 Vgl. ‹Innovation›, in: Metzler Lexikon Gender Studies – Geschlechterforschung, hrsg. v. Renate Kroll, Stuttgart: Metzler, 2002, S. 185.

Utopie

L'innovation désigne – outre son utilisation contemporaine dans le cadre des sciences sociales et économiques comme facteur de production – la transition historico-culturelle de l' ‹imitatio› / ‹mimesis› comme objet central du ‹disegno› (conception) à l'acception moderne d' ‹innovatio› (innovation).[1] Le concept de ‹mimesis› élaboré par Aristote dans sa ‹Poétique›, qui décrit la relation entre la forme et le contenu d'une œuvre et la réalité non artistique représentée, a été maintenu jusqu'aux Lumières. Cette relation est définie comme l'idéal d'une imitation parfaite – ‹imitatio› – d'objets et de situations, mais aussi, sur le plan narratif, d'actions et d'événements. Ceci implique un acte créatif de ‹poiesis› (comme conception créative) dans le sens d'une transformation de la tranche de réalité choisie. Pour Aristote, la ‹poiesis› appartient à l'un des grands groupes du savoir (‹episteme›) et est considéré, de la même manière que la ‹techné›, comme un comportement planifié visant la création. L'acte créateur ‹techné-poietique› est cependant toujours lié au principe mimétique. Ce n'est qu'avec Francis Bacon – dans son essai ‹On Innovation› (1625) – qu'apparaît, au début des Lumières, un concept moderne d'innovation comme lien entre le savoir nouvellement acquis et le progrès technologique. L'innovation, et avec elle l'innovateur, y sont comparés, de façon métaphorique et assez méfiante, à un étranger qui est en même temps admiré et craint, mais rarement aimé, puisque innovation signifie aussi incertitude. L'innovation constituait dès lors en soi une innovation culturelle entre la Renaissance et les Lumières.

Le paysage du design est aujourd'hui encore marqué par l'interaction entre la ‹mimesis› et l'innovation. La ‹mimesis› exige une preuve continuelle du travail créatif-technique, qui s'actualise en puisant dans l'histoire. Cela étant, l'horizon historique peut aussi être court, comme en témoigne l'exemple de l'Ecole moderne classique, hautement valorisée dans le design, avec son redesign mimétique au goût du jour. En revanche, l'innovation pose des jalons avec l'apparition de quelque chose d'absolument nouveau. Le passage de la ‹mimesis› à l' ‹innovatio› marque le pas du savoir vécu, transmis, à la génération d'un savoir nouveau comme recherche.

Au seuil des Temps modernes, un autre concept orienté vers le futur voit le jour: l'utopie. En 1516, Thomas Morus décrit une ‹Utopia› sociopolitique de vie commune possible. Son concept de l'utopie n'est pas encore projeté dans l'avenir, mais transposé trans-

1 Cf. ‹Innovation›, dans: Metzler Lexikon Gender Studies – Geschlechterforschung, Renate Kroll (éd.), Stuttgart: Metzler, 2002, p. 185.

Utopia

Apart from its use today as a production factor in terms, innovation describes the cultural-historical transition from 'imitatio' / 'mimesis' as the central object of the 'disegno' (design) to the recent interpretation of 'innovatio' (innovation).[1] The mimesis principle, as elaborated by Aristotle in his 'Poetics', lasted until the Enlightenment and describes the relationship between the form and content of a work and the represented extra-artistic reality. This relationship is determined as the ideal of a perfect imitation – 'imitatio' – of objects and conditions, but also, in narrative terms, of actions and events. It includes a creative act of 'poesis' (as creative design) within the scope of transforming the selected section of reality. For Aristotle, 'poesis' is part of the large groups of knowledge ('episteme') and, as a synonym of 'techné', is considered as planned behaviour aimed at creation. However, in this process, the 'techné-poetic' creative act is always indebted to the mimetic principle. It was only with Francis Bacon, in his essay 'On Innovation' (1625), during the transition to the Enlightenment that a modern term for innovation appeared as the connection of newly acquired knowledge and technological progress. In this essay, innovation, and with it the innovator, are metaphorically and rather mistrustingly compared to a stranger who is simultaneously admired and feared, but seldom loved, because innovation always also signifies a level of uncertainty. Thus, innovation itself was a cultural innovation between the Renaissance and the Enlightenment.

The interaction between mimesis and innovation still characterises the design landscape today. Mimesis demands constant proof of design-technical craft, which is updated from historical resources. In this process, the historical horizon may also be short, as can be seen in the example of the Classic Modernism, which is highly valued in terms of design, with corresponding trendy and mimetic redesign. Compared to this, innovation makes a temporal mark through the appearance of something completely new. 'Mimesis' to 'innovatio' marks the step from handed-down, experienced knowledge to the generation of new knowledge as research.

Another future-oriented term also appears at the threshold to modernity, namely utopia. In 1516, Thomas More described a socio-political 'utopia' as a possible way of living. His concept of utopia was not yet shifted into a future, but was trans-geographically moved onto an 'island'. Thus, for More the new is possible in the

1 cf. ‹Innovation›, in: Renate Kroll, Metzler Lexikon Gender Studies – Geschlechtserforschung, Metzler, Stuttgart, 2002, p. 185.

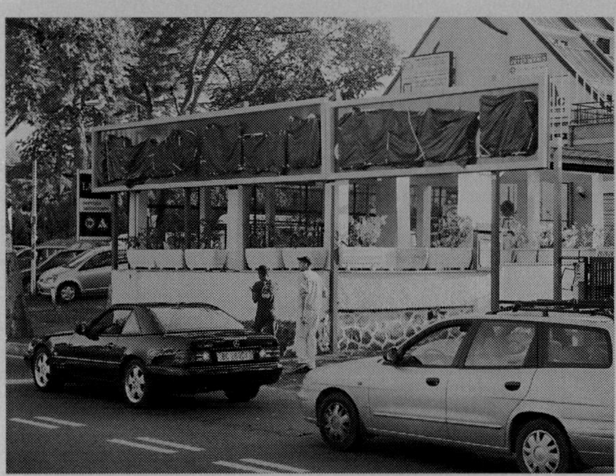

‹Strategischer Wandel› (‹Change of Brand›)

gerichteter Begriff auf: die Utopie. Thomas Morus beschrieb 1516 eine sozialpolitische ‹Utopia› möglichen Zusammenlebens. Sein Konzept der Utopie war noch nicht in eine Zukunft verlagert, sondern trans-geografisch auf eine ‹Insel› verlegt. Das Neue ist für ihn also in der Gegenwart möglich. Dadurch beinhaltet sein Gegenentwurf eine grosse Realisierungstendenz. Dieses Potenzial wurde dem Utopiebegriff im Laufe der Geschichte entzogen – der Innovation jedoch nicht. Ohne Realisierung gibt es keine Innovation. Jede Gesellschaft, jede Zeit braucht aber eine Möglichkeit zur Artikulation von Zukunftsentwürfen, um sich Gedanken über die Zukunft machen zu dürfen: Utopie, Futurologie, oder, im Banne unserer ökonomisch geprägten Gegenwart, die Innovation. Das entspringt einer menschlichen Überlebensstrategie unserer kulturellen Organisation. Innovation ersetzt Utopie als Legitimationsvehikel einer zukunftgerichteten Diskursivität.

‹Follower›

Die heute geläufige Definition von erfolgreicher Innovation sagt, dass ein Designprodukt, ein Artefakt – oder eine Organisationsform, respektive Dienstleistung – erfunden, marktreif entwickelt, eingeführt, genutzt und bekannt gemacht, also institutionalisiert, worden ist.[2] Innovation ist realisiert und ist kommuniziert. Erfolgreiche Innovation markiert damit ein Datum und ist Folge eines komplexen dynamischen Innovationsprozesses. Eine öffentliche Diskussion von Innovation ist demzufolge ein Teil der Marketingstrategie, des Diffusionsprozesses oder, was bei den heutigen kurzen Innovationszyklen häufig ist, schon veraltete Innovation. Innovationen sind differenzierend, sie formen Unterscheidungen. Ökonomisch gesehen geht es darum, diese Differenzierungen in einen Mehrwert umzumünzen. In der traditionellen Auffassung von Innovation bedeutet das noch keine innovative Auseinandersetzung mit Zukunft. Speziell Technik-Innovation wurde lange sehr systemtheoretisch gedacht und demzufolge als eine System-Umwelt-Beziehung zwischen Organisation (Designer, Entwickler, Produzenten) und deren Umfeld (Technologiestand, Konkurrenz, Markt) beschrieben: Die Organisation reagiere innovativ auf die technischen Entwicklungen ihrer Umwelt, um eine ähnliche innere Kontingenz zur Verfügung zu haben. Man bezeichnet das als ‹follower innovation›. Von Zeit oder Vorausschau ist dabei keine

2 Vgl. Heinz Hübner, ‹Innovations- und Technologiemanagement›, in: Gabler Wirtschafts Lexikon, 15. Aufl., hrsg. v. T. Hadeler et al., Wiesbaden: Gabler, 2000, S. 1546–1550.

géographiquement sur un ‹ île ›. Pour lui, la nouveauté est donc possible au présent. Son contre-projet est ainsi réalisable en tendance. Au cours de l'histoire, le concept d'utopie s'est vu retirer ce potentiel – l'innovation pas. Sans réalisation, pas d'innovation. Toute société, toute époque a toutefois besoin d'une possibilité d'articuler des projets d'avenir, afin de permettre une réflexion sur le futur: utopie, futurologie ou, comme le veut notre présent, où l'économie a le dernier mot, l'innovation. C'est le fruit d'une stratégie de survie humaine de notre organisation culturelle. L'innovation remplace l'utopie comme vecteur de légitimation d'un discours axé sur l'avenir.

‹ Follower ›

Selon la définition actuelle, pour que l'on soit en présence d'une innovation, il doit y avoir invention, développement aux fins d'insertion dans le marché, introduction, utilisation et divulgation, c'est à dire institutionnalisation, d'un produit de design, d'un artefact ou d'une forme d'organisation, voire d'un service.[2] L'innovation est réalisée et communiquée. Pour être accomplie, une innovation doit donc marquer une date et être la conséquence d'un processus complexe et dynamique d'innovation. Une discussion publique sur l'innovation est donc une partie de la stratégie de marketing, du processus de diffusion ou, ce qui est courant de nos jours vu la rapidité des cycles d'innovation, une innovation déjà dépassée. Les innovations créent la différence et esquissent des distinctions. D'un point de vue économique, il s'agit de transformer cette différence en une plus-value. L'acception traditionnelle de l'innovation n'impliquait pas encore une approche innovatrice du futur. L'innovation technique, en particulier, a été longtemps conçue essentiellement sur le plan de la théorie des systèmes et par conséquent décrite comme une relation système-environnement entre l'organisation (créateurs, développeurs, producteurs) et son milieu (état de la technologie, concurrence, marché): l'organisation réagirait de façon novatrice aux innovations techniques de son environnement, afin de disposer d'une contingence interne similaire. On appelle cela ‹ follower innovation ›. Dans ce cas il n'est pas question de temps ou d'anticipation: l'innovation a ici une fonction de réaction. Sans changement de l'environnement susceptible d'être anticipé, il n'y aurait plus d'innovation. Dans un tel esprit d'équilibrage de l'autoreproduction au sein des entreprises, l'inno-

---

2 Cf. Heinz Hübner, ‹ Innovations- und Technologiemanagement ›, dans: Gabler Wirtschafts Lexikon, 15e éd., T. Hadeler et al. (éd.), Wiesbaden: Gabler, 2000, p. 1546–1550.

present. This means that his counter-design contains a strong feasibility. This potential was removed from the term utopia throughout history, although the same was not the case for innovation. Without feasibility there is no innovation. Every society, every era, however, requires a possibility of articulating its future designs to be able to think about the future: utopia, futurology, or, under the spell of our economically focussed present, innovation. This stems from a human survival strategy of our cultural organisation. Innovation replaces utopia as a legitimate vehicle of future-oriented discursivity.

Follower

Today's prevalent definition of successful innovation states that a design product, an artefact, or an organisational form or service has been invented, developed to be marketed, launched, used and advertised, i.e. has become institutionalised.[2] Innovation is implemented and communicated. Successful innovation thus marks a date and is the consequence of a complex dynamic innovation process. As a consequence, public discussion of innovation is part of the marketing strategy, the diffusion process or, as is common with today's brief innovation cycles, already outdated innovation. Innovations are differentiating; and they make distinctions. In economic terms, the aim is to remint these differentiations into surplus value. Based on the traditional understanding of innovation, this does not yet mean an innovative debate on the future. Technological innovations, in particular, were for a long time thought of in terms of system theory and, as a consequence, described as a system-environment relationship between the organisation (designer, developer, producer) and its surroundings (state of the art, competition, market). It was stated that the organisation reacted innovatively to technical developments in its environment in order to have available a similar inner contingency. This is known as follower innovation. Here, neither time nor projection is mentioned. Innovation has a reactive function in this case. Without anticipated change in the environment, there would be no further innovation. With such balanced thoughts on self-reproduction within companies, innovation was an exception, more of an economic luxury than a condition.[3]

---

2 cf. Heinz Hübner, Innovations- und Technologiemanagement, in: T. Hadeler et al., Gabler Wirtschafts Lexikon, Wiesbaden, 2000, 15th edition, p. 1546–1550.

3 cf. Heinz Hübner, Innovations- und Technologiemanagement, in: T. Hadeler et al., Gabler Wirtschafts Lexikon, Wiesbaden, 2000, 15th edition, p. 1546–1550.

Rede, Innovation hat in diesem Falle eine reagierende Funktion. Ohne antizipierbare Veränderung der Umwelt gäbe es keine weitere Innovation. In solch einem Gleichgewichtsdenken der Selbstreproduktion innerhalb von Unternehmen war Innovation eine Ausnahmeerscheinung, eher ökonomischer Luxus als Bedingung.[3]

Welten

Für den aktuellen Innovationsmitstreiter im Designmarkt existiert die Umwelt als immer wachsendes Gleichgewichtsmodell nicht mehr. Vielmehr finden wir einen Plural turbulenter Umwelten vor. In den Augen des angelsächsischen Pragmatikers Nelson Goodmann werden unsere Wahrnehmung und unser Verhalten mittels extrapolierbarer Varianten von gewählten Ausgangsdaten und Ausgangserfahrungen gesteuert, an welche wir glauben oder in die wir adäquates Vertrauen haben. Solch verschiedene Arten, die Welt zu betrachten, nennt Goodmann 1978 «Weisen der Welt erzeugen». Keine davon entspricht der ‹wirklichen› Welt. Wir sind frei, jedwelche konsistente Betrachtungsweisen zu adaptieren oder zu konstruieren. Alle gelten als gleichwertig. Ein relativistischer Kontextualismus steckt hinter Goodmanns Ansatz; unterschiedliche Perspektiven führen zu unterschiedlichen ‹Welten›. Das Innovationsmanagement hat seine Strategien in eine ähnliche Richtung weiterentwickelt. Aus der Erkenntnis, dass der eine grosse Markt tatsächlich ausgereizt sein könnte und unter wenigen ‹Global Players› schon aufgeteilt ist oder sich in seiner heutigen Ausformung als zu heterogen und zu unüberschaubar zeigt, um darin kohärent agieren zu können, wird im Innovationsprozess selbst versucht, eine Welt zu erzeugen. Mit Innovation wird nicht nur ein Produkt lanciert, sondern auch ein dazugehöriger Markt – eine Welt – geschaffen, ob global, lokal oder in einer Nische spielt dabei keine Rolle. Innovation ist heute auch so wissensintensiv, dass für einen Erfolg produktive ‹Cluster› – Welten – auch ausserhalb der einzelnen Unternehmen gebildet werden müssen. Dieses Zusammenspiel wird als massgebend für erfolgreiches Innovationsmanagement angesehen.[4] Man könnte also von Kontextinnovation sprechen; wie entwirft man ein Produkt, einen Markt und ein Zielpublikum? Solch ein Kontext ist äusserst dynamisch, temporär und unsicher und trotzdem entspricht er auch im Designbereich immer mehr der Realität. Die subkulturalen Jungdesigner in den Zürcher Stadt-

---

3 Vgl. Heinz Hübner, ‹Innovations- und Technologiemanagement›, in: Gabler Wirtschafts Lexikon, 15. Aufl., hrsg. v. T. Hadeler et al., Wiesbaden: Gabler, 2000, S. 1546–1550.
4 Vgl. Innovative Clusters. Drivers of National Innovation Systems, hrsg. v. d. OECD, Paris, 2001.

vation était un cas exceptionnel, plutôt un luxe qu'une condition économique.[3]

Mondes

De nos jours, l'environnement comme modèle sans cesse croissant d'équilibre n'existe plus pour les protagonistes de l'innovation sur le marché du design. Nous sommes bien plutôt en présence d'une multitude d'environnements turbulents. Aux yeux du pragmatiste anglo-saxon Nelson Goodman, notre perception et notre comportement sont guidés par des variantes extrapolables de données de base et d'expériences de base déterminées, auxquelles nous croyons ou en lesquelles nous avons une confiance adéquate. En 1978, Goodman appelle ces différentes manières de voir le monde «manières de faire les mondes». Aucune d'elles ne correspond au monde ‹réel›. Nous sommes libres d'adapter ou de construire n'importe quelle façon de voir cohérente. Elles sont toutes considérées comme équivalentes. L'approche de Goodman est sous-tendue par un contextualisme relativiste; différentes perspectives mènent à différents ‹mondes›. La gestion de l'innovation a perfectionné ses stratégies dans une direction semblable. En partant de l'idée que le seul et unique grand marché pourrait réellement être épuisé et qu'il est déjà aux mains d'un poignée de ‹global players›, ou que, sous sa forme actuelle, il s'avère trop hétérogène et insondable pour qu'il soit possible d'agir de manière cohérente en son sein, le processus d'innovation en soi est utilisé dans le dessein de créer un monde. L'innovation consiste non seulement à lancer un produit, mais aussi à créer le marché correspondant – un monde –, que ce soit à l'échelle globale, locale ou dans une niche. Aujourd'hui, l'innovation implique une telle ampleur de connaissances qu'il faut, pour avoir du succès, constituer des ‹clusters› – mondes – productifs au-delà de l'entreprise. Cette interaction est considérée comme déterminante pour une gestion réussie de l'innovation.[4] On pourrait dès lors parler d'innovation du contexte: comment concevoir un produit, un marché et un public cible? Bien qu'il soit extrêmement dynamique, éphémère et incertain, un tel contexte correspond de plus en plus à la réalité, y compris dans le domaine du design. Les jeunes designers de la subculture des quatrième et cinquième arrondissements de Zurich, de Berlin ou des Pays-Bas ont montré l'exemple dans les années 90; à présent, même les

3 Cf. Heinz Hübner, ‹Innovations- und Technologiemanagement›, dans: Gabler Wirtschafts Lexikon, 15e éd.,T. Hadeler et al. (éd.), Wiesbaden: Gabler, 2000, p. 1546–1550.
4 Cf. Innovative Clusters. Drivers of National Innovation Systems, édité par l'OCDE, Paris, 2001.

Worlds

For current innovation combatants in the design market, the environment no longer exists as a constantly growing model of balance. Rather, we are faced with a multitude of turbulent and unbalanced environments. In the eyes of the Anglo-Saxon pragmatist Nelson Goodmann, our perception and behaviour are controlled by means of extrapolatable variants of selected basic data and basic experiences that we believe in or that we trust sufficiently. In 1978, Goodmann called these various ways of observing the world "ways of worldmaking". None of them correspond to the 'real' world. We are free to adapt or construct any consistent approach. They are all considered equal. Relativistic contextualism can be found behind Goodmann's approach. Different perspectives lead to different 'worlds'. Innovation management has further developed its strategies in a similar direction. The insight that one large market could actually already be exhausted and distributed between a few global players, or proving in its current implementation to be too heterogeneous and too complex, make it impossible to act coherently. Attempts are made to create a world within the innovation process itself. Innovation not only comprises the launch of a product, but also the creation of a market, a world, that belongs to it, irrespective of whether this is global, local or in a niche. Today, innovation is so knowledge-intense that, to be successful, productive clusters, worlds, also need to be formed outside the individual companies. This interplay is seen as decisive for successful innovation management.[4] One could thus use the term context innovation. How does one design a product, a market and a target audience? A context of this kind is extremely dynamic, temporary and uncertain, yet nonetheless it increasingly corresponds to reality in the field of design. The sub-cultural young designers in the fourth and fifth districts of the city of Zurich, in Berlin and the Netherlands demonstrated this on a small scale in the nineties. Now global groups are operating according to this model.

Snakeskin

New markets may also be motivated by extra-economic factors. The Gender Mainstreaming programme of the European Union, which was originally intended for the personnel policy of public

4 cf. OECD Innovative Clusters. Drivers of National Innovation Systems, Paris, 2001.

‹Erfindung der Unendlichkeit›

kreisen vier und fünf, in Berlin oder den Niederlanden haben es in den 90er Jahren im Kleinen vorgemacht, nun agieren auch Weltkonzerne nach diesem Muster.

Schlangenhaut

Neue Märkte können auch durch ausserökonomische Faktoren motiviert werden. Das Förderungsprogramm ‹Gender Mainstreaming› der Europäischen Union, ursprünglich gedacht für die Personalpolitik der öffentlichen und privaten Arbeitgeber in Europa, hat jüngst zu einem veränderten Blick auf geschlechterspezifische Kontexte im Design geführt. ‹Gender Mainstreaming› bedeute, dass bei allen gesellschaftlichen Vorhaben die unterschiedlichen Lebenssituationen und Interessen von Frauen und Männern von vornherein und regelmässig zu berücksichtigen seien, da es keine geschlechtsneutrale Wirklichkeit gäbe. 5 Eine lose Gruppe von Unternehmern und Designern zogen nach und testen heute innovative Ansätze für geschlechterspezifisches Design als Markt- und Designfaktor. Es wird ein Feld getestet, über welches im Moment viel gesprochen wird, wo aber bisher wenig Konkretes getan und kaum etwas umgesetzt wurde. Designafairs in München untersuchte im hauseigenen Think Tank ‹futurelab› zusammen mit dem Autor als Coach, vier Praktikanten und hauseigenen Ingenieuren das Thema ‹male and female interfaces›.[6] Geschlechterspezifisches Produktdesign sollte in Schlüsseltechnologien von Grund auf neu durchdacht werden. Im Zentrum standen dabei die auch im ‹normalen› IT-Design noch mangelhaften Bedieneroberflächen. Der Automobilkonzern Volvo präsentierte zeitgleich am Genfer Autosalon seinen von einem reinen Frauen-Team entworfenen ‹Conceptcar› YCC-Vision und Volkswagen experimentiert mit frauenfreundlichen Einparkhilfen. Ein neuer Markt wird also von verschiedenen Akteuren gezielt erforscht und aufgebaut. Im traditionellen Innovationsmanagement hält sich eine Firma mit ihrer Innovation aus Urheberrechtsgründen gewöhnlich sehr lange bedeckt. In einem modernen Innovationsprozess, wie z.B. bei ‹male and female interfaces›, muss, als ein erster Schritt in Richtung Erschaffung und Eroberung eines neuen Marktes, mit der Etablierung eines Kommunikationsfeldes ein Mythos über ein noch nicht weiter ausformuliertes Projekt geschaffen werden. Der Innovationsprozess wirft wie eine Schlange in regelmässigen Abständen seine ‹alte› Haut ab und

---

5 Europäische Union: Jahresarbeitsprogramm 2001 zur Umsetzung der Rahmenstrategie, KOM (2001), S. 119.

6 futurelab 2003–04, ‹male and female interfaces›, hrsg. v. J. Huber, Ch. Böninger, D. Rattan, G. Rüscher, C. Toussaint, München: designafairs GmbH, 2004.

multinationales s'alignent sur ce modèle.

Peau de serpent

Les nouveaux marchés peuvent aussi être animés par des facteurs non économiques. Le programme de ‹gender mainstreaming› de l'Union européenne, conçu à l'origine pour la politique de personnel des employeurs publics et privés en Europe, a tout récemment abouti à une approche différente des contextes spécifiques aux sexes dans le design. Le ‹gender mainstreaming› signifierait que, dans tous les projets sociaux, les situations de vie et intérêts différents des femmes et des hommes doivent être pris en considération d'emblée et régulièrement, car il n'existe pas de réalité sexuellement neutre. [5] Un groupe libre d'entrepreneurs et de designers a suivi le mouvement et teste aujourd'hui des approches innovatrices pour le design spécifique aux sexes comme facteur de marché et de design. Si le domaine testé fait l'objet de nombreuses discussions en ce moment, jusqu'à présent très peu a été fait concrètement, et presque rien n'a été mis en application. Designafairs, à Munich, a effectué dans son propre ‹think tank›, le ‹futurelab›, avec l'auteur comme coach, quatre stagiaires et les ingénieurs de l'entreprise, une recherche sur le thème ‹male and female interfaces›. [6] Il s'agissait de repenser de fond en comble le design de produits spécifiques aux sexes dans les technologies clés. On s'est penché ici sur les plates-formes d'utilisateurs encore insatisfaisantes même dans le design informatique ‹normal›. Au Salon de l'auto de Genève, le groupe automobile Volvo présentait simultanément son ‹concept car› YCC-Vision, conçu par une équipe entièrement féminine, et Volkswagen mettait à l'essai des systèmes d'aide au parking spécialement destinés aux femmes. Ainsi, différents acteurs explorent et mettent sur pied, de façon ciblée, un nouveau marché. Dans la gestion de l'innovation traditionnelle, pour des raisons de propriété intellectuelle, les entreprises ont l'habitude de garder leurs innovations très longtemps secrètes. Dans un processus d'innovation moderne, comme par exemple dans ‹male and female interfaces›, le premier pas en direction de la création et de la conquête d'un nouveau marché consiste à engendrer, en établissant un champ de communication, un mythe sur un projet qui n'est pas encore entièrement formulé. Tel un serpent, le processus d'innovation se débarrasse à intervalles réguliers de sa

5 Union européenne: Stratégie-cadre en matière d'égalité entre femmes et hommes – programme de travail pour 2001, COM (2001), p. 119.
6 futurelab 2003–04, ‹male and female interfaces›, J. Huber, Ch. Böninger, D. Rattan, G. Rüscher, C. Toussaint (éd.), Munich: designafairs GmbH, 2004.

and private employers in Europe, recently led to a changed view of gender-specific contexts in the design sector. Gender mainstreaming means that, for all social plans, the various life situations and interests of women and men have to be taken into account from the beginning and regularly because there is no gender-neutral reality. [5] A loosely organised group of companies and designers followed suit and are today testing innovative approaches for gender-specific design as a market and design factor. A field is being tested that is the subject of many discussions currently, but only a few specific things have actually been done and almost nothing has been implemented. In its own think tank 'futurelab', together with the author as a coach, four trainees and the company's own engineers; designafairs in Munich investigated the topic of 'male and female interfaces'. [6] Gender-specific product design was to be reviewed from scratch in key technologies. The main focus here was on user interfaces that are still inadequate in 'normal' IT designs, as well. At the same time, the automotive group Volvo presented at the Geneva Motor Show its Your Concept Car (YCC) vision developed by an all-woman team, while Volkswagen is experimenting with woman-friendly parking aids. Thus, a new market is being specifically researched and designed by various players. In traditional innovation management, a company usually maintains a low profile for a long time with regard to its innovation for copyright reasons. In a modern innovation process, such as 'male and female interfaces', the first step towards creating and conquering a new market must be the establishment of a communication area and the creation of a myth about a project that has not yet been further formulated. The innovation process sheds its 'old' skin regularly like a snake and leaves it as a communicative trail in our cultural environment of innovation. It is clear that one of the main problems for successful innovation promotion in new knowledge-intensive areas [7] consists of protecting copyright law. [8]

As opposed to follower innovation or refinement innovation, this type of innovation management is extremely unstable and high-risk. The 'new' market is in flux and technologies are converging. Miniaturisation and multi-functionalism are complementing each other. This makes it all the more difficult to provide this 'formlessness' with a shape. The players in the team need to adapt to this dynamic context and 'form' it. All parameters were rethought with reference to 'male and female interfaces'. Nevertheless, with every step there was still the danger of lapsing into

5 European Union: 2001 Annual Work Programme for the Implementation of the Framework Strategy, COM (2001), p. 119.
6 futurelab 2003–04, 'male and female interfaces', J. Huber, Ch. Böninger, D. Rattan, G. Rüscher, C. Toussaint, designafairs GmbH, Munich, 2004.
7 Ben Dankbaar, 'Towards a New Paradigm? Innovation Management in Knowledge-Intensive Business Services', in: id., Innovation Management in the Knowledge Economy, Imperial College Press, London, 2003, p. 343–362.
8 cf. Robert A. Blackburn, Intellectual Property and Innovation Management in Small Firms, Routledge, London, 2003.

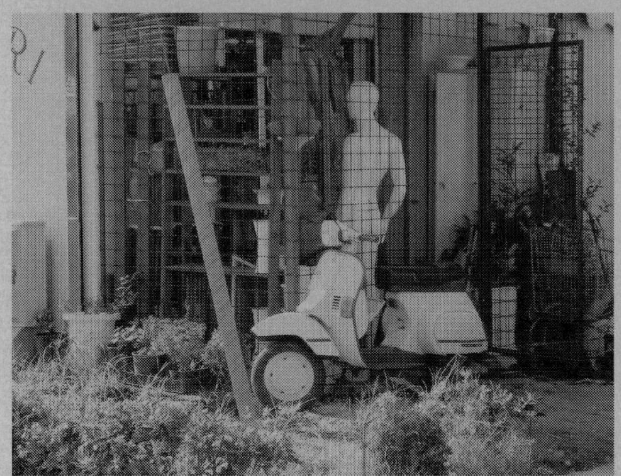

‹Assemblage Italiana›

hinterlässt sie als kommunikative Spur in unserer kulturellen Umwelt der Innovation. Es ist klar, dass deshalb eines der Hauptprobleme für erfolgreiche Innovationsförderung in neuen wissensintensiven Gebieten [7] der Schutz des Urheberrechtes darstellt. [8]

Im Gegensatz zu ‹follower innovation› oder Verfeinerungsinnovation ist solch ein Innovationsmanagement äusserst instabil und risikoreich. Der ‹neue› Markt ist im Wandel, die Technologien konvergieren: Miniaturisierung und Multifunktionalismen ergänzen sich. Umso schwieriger, dieser ‹Formlosigkeit› noch Gestalt zu geben. Die Akteure im Team müssen sich an diesen dynamischen Kontext anpassen und ihn ‹formen›. Alle Parameter wurden auf ‹male and female interfaces› bezogen neu gedacht. Trotzdem bestand die Gefahr, bei jedem Schritt wieder einer expertenlastigen ‹Ingenieur-Argumentation› zu verfallen, die sich gegen geschlechterspezifisches Design, also gegen das eigentliche Innovationsziel, richtet. Das Objekt der Innovation generiert so eine Sozialinnovation im Team, das heisst, eine Veränderung der Diskursform, Organisationsentwicklung und vor allem der Entscheidungskriterien. Die klassischen Designtypologien können für einen solchen Entwurfsprozess keinen schlüssigen Halt mehr bieten. Der Raum der innovativen ‹Form› und der Raum des innovativen neuen Marktes konvergieren und formen eine gemeinsame Topologie. [9]

Horizonte

Innovation ist ein Prozess und deshalb nicht nur bezüglich Zeitgeist, sondern auch in Timing und Ausblick zeitgebunden. Erfolgreiche Innovation muss im richtigen Moment einsetzen und im entscheidenden Moment auf den Markt kommen. [10] Für unterschiedliche Zeithorizonte können verschiedenste Szenarien auftreten. Ein Szenario ist im eigentlichen Sinne keine Vorhersage, sondern nur die Aufzeichnung der möglichen episodischen Abfolge von Ereignissen innerhalb eines Problemaspekts, der von besonderem Interesse ist. Als eine Konkretisierung des abstrakten Begriffs einer möglichen Zukunft dient das Szenario zur Darstellung alternativer Entwicklungswege und alternativer künftiger Zustände. Der Zweck von Szenarien liegt darin, die Aufmerksamkeit der Verwender auf kausale Prozesse und Entscheidungspunkte zu lenken. [11]

Bei ‹male and female interfaces› wurde ein Ausblick auf drei, fünf und acht Jahre gewählt. Konventionelle Designmethodologie

---

7 Ben Dankbaar, ‹Towards a New Paradigm? Innovation Management in Knowledge-Intensive Business Services›, in: Ders., Innovation Management in the Knowledge Economy, London: Imperial College Press, 2003, S. 343–362.

8 Vgl. Robert A. Blackburn, Intellectual Property and Innovation Management in Small Firms, London: Routledge, 2003.

9 Zu einem kontextuellen Topologie-Begriff vgl. Joachim Huber, Urbane Topologie. Architektur der randlosen Stadt, Weimar: TopVerso Universitätsverlag, 2002.

10 Vgl. Holger Billerbeck, Der Zeitfaktor im Innovationsmanagement: kritische Würdigung des Zeitfallentheorems und die daraus resultierende Dominanz von First-Strategien, Göttingen: Vandenhoeck & Ruprecht, 2003.

11 Vgl. Gabler Wirtschafts Lexikon, 15. Aufl., hrsg. v. T. Hadeler et al., Wiesbaden: Gabler, 2000, S. 3001.

‹vieille› peau, et la laisse derrière soi comme trace communicative dans notre environnement culturel de l'innovation. Il est donc clair que la protection de la propriété intellectuelle[7] constitue l'un des principaux défis à relever pour la promotion fructueuse de l'innovation dans de nouveaux domaines supposant un savoir très étendu.[8]

Au contraire de la ‹follower innovation› ou de l'innovation de perfectionnement, une telle gestion de l'innovation est extrêmement instable et risquée. Le ‹nouveau› marché est en mutation, les technologies convergent: la miniaturisation et les multifonctionnalismes se complètent. Il est d'autant plus difficile de donner encore un corps à cette ‹absence de formes›. Les acteurs de l'équipe doivent s'adapter à ce contexte dynamique et le ‹façonner›. Par rapport aux ‹male and female interfaces›, tous les paramètres ont été repensés. Il subsistait malgré tout le danger, à chaque pas, de retomber dans une ‹argumentation d'ingénieur› s'adressant avant tout aux experts et contraire au design spécifique aux sexes, c'est à dire au véritable but de l'innovation. L'objet de l'innovation génère ainsi une innovation sociale dans l'équipe, à savoir une modification de la forme du discours, du développement de l'organisation et surtout des critères de décision. Dans un tel processus de conception, les typologies classiques du design ne sont plus concluantes. L'espace de la ‹forme› innovatrice et l'espace du nouveau marché innovateur convergent en une topologie commune.[9]

Horizons

L'innovation est un processus; par conséquent, elle est liée au temps, non seulement en relation avec l'esprit du temps, mais aussi en termes de timing et de perspective. Une innovation digne de ce nom doit commencer au bon moment et apparaître sur le marché au moment décisif.[10] Pour différents horizons temporels, ont peut imaginer toutes sortes de scénarios. Un scénario n'est pas à proprement parler une prédiction, mais uniquement l'esquisse de la séquence épisodique possible d'évènements dans le cadre d'un aspect du problème revêtant un intérêt particulier. Comme concrétisation du concept abstrait d'un avenir possible, le scénario sert de représentation de voies évolutionnelles alternatives et de situations futures alternatives. Le but des scénarios est d'attirer l'attention des utilisateurs sur des processus causals et des points décisifs.[11]

7 Cf. Robert A. Blackburn, Intellectual Property and Innovation Management in Small Firms, Londres: Routledge, 2003.

8 Cf. Ben Dankbaar, ‹Towards a New Paradigm? Innovation Management in Knowledge-Intensive Business Services›, dans: id., Innovation Management in the Knowledge Economy, Londres: Imperial College Press, 2003, p. 343–362.

9 Pour une notion contextuelle de la topologie, cf. Joachim Huber, Urbane Topologie. Architektur der randlosen Stadt, Weimar: TopVerso Universitätsverlag, 2002.

10 Cf. Holger Billerbeck, Der Zeitfaktor im Innovationsmanagement: kritische Würdigung des Zeitfallentheorems und die daraus resultierende Dominanz von First-Strategien, Göttingen: Vandenhoeck & Ruprecht, 2003.

11 Cf. Gabler Wirtschafts Lexikon, 15e éd., T. Hadeler et al. (éd.), Wiesbaden: Gabler, 2000, p. 3001.

arguments aimed against gender-specific design by expert-focused 'engineers', i.e. against the actual innovation goal. The object of innovation thus generates a social innovation within the team, i.e. a change in the form of discourse, in organisational development and, especially, in decision-making criteria. The classical design typologies can no longer offer any conclusive support for such a design process. The space of the innovative 'form' and the space of the innovative new market converge and form a joint topology.[9]

Horizons

Innovation is a process and is thus bound to time, not only with reference to the spirit of the age, but also in its timing and outlook. Successful innovation needs to start at the right moment and be launched onto the market at the decisive moment.[10] The most varied scenarios can occur for different temporal horizons. In its literal meaning, a scenario is not a prediction, but simply the recording of the possible episodic sequence of events within a problematic aspect that is of particular interest. As a definition of the abstract term of a possible future, the scenario serves to represent alternative paths of development and alternative future states. The purpose of scenarios is to direct users' attention to causal processes and points of decision-making.[11]

For 'male and female interfaces', an outlook of three, five and eight years was selected. Conventional design methodology ignores tendentiously such thinking of the short, medium and long term. The three-year scenario is a 'catalogue scenario' in the broadest sense of the word. All the components are already available and have been tested at least as prototypes somewhere in the world. This can be used as the foundation for building up a successful, short-term-oriented re-assembly innovation. Components are put together in a new or different manner, given a new form and placed in a more or less tested market. This approach determines the large global industrial design market and is often close to mimesis. For 'male and female interfaces', this temporal horizon was too short for as long as there was no 'old' market. Five-year scenarios are more suitable, but more unpredictable. Here, not only the ensuing technological development, but also contexts are capricious. In this area, the greatest global number of design studies is commissioned to increase, via diversity, the prog-

9 Towards a conceptual notion of topology cf. Joachim Huber, Urbane Topologie. Architektur der randlosen Stadt, TopVerso Universitätsverlag, Weimar, 2002.

10 cf. Holger Billerbeck, Der Zeitfaktor im Innovationsmanagement, kritische Würdigung des Zeifallentheorems und die daraus resultierende Dominanz von First-Strategien, Vandenhoeck & Ruprecht, Göttingen, 2003.

11 cf. T. Hadeler et al., Gabler Wirtschafts Lexikon, Wiesbaden, 2000, 15th edition, p. 3001.

ignoriert tendenziell solch ein Denken von kurz-, mittel- und langfristig. Das Drei-Jahres-Szenario ist im weitesten Sinne ein ‹Katalog-Szenario›: Alle Komponenten sind mindestens als Prototypen irgendwo auf diesem Globus schon erhältlich und getestet. Daraus kann eine erfolgreiche, kurzfristig vorausschauende ‹Re-Assembly Innovation› aufgebaut werden. Komponenten werden neu oder anders zusammengesetzt, mit neuer Form versehen und in einem mehr oder minder erprobten Markt platziert. Dieser Ansatz bestimmt den grossen weltweiten Industriedesignmarkt und ist sehr oft nahe einer Mimesis. Für ‹male and female interfaces› war dieser Zeithorizont so lange zu kurz, als noch kein ‹alter› Markt vorhanden war. Fünf-Jahres-Szenarios sind geeigneter, aber unberechenbarer. Nicht nur die Technikfolgeentwicklung, sondern auch Kontexte sind dabei unvorhersehbarer. Für diesen Bereich wird global die grösste Anzahl Designstudien in Auftrag gegeben, um über Vielfalt die prognostische und statistische Erfolgschance zu erhöhen. Ein Acht-Jahres-Szenario ist eigentliche Zukunftsforschung und eindeutig auf so genannte ‹Erst-Strategien› von Innovation, dem Lancieren von absolut Neuem, ausgerichtet.[12] Es ist eine Form der Grundlagenforschung, wie sie Firmen selten alleine durchführen können. Bedingung sind interdisziplinäre ‹Wissenscluster› aus Firmen, Instituten und Akademien. Im Design und in der mitteleuropäischen Designausbildung werden dieser Sektor und diese Perspektive stark vernachlässigt und der Forschungsbegriff auf relativ kurzfristige Anwendungsforschung reduziert. Hier liegt Potenzial für die Innovationsförderung brach.

Die Entwicklung und die Pflege langfristiger Innovationsszenarien brauchen elaborierte Formen der Repräsentation. ‹Time based media›, also alle Formen von animierten, filmischen Medien als Simulationsplattformen der Interaktion von Produkten, Stimmungen und Märkten, ersetzen heute statische, traditionell auf den Plan reduzierte Notation. Die Zukunft wird über solche animierten Zeitfenster wieder zentrales Thema im Entwurf.

Auf dem Markt, stärker als in der politischen Gesellschaft, positioniert sich ein Projekt wie ‹male and female interfaces› nicht mehr ausschliesslich als Polarität oder Differenz. Vielmehr äussert es sich als Identität, als Marke. Solches ist nicht rein projektbezogen, sondern formt einen ‹Brandscape›. Ein Produkt wird dabei eingebettet in einen ‹Produkt- und Marken-Raum›, dessen Wechselspiel zwischen Objekt, Raum, Akteuren, Kontext und Raum der Kunden gesamthaft ein ‹Interface› generieren. Ein Szenario ist

---

12 Holger Billerbeck, Der Zeitfaktor im Innovationsmanagement: kritische Würdigung des Zeitfallentheorems und die daraus resultierende Dominanz von First-Strategien, Göttingen: Vandenhoeck & Ruprecht, 2003, S. 17ff.

Dans le cas de ‹ male and female interfaces ›, une perspective sur trois, cinq et huit ans a été choisie. La méthodologie conventionnelle de design ignore en tendance ce genre de raisonnement à court, moyen et long terme. Le scénario de trois ans est, au sens le plus large, un ‹ scénario-catalogue ›: tous les composants sont déjà disponibles quelque part sur cette planète, au moins comme prototypes, et testés. On peut en faire une ‹ reassembly innovation › bien aboutie, pour une visée à court terme. Les composants sont assemblés de manière nouvelle ou différente, dotés d'une nouvelle forme et lancés sur un marché plus ou moins fiable. Cette approche domine le grand marché mondial du design industriel et est souvent très proche d'une ‹ mimesis ›. Pour ‹ male and female interfaces ›, cet horizon temporel était trop court dans la mesure où il n'y avait pas encore de ‹ vieux › marché à disposition. Les scénarios sur cinq ans sont plus appropriés, mais moins prévisibles. Dans ces cas de figure, non seulement l'évolution future de la technique, mais aussi les contextes sont plus difficiles à anticiper. Globalement, c'est dans ce domaine qu'il y a le plus de mandats d'études de design, afin d'élever les chances de succès pronostiques et statistiques par la diversité. Un scénario sur huit ans est une véritable recherche sur l'avenir, clairement axée sur ce que l'on appelle des ‹ stratégies premières › d'innovation, soit le lancement de quelque chose d'absolument nouveau. [12] Il s'agit d'un type de recherche fondamentale que les sociétés sont rarement en mesure d'entreprendre seules. Elle suppose des ‹ clusters de savoir › interdisciplinaires de sociétés, d'institutions et d'académies. Dans le design et dans la formation des designers en Europe centrale, ce secteur et cette perspective sont passablement négligés et le concept de recherche est réduit à une recherche appliquée à relativement court terme. Il existe ici un potentiel latent pour l'encouragement à l'innovation.

Le développement et le maintien de scénarios d'innovation à long terme nécessitent des formes élaborées de représentation. Les ‹ time based media ›, soit toutes les formes de média animés, filmiques, comme plates-formes de simulation de l'interaction de produits, de sensibilités et de marchés remplacent aujourd'hui la notation statique traditionnelle réduite à un simple plan. Au travers de ces fenêtres animées, le futur redevient un thème central du projet.

Sur le marché, plus que dans la société politique, un projet tel que ‹ male and female interfaces › ne se positionne plus exclusivement comme polarité ou différence. Il s'exprime plutôt comme une

12 Holger Billerbeck, Der Zeitfaktor im Innovationsmanagement: kritische Würdigung des Zeitfallentheorems und die daraus resultierende Dominanz von First-Strategien, Göttingen: Vandenhoeck & Ruprecht, 2003, p. 17 et suiv.

nostic and statistical chance of success. An eight-year scenario is actually future research and clearly aimed at what are known as 'initial strategies' of innovation, the launch of the completely new. [12] This represents a type of basic research that companies are rarely able to carry out on their own. The condition for this consists of interdisciplinary 'knowledge clusters' from companies, institutes and academies. In design and in Central European design training, this sector and this perspective are extremely neglected, and the research term is reduced to relatively short-term application research. Therefore, the potential for innovation promotion is lying idle.

The development and maintenance of long-term innovation scenarios require elaborate forms of representation. Today, time-based media, i.e. all forms of animated film media as simulation platforms for the interaction of products, moods and markets, replace the static, traditional notation, which had been reduced to the plan. The future is again becoming a central subject of the design via animated temporal windows of this kind.

On the market, more than in political society, a project such as 'male and female interfaces' is no longer positioning itself exclusively as a polarity or a difference. Instead it is expressing itself as an identity, a brand. This is not purely project-related, but forms a 'brandscape'. In this process, a product is embedded in a 'product and brand space' where the interplay between object, space, players, context and customer space generates an overall interface. Thus, a scenario is not simply a design scenario, but also an embedding scenario, a space that has merged with the innovation and the brand.

Shift

Every act of design is a shot into the future connected to uncertainty. [13] The designer and his innovation form a 'marginal' product of continuous change and variance. Innovative design beyond classical mimesis is synonymous with critical design practice. Criticism here means any self-reflexive, liberating, emancipatory and mental practical scheme that questions and abstracts a model, an explanation, a speculation, hypothesis or method of operating for aspects of the sociocultural and economic context of the innovation. Innovation processes thus ultimately also push participating professionals, such as designers, further in their development.

12 Holger Billerbeck, Der Zeitfaktor im Innovationsmanagement, kritische Würdigung des Zeifallentheorems und die daraus resultierende Dominanz von First-Strategien, Vandenhoeck & Ruprecht, Göttingen, 2003, p. 17ff.

13 cf. Vilém Flusser, Vom Subjekt zum Projekt. Menschwerdung, Fischer Verlag, Frankfurt a.M., 1998, orig. Bollmann, Mannheim, 1994.

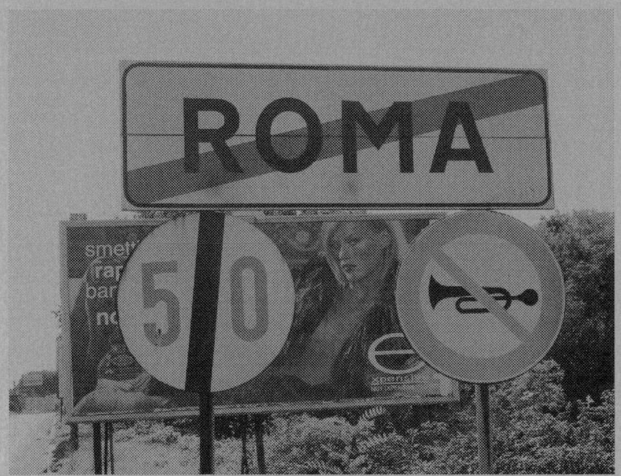

‹Das Ende Roms – der Beginn von Allem›

also nicht nur Entwurfsszenario, sondern in gleicher Weise in Einbettungsszenario, ein mit der Innovation und der Marke verschmolzener Raum.

‹Shift›

Jedes Entwerfen ist ein mit Ungewissheit verbundener Wurf in die Zukunft. [13] Der Designer und seine Innovation bilden ein ‹marginales› Produkt der kontinuierlichen Veränderung und Varianz. Innovatives Entwerfen jenseits von klassischer Mimesis ist gleichbedeutend mit einer kritischen Designpraxis. Kritik meint dabei jedes selbstreflexive, befreiende, emanzipatorische und mentale Schema der Praxis, welches ein Modell, eine Erklärung, eine Spekulation, Hypothese oder Methode von Handlung für Aspekte des soziokulturellen und ökonomischen Innovationskontextes befragt und abstrahiert. Innovationsprozesse treiben damit schlussendlich auch die daran beteiligten Berufsbilder, wie das der Designer, in ihrer Entwicklung weiter.

Der Soziologe Robert Ezra Park, ein Mitbegründer der Chicagoer Schule, hatte zu Beginn des zwanzigsten Jahrhunderts mit ‹The Marginal Man› eine Figur auf der Grenze zwischen mehreren heterogenen Kontexten geschaffen, eine Existenz im modernen kulturellen Mischungsbereich.[14] Park sah diese Marginalität als generierendes Element von moderner Urbanität im Sinne einer Simultanpräsenz heterogener Wirklichkeiten und mobiler Individuen, wie sie heute unter dem Terminus ‹Nicht-Orte› des französischen Ethnologen Marc Augé subsumiert werden. [15] Innovation im heutigen urbanen Feld von Azentrik, Unvorhersehbarkeit und Pluralismus, Augé fügt dem noch die Einsamkeit hinzu, braucht Orientierungsmuster – auch für eine Perspektive in die Zukunft. Innovative Designartefakte besitzen deshalb einen gewissen Fetischcharakter. Hier taucht die Dualität von Mimesis und Innovation von Neuem auf. Mimesis beschreibt dabei nicht mehr die perfekt überlieferte Reproduktion eines Idealtyps, sondern eine Retypisierung minimierter, konvergierender Technologien hinsichtlich Pseudo-Wiedererkennung und Identifizierung. Das innovative neo-mimetische Artefakt wirkt dann wie ein vertrauter alter Freund.

Die Bilder entstanden anlässlich eines Eidgenössischen Stipendiums des Autors am Istituto Svizzero di Roma, 2000/2001. Projekttitel: ‹Topologia Romana›.

13 Vgl. Vilém Flusser, Vom Subjekt zum Projekt. Menschwerdung, Frankfurt a.M.: Fischer Verlag, 1998, orig. Mannheim: Bollmann, 1994.

14 Michael Makropoulos, Robert Ezra Park (1864–1944), ‹Modernität zwischen Urbanität und Grenzidentität›, in: Culture Club. Klassiker der Kulturtheorie, hrsg. v. M. L. Hofmann, T. F. Korta, S. Niekisch, Frankfurt a.M.: Suhrkamp Verlag, 2004, S. 48–66, orig.: id., Freibeuter 35, 1988, S. 8–22.

15 Marc Augé, Orte und Nicht-Orte: Vorüberlegungen zu einer Ethnologie der Einsamkeit, Frankfurt a.M.: Fischer Verlag, 1994.

identité, une marque – qui n'est pas purement associée à un projet, mais forme un ‹ brandscape ›. Un produit s'inscrit donc dans un ‹ espace produit et marques › dont l'objet, l'espace, les acteurs, le contexte et l'espace des clients génèrent, par leur interaction, une ‹ interface ›. Un scénario n'est donc pas seulement un scénario de projet, mais en même temps un scénario d'insertion, un espace intégré avec l'innovation et la marque.

‹ Shift ›

Tout projet est une projection incertaine dans le futur.[13] Le designer et son innovation forment un produit ‹ marginal › en mutation et variation constantes. La conception innovatrice au-delà de la ‹ mimesis › classique représente une pratique critique du design. La notion de critique désigne ici tout schéma auto-réflexif, libérateur, émancipateur et mental de la pratique qui explore et abstrait un modèle, une explication, une spéculation, une hypothèse ou une méthode d'action pour certains aspects du contexte socioculturel et économique de l'innovation. En fin de compte, les processus d'innovation contribuent également à l'évolution des profils de ceux qui y participent, comme les designers.

Au début du XXe siècle, le sociologue Robert Ezra Park, cofondateur de l'école de Chicago, a créé avec ‹The Marginal Man› un personnage situé à la frontière entre divers contextes hétérogènes, une existence dans le domaine moderne des mélanges culturels.[14] Park voyait cette marginalité comme un élément générateur d'urbanité moderne dans le sens d'une présence simultanée de réalités hétérogènes et d'individus mobiles, tels qu'ils sont aujourd'hui subsumés sous le terme ‹non-lieux› de l'ethnologue français Marc Augé.[15] L'innovation dans le contexte urbain contemporain d'acentrisme, d'imprévisibilité et de pluralisme (catégories auxquelles Augé ajoute également la solitude) a besoin de modèles d'orientation – ne serait-ce que pour avoir une perspective sur l'avenir. Les artefacts de design innovateurs revêtent dès lors un certain caractère de fétiche. Ici, la dualité de la ‹mimesis› et de l'innovation ressurgit. Cela étant, la ‹mimesis› ne désigne plus la reproduction parfaite d'un type idéal, mais une respécification de technologies minimisées et convergentes par rapport à la pseudo-reconnaissance et à l'identification. L'artefact néo-mimétique innovateur ressemble donc à un ami familier de longue date.

13 Cf. Vilém Flusser, Vom Subjekt zum Projekt. Menschwerdung, Francfort/M.: Fischer Verlag, 1998, orig. Mannheim: Bollmann, 1994.

14 Michael Makropoulos, Robert Ezra Park (1864–1944), ‹Modernität zwischen Urbanität und Grenzidentität›, dans: Culture Club. Klassiker der Kulturtheorie, M. L. Hofmann, T. F. Korta, S. Niekisch (éd.), Francfort/M.: Suhrkamp Verlag, 2004, p. 48–66, orig.: id., Freibeuter 35, 1988, p. 8–22.

15 Marc Augé, Orte und Nicht-Orte: Vorüberlegungen zu einer Ethnologie der Einsamkeit, Francfort/M.: Fischer Verlag, 1994.

As early as the beginning of the twentieth century, sociologist Robert Ezra Park, a co-founder of the Chicago School, created a figure on the borders of various heterogeneous contexts, namely 'The Marginal Man', an existence in the modern cultural melting pot.[14] Park saw this marginality as a generic element for modern urbanity in the sense of the simultaneous presences of heterogeneous realities and mobile individuals, as are subsumed today under the term 'non places' coined by French ethnologist Marc Augé.[15] Innovation in today's urban field of acentricity, unpredictability and pluralism requires patterns for orientation, even for a perspective into the future. Innovative design artefacts thus possess a certain fetishist character. This is where the duality of mimesis and innovation is reappearing. Mimesis no longer describes the perfectly transmitted reproduction of an ideal type, but rather a retypification of minimised, converging technologies with regard to pseudo-recognition and identification. In this process, the innovative neo-mimetic artefact unexpectedly is showing up as an old close friend.

14 Michael Makropoulos, Robert Ezra Park (1864–1944). 'Modernität zwischen Urbanität und Grenzidentität', in: M.L. Hofmann, T.F. Korta, S. Niekisch (ed.), Culture Club. Klassiker der Kulturtheorie, Suhrkamp Verlag, Frankfurt a.M., 2004, p. 48–66, orig.: id., Freibeuter 35, 1988, p. 8–22.

15 Marc Augé, Orte und Nicht-Orte: Vorüberlegungen zu einer Ethnologie der Einsamkeit, Fischer Verlag, Frankfurt a. M., 1994.

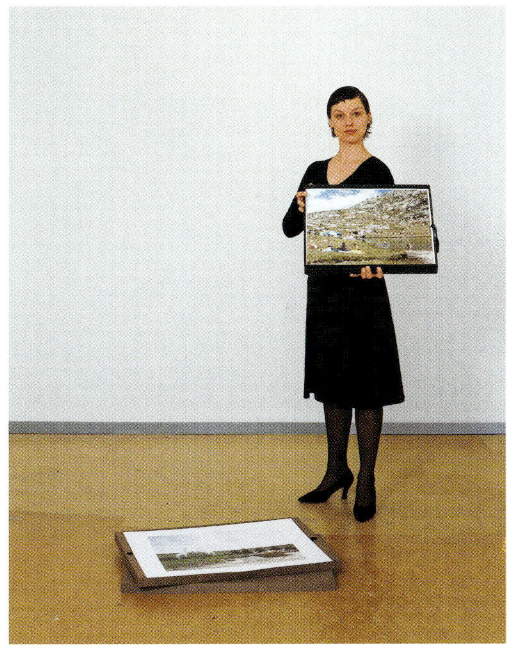

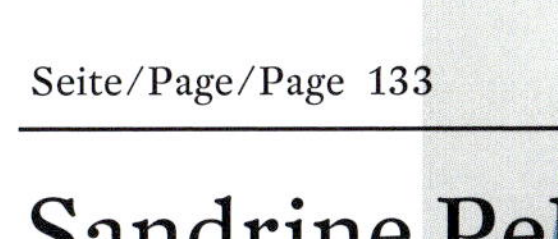

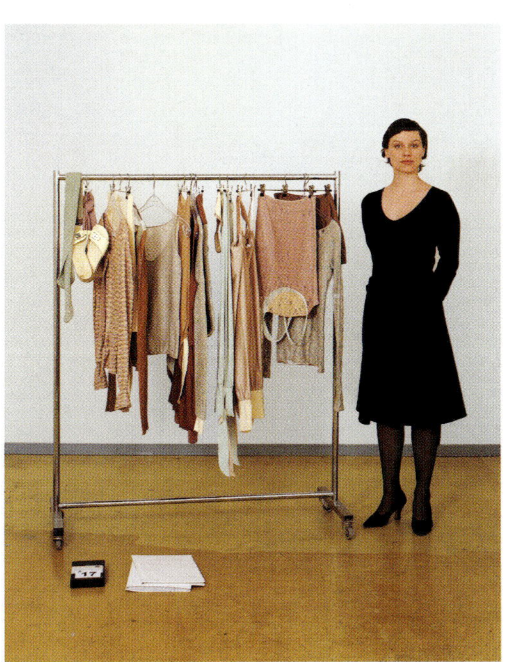

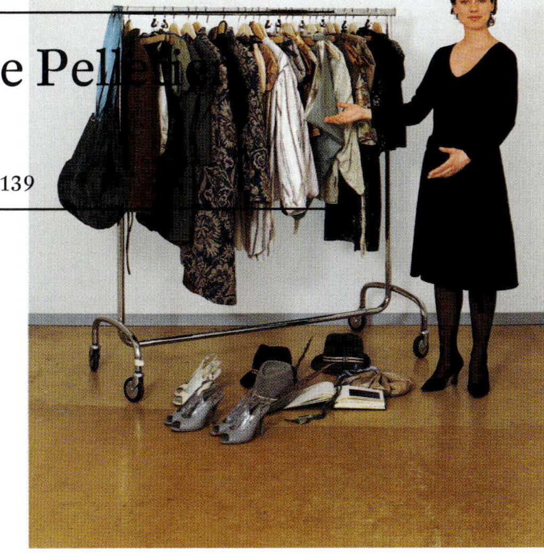

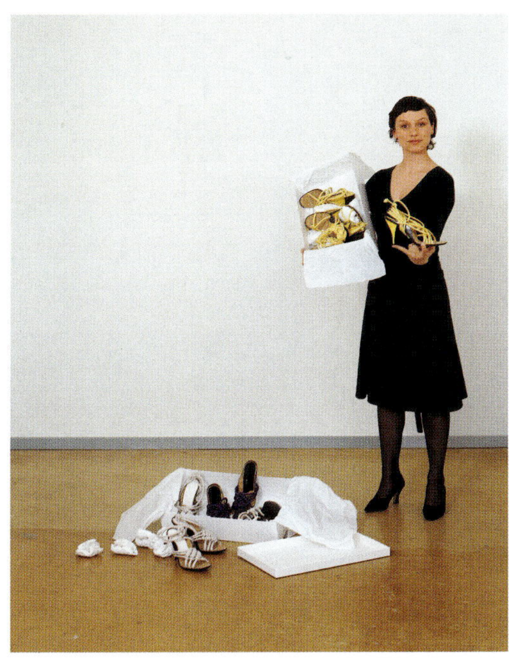

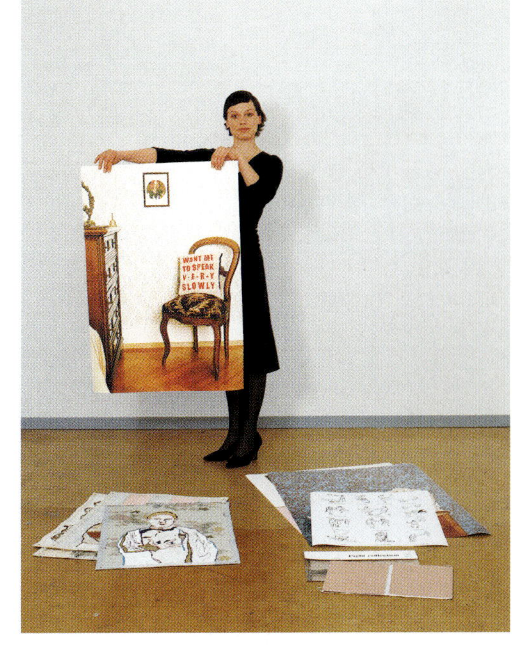
WANT ME
TO SPEAK
V-E-R-Y
SLOWLY

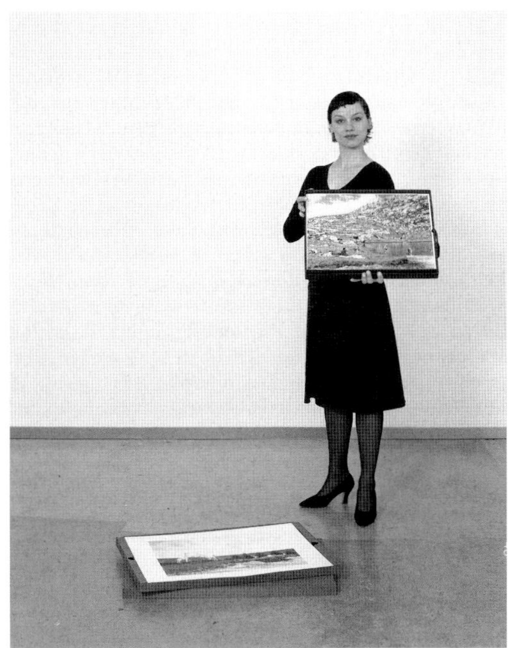

Oliver Lang

Email oliverlang@bluewin.ch **Beruf** Freier Fotograf **Jahrgang** 1966 **Lebt** in Zürich **und arbeitet** in Lenzburg **Studium** an der Hochschule für Gestaltung und Kunst Zürich, Studienbereich Fotografie **Abschluss / Diplom** als Fotograf, 1997 **Preise / Auszeichnungen** Stipendium des Aargauer Kuratoriums, 2001 — Atelier des Aargauer Kuratoriums in Paris, 1999 **Ausstellungen** ‹Vom Leben der Dinge›, Fotomuseum Winterthur, 2004 — ‹Wohnträume›, Museum für Gestaltung Zürich, 2003 — Jahresaustellungen Aargauer KünstlerInnen, 1997–1999, 2001/2002 **Publiziert in** ‹Das Magazin› (verschiedene Beiträge), speziell das Sonderheft ‹Wie wir Wohnen›, Nr. 5, 2001 **Werk / Projekt** Prämiert wurde eine Serie bestehend aus 12 Farbfotografien **Format** 50 cm x 64 cm **Material / Technik** C-Prints **Entstehungsjahre** 2002–2004 **Gruppe** A **Auflage** 6 Abzüge **Verkaufspreis** auf Anfrage **Bezugsquelle** oliverlang@bluewin.ch

[E] With numerous images from this multi-part, but extremely coherent group of free photographic works, Oliver Lang leads us into a confusing word. Thus, for example, the portrayed rows of caravans or houses, the uniformity of which is not irritated by anything, are located in apparently completely uninhabited areas. Nothing gives away the presence of inhabitants or other creatures or disturbs the cleanness of these settings. The two travellers who are stretched out in deckchairs under power transmission lines on top of a pass are similarly detached from a current reality, as are the white plastic giraffes standing in the middle of an uncultivated landscape. An ironic undertone trickles into the feeling of distanced unreality in these shifts, as if he were moving through constructed model landscapes, Oliver Lang focuses on situations in which these relations are given a strongly object-like character. The simple and often strongly rhythmic construction of the images supports the impression of the constructedness of these moments and simultaneously reveals the impressively clear handwriting of the photographer.

[D] Mit zahlreichen Bildern aus dieser vielteiligen, aber höchst kohärenten Gruppe von freien Fotoarbeiten führt uns Oliver Lang in eine verwirrende Welt. So befinden sich zum Beispiel die abgebildeten Reihen von Wohnwagen oder Einfamilienhäusern, deren Gleichförmigkeit durch nichts irritiert wird, in scheinbar gänzlich unbelebten Gegenden – nichts, das die Anwesenheit von Bewohnerinnen und Bewohnern oder sonstiger Lebewesen verraten und die ‹Cleanness› dieser Anlagen stören würde. Ähnlich losgelöst aus einer aktuellen Wirklichkeit sind auch die zwei Reisenden, die unter einer Hochspannungsleitung auf einer Passhöhe in Liegestühlen liegen, oder die weissen Kunststoffgiraffen, die mitten in einer unkultivierten Landschaft stehen – weitere Verschiebungen, durch welche ein ironischer Unterton in das Gefühl von distanzierter Unwirklichkeit einsickert. Als ob er sich in konstruierten Modellbau-Landschaften bewegen würde, fokussiert Oliver Lang auf Situationen, die in diesen Relationen einen stark objekthaften Charakter bekommen. Der einfache und oft stark rhythmisierte Bildaufbau unterstützt den Eindruck der Konstruiertheit dieser Momente und verrät gleichzeitig die eindrücklich klare Handschrift des Fotografen.

[F] Avec de nombreuses images de ce groupe segmenté mais très cohérent d'œuvres photographiques libres, Oliver Lang nous transporte dans univers troublant. Ainsi, par exemple, des rangées de caravanes ou de maisons individuelles, dont rien ne perturbe l'uniformité, sont situées dans des endroits apparemment totalement déserts – rien ne trahit la présence d'habitantes et d'habitants ou d'autres formes de vie et ne vient perturber la ‹cleanness› de ces complexes. Les deux voyageurs couchés sur des chaises-longues sous une ligne à haute tension sur un col ou les girafes synthétiques blanches en plein milieu d'un paysage non cultivé sont pareillement détachés de toute réalité actuelle – là encore des décalages par lesquels une pointe d'ironie s'infiltre dans le sentiment d'irréalité distanciée. Comme s'il se mouvait dans des paysages de maquettes construits de toutes pièces, Oliver Lang focalise sur des situations qui acquièrent dans ces relations un caractère prononcé d'objets. La structure simple et souvent fort rythmique des images amplifie l'impression que ces moments sont construits et révèle par là même la griffe très claire du photographe.

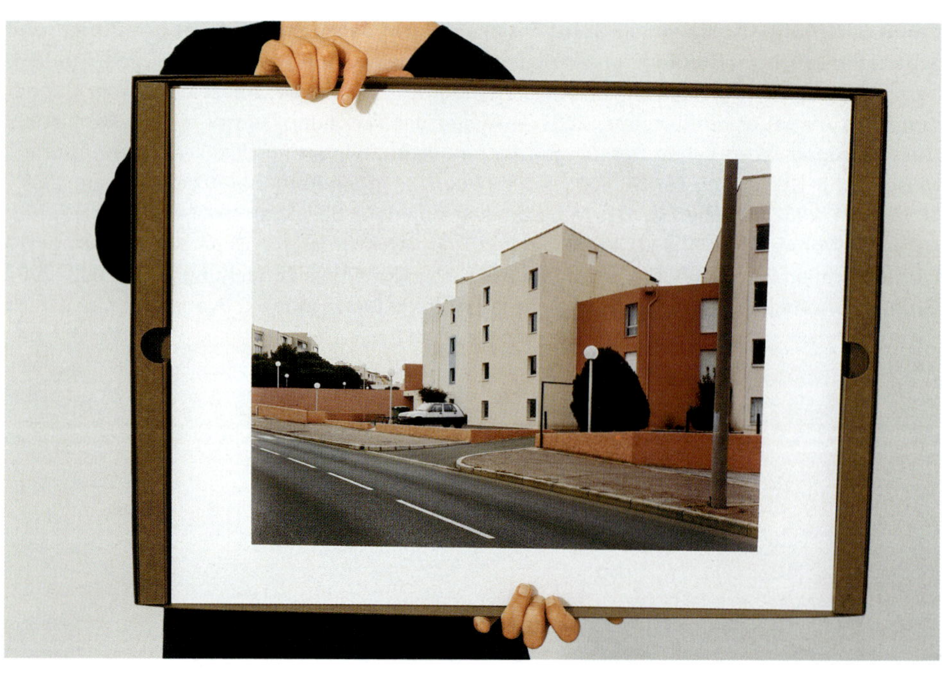

Fotoserie
2002 – 2004

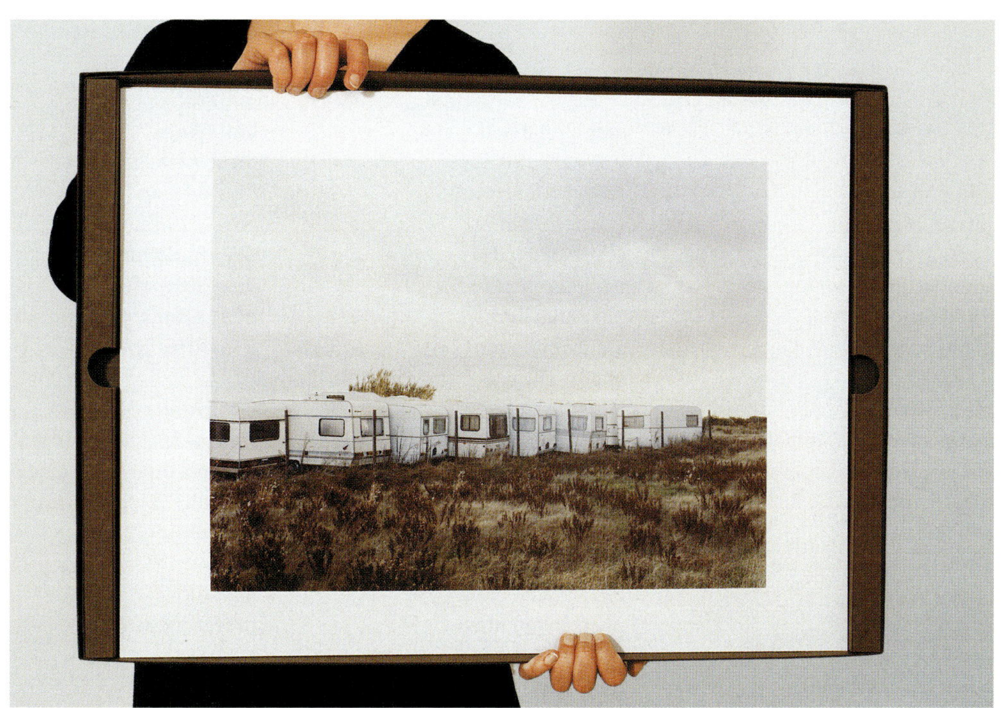

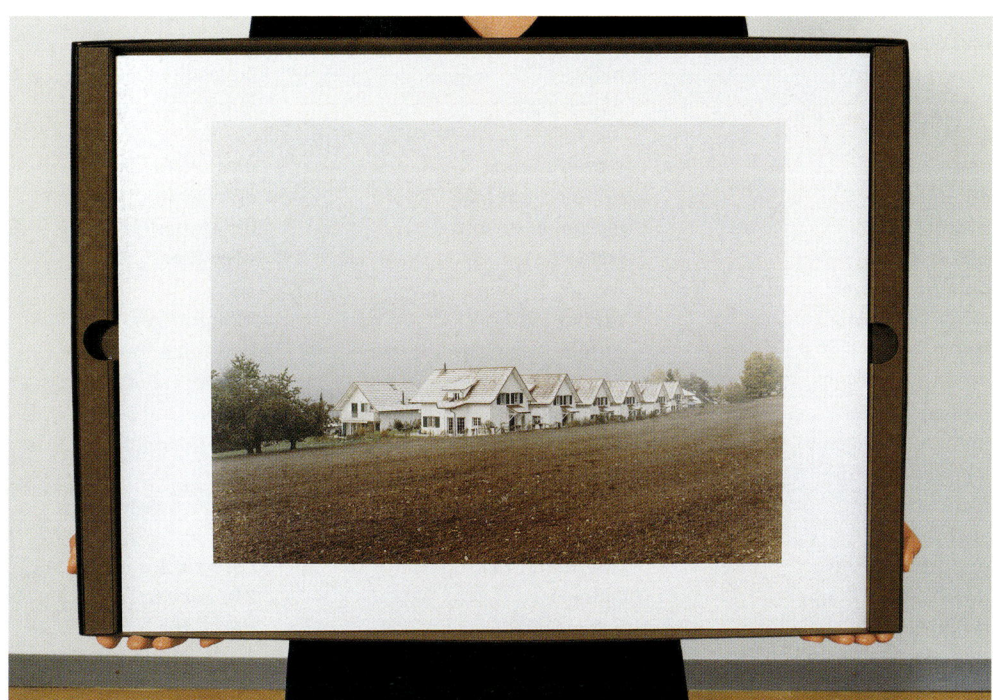

SMS-Interview

guten morgen oliver. hier die 1. frage: ist innovation für dich ein antrieb? gruss renate

hallo renate, bin grad am fotografieren, melde mich, sobald ich kann …

ist gut.

nein, ich glaube innovation kann man sich nicht vornehmen, innovative dinge entstehen durch interesse und einen unverstellten blick.

dann kannst du erst rückblickend beurteilen, ob eine fertige arbeit innovativ ist?

genau, und ich nehme mir, wenn ich was anfange, nicht vor, so, jetzt mach ich was innovatives oder erfolgreiches oder so …

aber hast du nicht schon ein vorgefühl, wenn du ein motiv auswählst oder an eine geschichte denkst: das wird etwas neues?

manchmal hab ich während dem fotografieren so etwas wie eine gewissheit, dass ich jetzt gerade ein gutes bild am machen bin … aber nicht was neues …

dann stimmt das zum teil und ich habe einfach ein gutes bild, und z.t. hab ich dann zwar kein gutes bild, aber ich merke im nachhinein, da ist jetzt ein neuer ansatz.

also ist neu nicht = gut?

nicht unbedingt …

woran merkst du, dass ein bild ein neuer ansatz ist?

nur so ein gefühl, das sich auch nicht unbedingt immer bewahrheitet …

gibt es in der fotografie überhaupt noch neues zu entdecken?

nein. aber in der art, die welt zu sehen … (ganz schön naseweis was?)

hm! hängt diese neue art, die welt zu sehen, dann von der einstellung des fotografen oder seines apparates ab?

der fotograf stellt den apparat ein, je nach einstellung …

hast du da präferenzen?

wo?

bei der einstellung.

des apparates? ja eher statisch gehe ich vor, langsam und beharrlich …

gibt es für die einstellung (von dir + apparat) vorbilder?

jede menge, und auch immer wieder neue …

zum beispiel?

walker evans oder lorca di corcia oder auch z.b. richard ford, der autor …

beobachtet ihr fotografen euch auch gegenseitig im bezug darauf, was neuartig ist und was eine wiederholung?

ich mach das nicht so sehr, aber es gibt schon ab und zu wieder sachen, da fällt einem auf, dass jemand eine andere (neue) sicht hat auf etwas …

das bringt mich auf eine letzte (+ schwierige) frage: kannst du mir ein beispiel in deiner arbeit nennen, wo dir dies gelungen ist?

zu schwierig, ich kann da ja wieder nur von mir ausgehen und dann aus meiner sicht sagen, da ist mir haargenau gelungen, was ich wollte.

Oliver Lang

Interview par sms

bonjour oliver.
ma 1re question:
pour toi,
l'innovation est-elle
une motivation?
salutations renate

bonjour renate,
je suis en train de
photographier,
je te réponds
dès que j'ai un
instant…

d'accord.

non, je ne crois
pas que l'on puisse
décider d'être
innovant,
l'innovation naît
de l'intérêt que
l'on porte aux
choses et de la
clairvoyance avec
laquelle on les
regarde.

donc, tu ne peux
juger du caractère
innovant de
ton travail que
rétroactivement?

exactement, et
lorsque je
commence
quelque chose,
je ne me dis
jamais: bon et
maintenant je
vais être
innovant,
brillant ou
quelque chose
comme ça…

mais lorsque tu
choisis un motif
ou que tu
imagines une
histoire, tu n'as
pas l'intuition
que ça va être
quelque chose
de novateur?

parfois, lorsque
je photographie,
j'ai une sorte
de certitude,
j'ai l'impression
que je suis en
train de prendre
une bonne photo…
mais pas que
je fais quelque
chose de
novateur…

parfois ma photo
est vraiment
bonne, cependant,
il peut arriver
que ma photo ne
soit pas
particulièrement
réussie, mais que
je remarque
ultérieurement
que j'ai opté pour
un point de vue
novateur.

donc novateur
n'est pas = à bon?

pas
obligatoirement…

à quoi
remarques-tu
qu'une image
reflète une
nouvelle
approche?

simplement une
impression,
qui ne se révèle
pas toujours
juste, d'ailleurs…

y a-t-il encore
quelque chose de
nouveau à
découvrir dans
la photographie?

non, mais dans
la façon de
regarder le
monde…
(c'est un peux
gonflé, non?)

hm! cette nouvelle
façon de voir le
monde dépend-elle
du regard du
photographe ou
du réglage de
son appareil?

le photographe
règle l'appareil en
fonction du regard
qu'il porte sur le
monde…

as-tu des
préférences?

où?

en ce qui concerne
le réglage.

de l'appareil?
oui, je procède de
façon plutôt
statique, posée et
obstinée…

ton regard + le
réglage de l'appareil
s'inspirent-ils de
modèles?

oui, j'en ai de
nombreux et j'en
découvre encore
régulièrement…

par exemple?

walker evans ou
lorca di corcia
ou richard ford,
l'auteur…

les photographes
s'observent-ils pour
découvrir les
nouveautés et
voir ce qui revient
régulièrement?

non, je ne fais pas
ça, mais il arrive
que l'on remarque
que quelqu'un
porte un autre
(nouveau) regard
sur quelque chose…

cela m'amène
à te poser une
dernière (+difficile)
question:
peux-tu me citer
un travail, qui t'a
permis de porter
un regard
novateur sur le
monde?

trop difficile, là
encore, je ne peux
m'appuyer que
sur mon point de
vue et affirmer que
selon moi, le
résultat correspond
exactement à ce
que je voulais
obtenir.

SMS interview

good morning
oliver. here's
the first question:
does innovation
drive you?
bw, renate

hi renate, just
taking photos,
will be in touch
asap …

OK.

no, I don't think
you can plan
innovation,
innovative things
develop through
interest and a
genuine view.

so you can only
tell in retrospect
whether a
finished work
is innovative?

exactly, and
when I start
something,
I don't decide,
now I'm going
to do something
innovative or
successful or …

but don't you
have a premonition
when you select
a motive or
think of a story:
this is going to
be something
new?

sometimes when
taking photos,
I feel a certainty
that I'm taking
a good picture …
but not
something new …

and sometimes
I'm right and
I simply have a
good picture and
sometimes
I don't have a
good picture,
but I realise in
retrospect that
it's a new
approach.

so new isn't =
good?

not necessarily …

how can you tell
that a picture's
a new approach?

just a feeling that
doesn't always
come true …

is there anything
new left to
discover in
photography?

no. but in the
way we see the
world …
(cheeky, huh?)

hmmm! does this
new way of
seeing the world
depend on the
photographer's
attitude or the
setting of his
camera?

the photographer
sets the camera,
depending on
his attitude …

do you have
preferences?

where?

for the setting.

of the camera?
yes, I prefer to be
static, slow and
persevering …

are there models
for your attitude
+ the camera's
setting?

lots of them, and
new ones all the
time …

for example?

walker evans or
lorca di corcia or
e.g. richard ford
the author …

do you
photographers
look to each other
to see what is
innovative and
what is a
repetition?

I don't do that so
much, but there
are sometimes
things where you
notice that
someone has a
different (new)
view of something …

that brings me to a
last (+ difficult)
question: can you
name an example
in your work
where you were
successful in this?

too difficult,
I can only base
that on myself
and then say from
my perspective
that I managed
exactly what
I wanted.

Franziska Lüthy

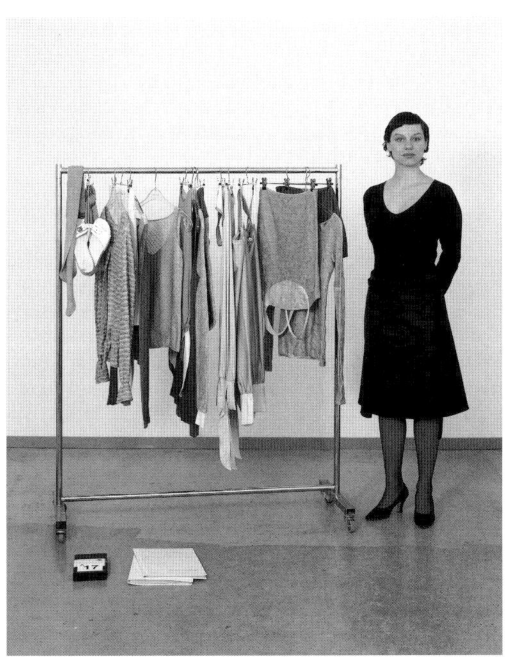

Email franziska.luethy @ gmx.ch **Beruf** Textil- und Modedesignerin **Jahrgang** 1972 **Lebt und arbeitet** in Zürich **unter dem Label** Franziska Lüthy **Studium** an der Hochschule für Gestaltung und Kunst Zürich, Studienbereich Textildesign **Abschluss / Diplom** als Textildesignerin FH, 1999 **Praktikum** bei Union pour le vêtement, Brüssel, 1997 **Shows** Modeschau im Rahmen der Ausstellung ‹CRISS & CROSS Design aus der Schweiz›, Gewerbemuseum Winterthur, 2004 — ‹Prix Bolero›, Zürich, 2003 — ‹Sparkling Era›, Kaufleuten, Zürich, 2003 **Werk / Projekt** Prämiert wurde eine Kollektion bestehend aus 7 Outfits **Titel** ‹home› **Entstehungsjahre** 2003/ 2004 **Gruppe** A **Auflage** Einzelstücke, **Produktion** auf Anfrage **Verkaufspreise** Teile der Kollektion CHF 160.– bis CHF 600.– **Bezugsquelle** franziska.luethy @ gmx.ch

[F] Franziska Lüthy a présenté sa collection intitulée ‹home›. Pendues à leurs cintres, les tenues sont empreintes d'une simplicité réservée, qui toutefois s'estompe dès qu'elles sont portées et se transforment en vêtements moelleux. Dans les coupes aux transitions habilement fluides – pour lesquelles Franziska Lüthy s'est inspirée de pantalons légers de training, de sous-vêtements, de pyjamas et de baby-dolls –, des tissus jersey et ce qu'elle désigne comme des ‹Einbettgestricke›, conçus et fabriqués par elle-même, dans des tons pastels, s'allient en silhouettes sobres aux contours souples. Outre leur caractère homogène, ce sont surtout des détails comme le renoncement généralisé aux fermetures (boutons, fermetures éclair, etc.), l'absence d'ornements et les multiples variations des tricots – résultant des motifs ajourés, des entrelacs de brins de différentes couleurs et épaisseurs –, qui nimbent chaque pièce de cette collection d'une atmosphère empreinte d'un sentiment harmonieux de douce chaleur, de sécurité et de séduction subtile.

[E] Franziska Lüthy submitted her collection entitled 'home'. On the hanger, the outfits look conservatively modest, but this disappears as soon as they are put on and become delicately flowing items of clothing. With cuts that skilfully merge into one another, for which Franziska Lüthy was inspired by light tracksuit trousers, underwear, pyjamas and baby dolls, jersey fabrics are mixed with what are known as single-bed knits, which the designer designed and produced herself, in mellow pastel tones to form simple silhouettes with soft contours. In addition to the uniform character, it is mainly the details such as the extensive abandonment of fasteners (buttons, zips, etc.), the omission of decorations and the multifariously designed knitting, variations arise through the hole patterns and the interwoven threads of various colours and thicknesses, that surround each individual piece of this collection with an atmosphere that simultaneously creates a harmonious feeling of gentle warmth, comfort and subtle seduction.

[D] Franziska Lüthy reichte ihre Kollektion namens ‹home› ein. Am Bügel ist den Outfits eine zurückhaltende Bescheidenheit eigen, die sich jedoch verflüchtigt, sobald sie getragen werden und sie sich in zart umschmeichelnde Kleidungsstücke wandeln. In den gekonnt ineinander fliessenden Schnitten – für die Franziska Lüthy sich von leichten Trainerhosen, Unterwäsche, Pyjamas und Babydolls inspirieren liess – mischen sich Jerseystoffe und selbst entworfene und hergestellte so genannte Einbettgestricke in zarten Pastelltönen zu schlichten Silhouetten mit weichen Konturen. Neben dem einheitlichen Charakter sind es vor allem Details wie der weitgehende Verzicht auf Verschlüsse (Knöpfe, Reissverschlüsse usw.), das Weglassen von Verzierungen und die vielfältig gestalteten Stricke – Variationen ergeben sich durch die Lochmuster, die ineinander gedrehten Fäden unterschiedlicher Farbe und Dicke – die jedes einzelne Stück dieser Kollektion mit einer Stimmung umgeben, die zugleich ein harmonisches Gefühl von sanfter Wärme, Geborgenheit und subtiler Verführung aufkommen lässt.

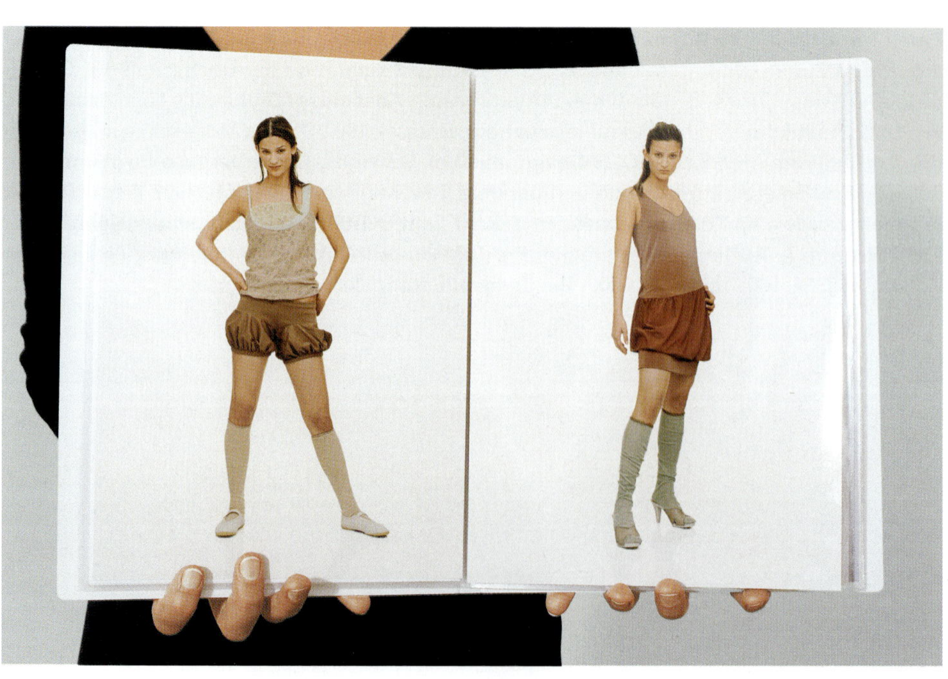

←
Abbildungen aus dem Dossier

→
Hose aus der Kollektion ‹home›
2003/2004

→
Oberteil aus der Kollektion ‹home›
2003/2004

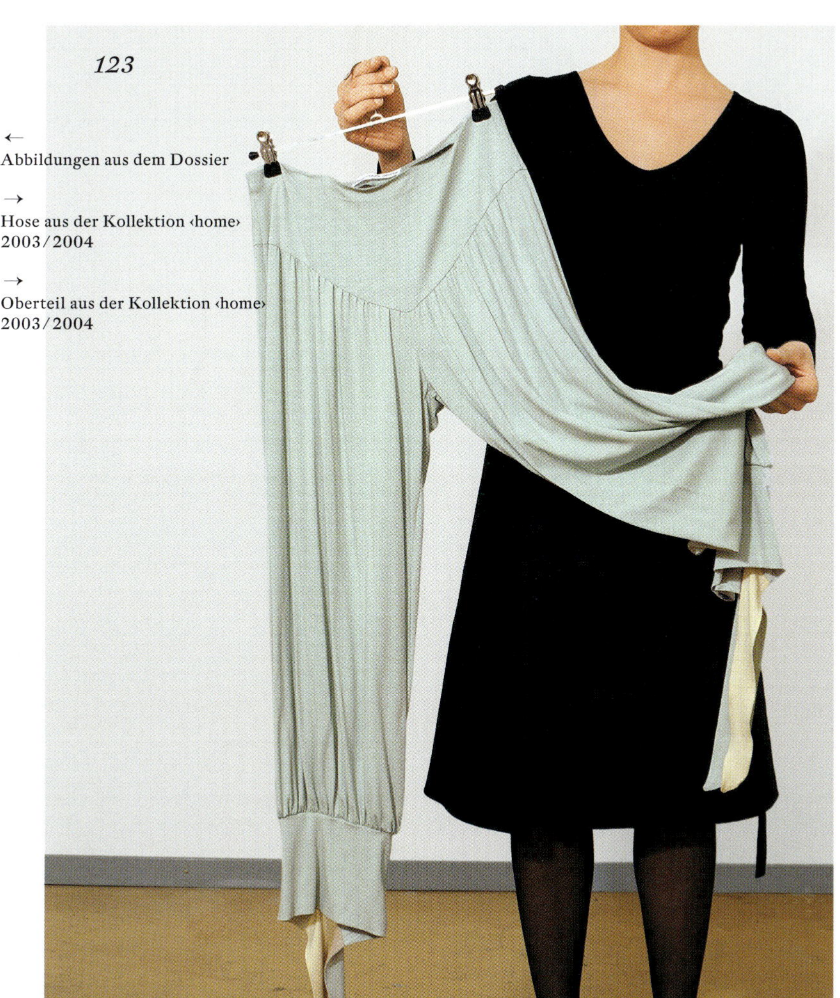

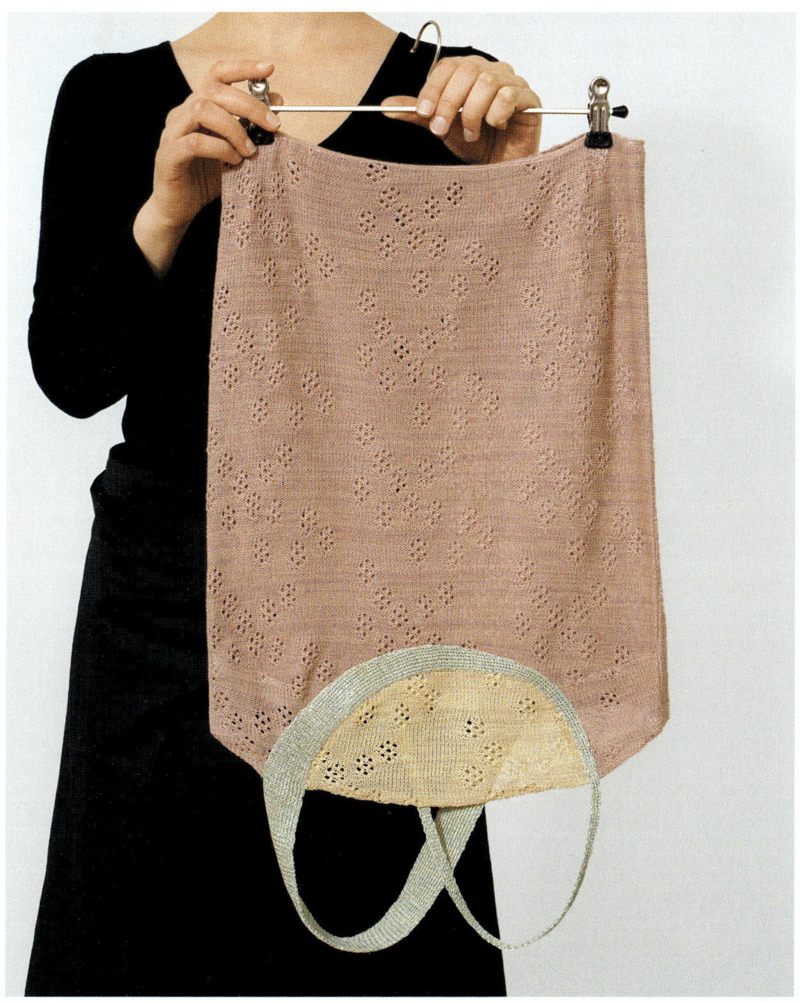

SMS-Interview

guten morgen franziska. ich beginne gleich mit der ersten frage: was denkst du, wo steckt innovation in deiner arbeit? gruss renate

Guten morgen renate. Ich war gerade unter der dusche. Ich brauche noch ein paar minuten ‹anlaufzeit›.

kein problem. wir haben den ganzen tag.

Oberflächlich betrachtet im umgang mit strick. Dieses medium wird immer noch mit altmodischen vorstellungen und begriffen konnotiert.

und was ist das neue an deinem umgang?

Für mich persönlich steckt die innovation woanders. Es versteht sich von selbst, dass gestricktes ‹modern› sein kann. Die interpretation ist ausschlaggebend …

… Das ältliche hat mich allerdings immer schon fasziniert und hat in meinen arbeiten immer seinen platz.

du knüpfst also an etwas altes an und interpretierst es neu. wie zeigt sich das in der kollektion?

Ich versuche gleichzeitig modisch und unmodisch zu sein. Ich vermeide zu offensichtlich trendiges, obwohl ich mich natürlich auch am zeitgeist orientiere.

gibt es auch technische innovationen? (mir sind z.b. die changierenden farbtöne aufgefallen, die durch das mischen von fäden entstehen.)

Ich begann, farben zu mischen, um eine farbfläche bewegter zu gestalten, ihr mehr tiefe zu geben. Dies, ohne ein offensichtliches muster zu verwenden …

… Wenn man ein taktiles muster unterlegt, entstehen diese changierenden effekte.

das wäre also eine innovative erfindung in der tiefenstruktur, sozusagen. und wie steht es mit dem look insgesamt? gibt es da noch nischen für neue formen?

Es geht noch einen moment. Bin beim coiffeur und muss die frisur erklären. Dauert bei mir immer etwas lange …

o.k.

Eine nische zu finden, ist nicht einfach. Vieles gibt es schon oder hat es schon gegeben. Ich sehe es als herausforderung, einfachen und tragbaren kleidern eine eigene note zu verleihen.

kannst du mir ein stichwort zu dieser note geben? (das wäre dann meine letzte frage)

Bequem, intim, entspannt.

Interview par sms

Franziska Lüthy

bonjour franziska.
je commence tout de suite avec la première question: peux-tu me présenter l'aspect novateur de ton travail?
salutations renate

Bonjour renate. J'étais sous la douche. J'ai encore besoin de quelques minutes pour me mettre en train.

pas de problème. nous avons toute la journée devant nous.

Si l'on considère la surface, c'est le tricot. Des représentations et des termes démodés connotent toujours ce média.

En quoi est-ce novateur?

Personnellement, je pense que l'innovation est ailleurs. Il est évident que le tricot peut être ‹moderne›. C'est l'interprétation, qui est véritablement déterminante...

...Les choses démodées me fascinent depuis longtemps et ont toujours leur place dans mon travail.

tu renoues donc avec quelque chose d'ancien et tu en donnes une nouvelle interprétation. comment cela apparaît-il dans ta collection?

J'essaye d'être et de ne pas être mode. J'évite d'être trop manifestement tendance, même si j'oriente naturellement mon travail aussi en fonction de l'esprit du temps.

y a-t-il aussi des innovations techniques? (les teintes chatoyantes obtenues en mélangeant des fils ont attiré mon attention, par exemple.)

J'ai commencé à mélanger les couleurs pour créer une surface colorée plus dynamique, pour lui donner davantage de profondeur. Et cela sans utiliser de motif vraiment visible...

...Lorsque l'on place un motif tactile en dessous, cela crée ces effets chatoyants.

il s'agit en quelque sorte d'une invention novatrice appliquée à la structure profonde de l'objet. et en ce qui concerne le look en général, y a-t-il encore des niches pour de nouvelles formes?

Est-ce que tu peux attendre un instant? Je suis chez le coiffeur et il faut que je lui explique la coupe que je veux qu'il me fasse. Ca dure toujours un certain temps avec moi...

o.k.

Trouver une niche n'est pas simple. De nombreuses choses existent déjà ou ont déjà existé. Personnellement, je trouve que c'est donner une touche personnelle à des vêtements simples et portables, qui relève véritablement du défi.

Peux-tu me donner un mot-clé qui caractérise cette note personnelle? (ce serait ma dernière question)

Comfortable, intime, décontracté.

[E]

SMS interview

good morning franziska. let me start with the first question at once: where do you think the innovation lies in your work?
bw renate

Good morning renate. I've just got out of the shower. I need a few more minutes to 'warm up'.

no problem. we've got all day.

Seen from the surface, using knitting. This medium still has connotations of old-fashioned ideas and terms.

and what is new about your use of it?

For me personally the innovation is elsewhere. It goes without saying that knitted items can be 'modern'. The interpretation is what matters...

...Old-fashioned things have always fascinated me and always have their place in my work.

so you always refer to something old and interpret it in a new way. how can this be seen in the collection?

I try to be fashionable and unfashionable at the same time. I avoid obviously trendy things, although I always find out about what is contemporary, too.

are there technical innovations, too? (I noticed e.g. the changing colour tones that develop by mixing threads.)

I started mixing colours to give a coloured area more life, more depth. Without using an obvious pattern...

...If you lay a tactile pattern underneath, these changing effects arise.

so that would be an innovative invention in the deep structure, so to speak, and what about the overall look? are there still niches for new forms?

Won't be long. Am at hairdresser's and need to explain hairstyle. Always takes time with me...

o.k.

It's not easy to find a niche. Many already exist or have already existed. I see it as a challenge to add my own touch to simple and wearable clothes.

can you give me a key word describing your touch? (that's my last question)

Comfortable, intimate, relaxed.

Anita Moser

Email info @ anitamoser.ch **Beruf** Schuhdesignerin und -modelleurin **Jahrgang** 1969 **Lebt** in Basel und Bern **und arbeitet** in Basel **unter dem Label** chaussures: Anita Moser **Berufsausbildung** Lehre als Schuhmodelleurin bei Bally Schuhfabriken **Studium** an der Hochschule für Gestaltung und Kunst Basel, Studienbereich Modedesign **Abschluss/Diplom** als Modedesignerin FH, 2001 **Praktika** bei Schuhfabrik Elgg, 2000 / 2001 – Theater Neumarkt, Zürich, Theater Basel, Opéra National, Lyon, 1999 – 2001 – Kostas Murkudis, München, Paris, 1999 – bless, Paris, 1999 **arbeitet auch zusammen mit** Instant costume, Tran Hin Phu **unter dem Label** Instant costume, Anita Moser for tran hin phu **Preise/Auszeichnungen** Eidg. Preis für Design 2003 – Werkbeitrag Kantonale Kommission für Angewandte Kunst des Kantons Bern, 2003 – Nomination für den ‹Design Preis Schweiz›, 2003 **Ausstellungen** ‹Body Extensions›, Museum Bellerive, Zürich, mudac, Lausanne, 2004 / 2005 – ‹Design Preis Schweiz›, Kunstmuseum Solothurn, ‹DesignMai›, Berlin, 2003/ 2004 – ‹Swiss Design 2003: Désir Design›, mudac, Lausanne, 2003 / 2004 **Shows** ‹Starmaterial 4›, Modeschau im EWZ Selnau, Zürich, 2004 – Tran Hin Phu, Frauenschuhkollektion Anita Moser für Tran Hin Phu, Prêt à Porter Frühling / Sommer 2004, Paris, 2003 – Tran Hin Phu, Frauenschuhkollektion Anita Moser für Tran Hin Phu, Prêt à Porter Herbst / Winter 2003/2004, Paris, 2003 **Werk / Projekt** Prämiert wurde eine Schuhkollektion à 6 Paar Schuhe **Titel** ‹Frühling / Sommer 2004› **Entstehungsjahr** 2003 **Gruppe** A **Auflage** In serieller Produktion **Verkaufspreise** CHF 320.– bis CHF 350.– **Bezugsquellen** Thema Selection, Spiegelgasse 16, 8001 Zürich – Septième Etage, Rue du Perron 10, 1240 Genf – Sud, Rue de Bourg 43, 1003 Lausanne – Sud, Grand'Rue 32, 1820 Montreux – Javier Reyes, Kochergasse 4, 3011 Bern – D-Mop, Unit 1801 04 – 18, FMLC Tower, 248 Queens Road East, Wanchai, Hong Kong – Penelope paris pétillante, 3 – 28 – 117 sakae Naka-ku, Nagoya Aichi, 460 – 0008 Japan

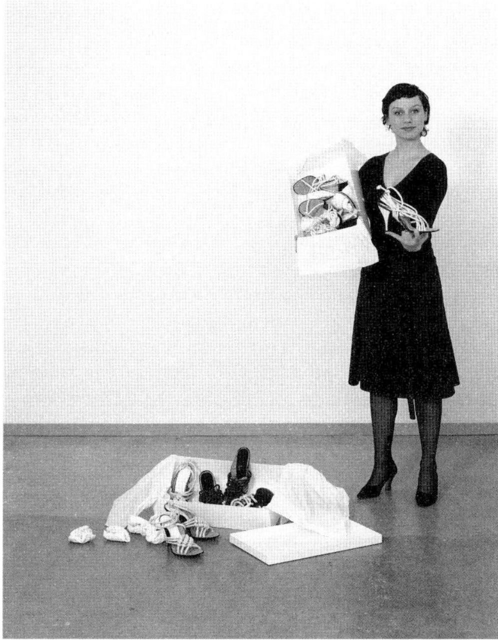

[F] Pour sa troisième collection, dont Anita Moser présente six paires de chaussures, la modéliste en chaussures a élargi sa palette avec deux matériaux intéressants: les cordes de coton épaisses et cirées et le liège. On a l'impression que les semelles des chaussures – avec un talon élégant et une semelle semblant épouser le pied –, d'apparence gracile par rapport aux entrelacs complexes, ont été simplement attachées au pied avec une technique de laçage raffinée. En fait, ce sont seulement deux nœuds entrelacés sur le talon qui servent de système de fermeture et permettent d'adapter les chaussures au pied d'un seul geste. Le jury est impressionné par cette collection, qui au premier coup d'œil évoque un exemple de chaussure extrêmement archaïque. Le design raffiné, autonome et très féminin, la réalisation professionnelle et surtout la stabilité et le confort de la chaussure dénotent cependant un travail consciencieux de recherche et révèlent Anita Moser une fois de plus comme une grande experte de son métier. Telles des lignes de force, les cordes épousent le pied et, avec leur jeu de couleurs, font également de ces chaussures un message visuel puissant.

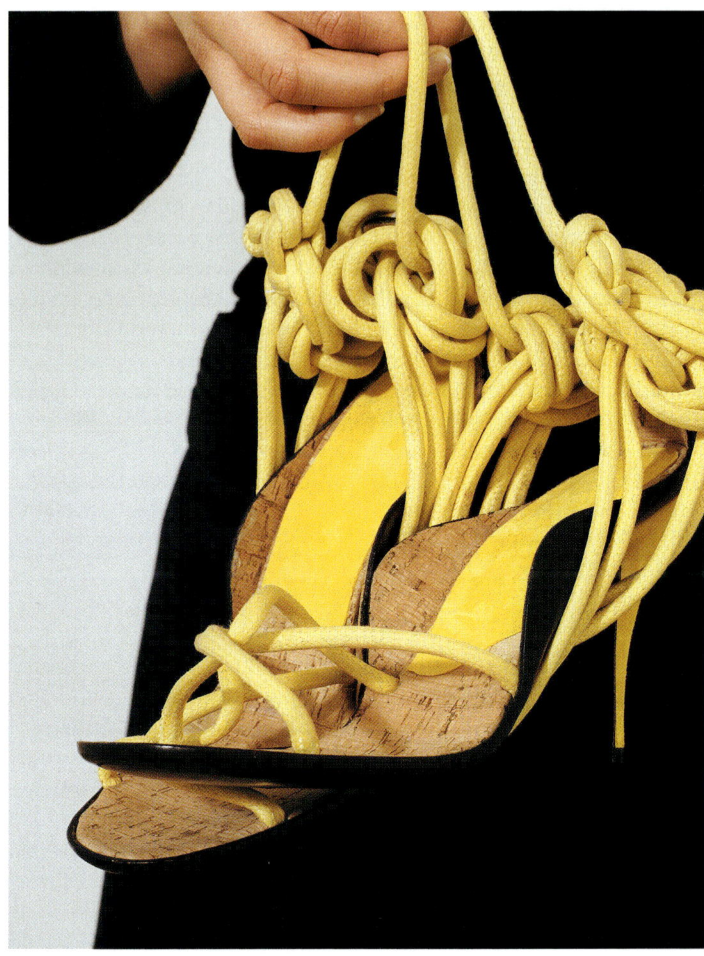

[E] For her third collection, the shoe designer Anita Moser submitted six pairs of shoes, she added two striking materials to her material palette, namely thick-waxed cotton cords and cork. The soles with their elegant heel and optical appearance of snuggling into the foot bed, look graceful compared to the complex network of straps, and appear simply to be lashed to the foot by means of a clever tying technique. However, there are only two connected knots above the heel that close the shoe and make it possible to attach the shoe to one's foot using a single hand movement. The Jury is impressed by this collection, which at a first glance appears to be an example of an extremely archaic shoe form. The clever, autonomous and extremely feminine design, the professional processing and, in particular, the stability and comfort of the shoe, however, indicate careful research work and once again prove that Anita Moser is highly skilled in her profession. The cords surround the foot in a similar manner to lines of force and, with their play on colour, also make the shoes into a visually powerful statement.

[D] Für ihre dritte Kollektion, von welcher Anita Moser sechs Paar Schuhe einreicht, erweiterte die Schuhmodelleurin ihre Materialpalette um zwei markante Werkstoffe: dicke, gewachste Baumwollseile und Kork. Es scheint, als ob die im Verhältnis zu den komplexen Schnürgeflechten grazil wirkenden Schuhsohlen – mit elegantem Absatz und optisch sich anschmiegendem Fussbett – in raffinierter Schnürtechnik einfach am Fuss festgezurrt würden. Doch es sind nur zwei in sich verbundene Knoten über der Ferse, die als Verschlusssystem dienen und es möglich machen, dass die Schuhe mit einem einzigen Handgriff an den Fuss angepasst werden können. Die Jury ist beeindruckt von dieser Kollektion, die auf den ersten Blick wie ein Beispiel einer äusserst archaischen Schuhform auftritt. Das raffinierte, eigenständige und äusserst feminine Design, die professionelle Verarbeitung und vor allem die Stabilität und der Komfort des Schuhs weisen jedoch auf sorgfältige Recherchearbeit hin und verraten Anita Moser einmal mehr als grosse Könnerin ihres Fachs. Kraftliniengleich legen sich die Seile um den Fuss und machen mit ihrem Farbspiel die Schuhe auch zu einem optisch starken Statement.

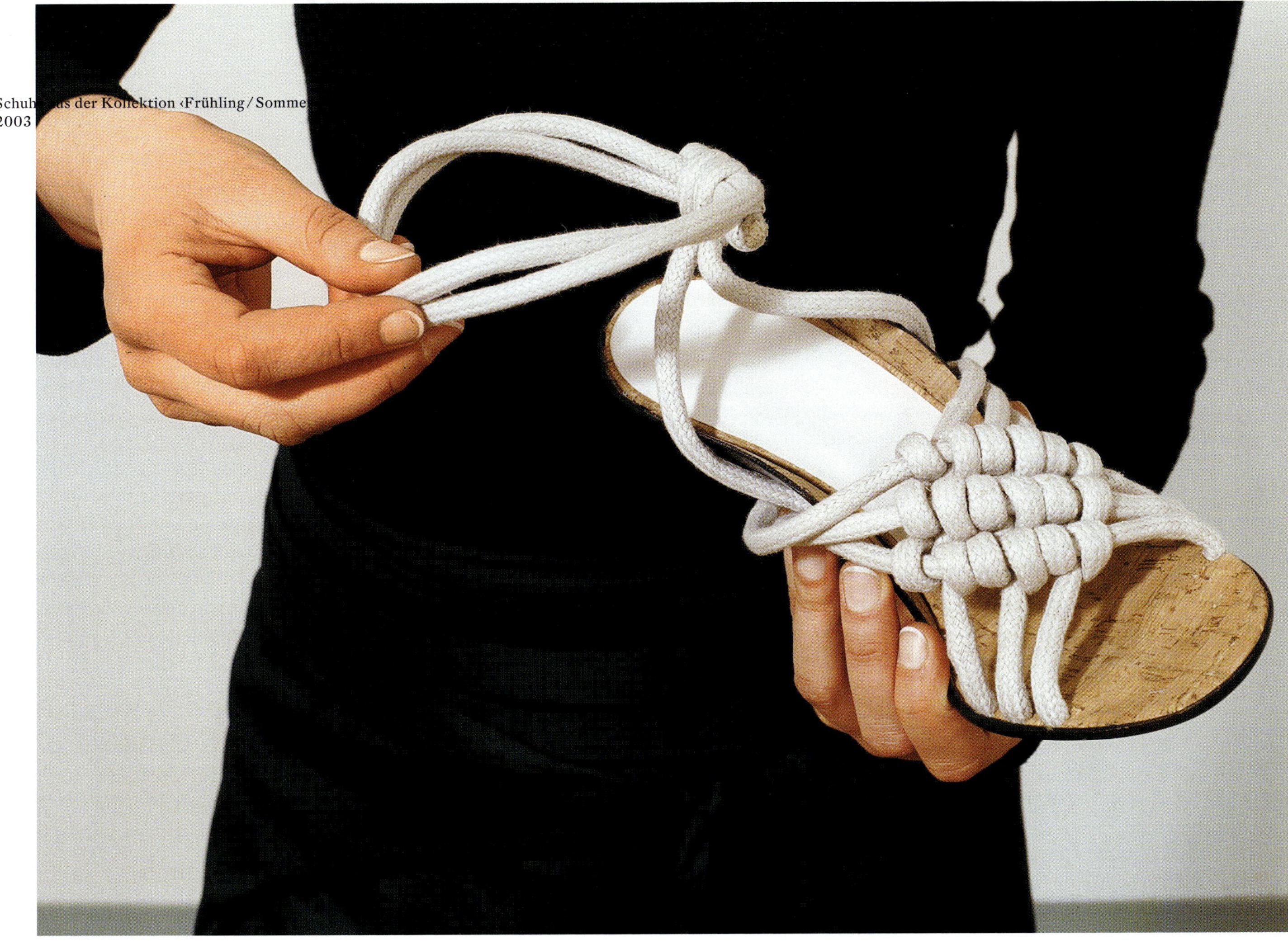

Schuh aus der Kollektion ‹Frühling / Sommer›
2003

Gibt es Anzeichen dafür oder hast du bestimmte Quellen, die dir sagen, was gerade Mode ist?

Das ist etwas Intuitives, glaube ich. Irgendwie hat man Antennen entwickelt. Man filtert Eindrücke und kann sich ziemlich drauf verlassen, dass zurückbleibt, was für einen momentan wirklich von Interesse ist. Es funktioniert nicht nur analytisch. Rationale Gründe sind eher zweitrangig.

Aber die Vorstellung eines nackten Fusses mit Absatz, die am Anfang deiner Kollektion stand, die kommt doch nicht von ungefähr?

Das ist eine Idee, die mich schon lange begleitet hat. Ich arbeite viel mit Absätzen, weil mich das fasziniert. Es entsteht eine seltsame Körperhaltung dadurch, dass der Fuss auf ein Podest gestellt wird. Und dann gibt es das Dreieck dahinter, diese Leerfläche, mit der man machen kann, was man will. Und doch wird ja einfach immer das Gleiche gemacht. Mich interessiert an der Mode, dass sie nicht nur funktional sein kann.

Du hast sicher einen anderen Fokus als Produzentin.

Für mich ist das auch so eine Insider-Geschichte. Ich finde oft gerade das spannend, wofür sich die anderen Leute nicht interessieren. Zum Beispiel brachte Bernhard Wilhelm vor einigen Jahren Jutetaschen und die schlimmsten 80er-Jahre-Muster und Patchwork, wo du wirklich denkst, wenn du jemand damit herumlaufen sehen würdest, der sei jenseits stehen geblieben und wehre sich gegen alles, was Mode ist. Aber Bernhard Wilhelm brachte es dann so... (zögert), ja, als liebevoll gemachte, handwerkliche Sachen. Auf eine gute, ironische und witzige Art.

Gefällt dir denn an diesem Beispiel mehr die ironische Haltung als die konkreten Produkte?

Ja. Ich finde, dass es der Mode extrem gut tut, jemanden zu haben, der sie nicht so ernst nimmt. Jemand, der nicht so darauf pocht, etwas im genau richtigen Moment in der richtigen Farbe zu bringen. Leider gibt es in der Mode viele, die in dieser Hinsicht sehr dogmatisch sind. Klar, diese Ironie wird dann sehr schnell selbst zum Trend, aber die Leichtigkeit, dieser Überblick und auch diese Distanz zur Mode gefällt mir extrem gut.

Ist es nicht immer so, dass die Ersten, die mit etwas Neuem kommen, genau diese Distanz haben?

Ja klar, du musst eine Distanz haben, um wirklich etwas Neues zu machen.

Aber das Neue darf wahrscheinlich auch nicht zu weit weg liegen vom Bekannten.

Ich mache nur Sachen, von denen ich das Gefühl habe, es könnte einigen Leuten wirklich auch entsprechen, sie könnten im Alltag funktionieren.

Dann hältst du dich auch ein wenig zurück?

Ja schon. Es ist aber auch witzig, wenn ich Reaktionen von den Läden, wo meine Schuhe verkauft werden, bekomme. Dort passiert noch einmal etwas, weil ganz verschiedene Frauen meine Schuhe ausprobieren und mit ihrem eignen Stil kombinieren. Letzthin sah ich an einem Apéro eine, die meine Stiefelchen trug, aber völlig anders, als ich es vorgesehen hatte. So werden plötzlich andere Aspekte interessant und ich kann sie für eine Kollektion verwenden.

Hast du den Anspruch an dich selbst, in jeder Kollektion etwas Neues zu machen?

Ja, eigentlich schon. Auf der anderen Seite interessiert mich die Produktion sehr. Zu beobachten, wie etwas hergestellt wird und dann herausfinden, wie ich diese Arbeitsabläufe anders nützen könnte. Als nächstes Projekt möchte ich mit einem Filzfinken-Hersteller in Deutschland zusammenarbeiten. Diese Firma produziert völlig anders als die Hersteller von gängigen Schuhen und man könnte dort sicher supercooles, überraschendes Zeug herausholen.

So etwas wie ein weicher Socken? (lacht)

Ja, es müsste schon weich sein, aber es sollte auch draussen funktionieren. Es müsste ein Stiefel sein, etwas mit Kunststoff, vielleicht getunkt, oder wie zwei Schuhe in einem. In den 50er Jahren gab es Gummistiefel, die man über den Schuhen trug. Dieser Gedanke der Überschuhe gefällt mir.

Das wäre dann ein innovativer Ansatz aus der Produktion.

Das ist mein Ideal. Ich war einmal in einem solchen Betrieb, wo sie riesige Mengen produzieren und doch noch ganz viele Produktionsbereiche zusammenlaufen. Sie haben sogar eine eigene Strickerei. Da stecken extrem viele Möglichkeiten drin.

Das klingt viel versprechend.

Ja, das wäre schon toll, wenn die genau auf mich gewartet hätten. (lacht) Ich würde auch gerne weiter in dieser Richtung forschen und neue Technologien ausprobieren. Zum Beispiel mit einem Turnschuh-Hersteller zusammenarbeiten, der mir Kunststoff-Sohlen spritzen könnte. Aber dann kommen die Einschränkungen der Mode, die mich zum Arbeiten in Halbjahresrhythmen zwingen. Und diese Seite interessiert mich auch sehr; am Trend dran zu sein und mir auch mal bestätigen zu lassen, dass ich eigentlich am richtigen Ort angesetzt habe. Die Schuhe müssen ja schliesslich mit den Kleidern zusammenstimmen. Deshalb arbeite ich ebenso gern mit Kleiderdesignern zusammen.

Est-ce qu'il existe des signes annonciateurs ou est-ce que tu as tes propres sources pour savoir ce qui est à la mode?

C'est plus une affaire d'intuition. C'est comme si on développait des antennes. On filtre la moindre impression et on finit par être quasiment sûr que ce qui reste à la fin présente un réel intérêt. Mais ce n'est pas seulement une histoire de capacité d'analyse. La rationalité est même secondaire.

Mais la représentation d'un pied nu reposant sur un talon, sur laquelle tu as construit ta collection, n'est tout de même pas le fruit du hasard?

C'est une idée qui me hantait depuis longtemps. Je travaille beaucoup avec les talons parce qu'ils me fascinent. Il suffit que le pied soit rehaussé pour que le corps adopte une posture singulière. Sans oublier le triangle à l'arrière, cet espace vide que l'on peut exploiter à son gré. Et pourtant on retrouve toujours la même chose. Ce que j'aime dans la mode, c'est qu'elle n'est pas obligée d'être uniquement fonctionnelle.

Tu as sûrement un autre point de vue en tant que productrice.

Là aussi, tout dépend de quel côté on se trouve. Personnellement, je m'intéresse souvent aux choses qui laissent les autres totalement indifférents. Prenons l'exemple de Bernhard Wilhelm. Il a sorti, il y a quelques années, des sacs en jute et les pires motifs ‹années 80› et patchworks qui soient. Des tenues ringardes que l'on associe spontanément à un rejet total de la mode. Mais il les a présentées... (hésitation) comme des conceptions artisanales, réalisées avec amour, et ce, avec une irrésistible pointe d'ironie et d'humour.

Si j'ai bien compris, c'est plus l'ironie du créateur que tu apprécies ici que les produits eux-mêmes?

Oui. Je trouve que cela fait du bien d'avoir quelqu'un qui ne prend pas la mode trop au sérieux. Quelqu'un qui ne cherche pas absolument à produire un article dans la bonne couleur au bon moment. Malheureusement, le monde de la mode regorge de dogmatismes à cet égard. Certes, l'ironie devient elle-même rapidement une tendance, mais cette légèreté, cette vision et cette distance vis-à-vis de la mode me plaisent énormément.

N'en est-il pas toujours ainsi? Les premiers à lancer quelque chose de nouveau n'ont-ils pas toujours ce recul?

C'est effectivement un état d'esprit indispensable si l'on veut créer quelque chose de vraiment nouveau.

Mais il faut vraisemblablement ne pas trop s'éloigner du connu.

Je ne fabrique que des accessoires dont je pense qu'ils peuvent réellement correspondre à des personnes et qui sont compatibles avec le quotidien.

Cela signifie que, toi aussi, tu te retiens un peu?

Quelque part, oui. C'est amusant aussi lorsque les boutiques qui vendent mes chaussures me donnent un feed-back. On assiste alors à un autre phénomène puisque des femmes totalement dissemblables essaient mes chaussures et les combinent avec leur propre style. J'en ai vu une, à l'occasion d'un apéritif, qui portait mes bottines mais absolument pas comme je l'avais imaginé. Cela m'ouvre des horizons totalement différents que je peux réutiliser pour une collection.

Est-ce que tu cherches à faire quelque chose de nouveau à chaque collection?

Anita Moser

Oui, mais la fabrication m'intéresse aussi énormément. Observer comment un objet prend forme et trouver ensuite comment exploiter autrement les séquences du process. Pour mon prochain projet, j'aimerais travailler avec un fabricant allemand de chaussons en feutre. La société en question suit un schéma de production qui n'a rien à voir avec celui des fabricants de chaussures courantes et je suis persuadée qu'on pourrait en tirer quelque chose de très chouette et surprenant.

Comme une chaussette? (rit)

Il faudrait effectivement que cela soit souple mais tout de même adapté à l'extérieur, genre botte, quelque chose avec du plastique, peut-être trempé, ou deux chaussures dans une. Dans les années 50, il existait des bottes en plastique que l'on enfilait par-dessus les chaussures. Cette idée des sur-chaussures me plaît bien.

Ce serait une approche innovante du point de vue de la fabrication.

C'est mon rêve. J'ai déjà vu une entreprise semblable, dans laquelle ils produisent des quantités gigantesques et qui rassemble pourtant de multiples secteurs de production. Ils ont même leur propre atelier de tricot. Autant dire que les possibilités sont innombrables.

Ça a l'air prometteur.

Il ne manque plus qu'ils me considèrent comme leur messie. (rire) Trêve de plaisanterie, j'aimerais en tout cas continuer dans cette direction et essayer de nouvelles technologies, travailler par exemple avec un fabricant de chaussures de sport qui pourrait me faire des semelles plastiques. Mais, malheureusement, c'est là qu'interviennent les impératifs de la mode qui m'obligent à fonctionner par semestre. Ça aussi, c'est intéressant pour moi: ‹rester dans la tendance› et recevoir la confirmation que j'ai vu juste. Car, au final, les chaussures doivent aussi aller avec les vêtements. C'est pourquoi je travaille également volontiers avec des designers de vêtements.

Are there signs or do you have certain sources that tell you what is fashionable at the moment?

I think that's something intuitive. You somehow develop antennae. You filter impressions and can usually rely on the fact that what remains is what is truly of interest at the moment. It doesn't only work analytically. Rational reasons tend to come second.

But the idea of a naked foot with a heel, which was at the beginning of your collection, wasn't just a coincidence?

That's an idea I carried round with me for a long time. I do a lot of work with heels because I find it fascinating. Placing the foot on a platform results in a strange posture. And then there is the triangle behind the heel, the empty area you can do what you want with. However, all that happens is that the same thing is done again and again. What interests me about fashion is that is doesn't only have to be functional.

You undoubtedly have a different focus as a producer.

That's an insider story for me, too. I often find things exciting that other people aren't interested in. A few years ago, for example, Bernhard Wilhelm came out with jute bags and the worst patterns and patchwork of the eighties, which, if you saw somebody walking around with, would make you think that he had got stuck in the past and was rebelling against everything to do with fashion. But Bernhard Wilhelm did it in such a way that… (hesitates) they came across as lovingly handcrafted items. In a good, ironic and amusing way.

In this example, do you prefer the ironic attitude to the specific products?

Yes. I think that it's extremely good for fashion to have somebody that doesn't take it so seriously. Someone who does not insist on delivering something at exactly the right time in the right colour. Unfortunately, in fashion, there are many people who are extremely dogmatic in this respect. It goes without saying that this irony quickly becomes a trend itself, but I really like the lightness, this overview and also this distance to fashion.

Is it not always the case that the first people to come out with something new have exactly this distance?

Yes, of course. You need to have distance to do something really new.

But the new cannot be too far removed from the familiar.

I only make things where I feel they could really correspond to some people and could work in everyday life.

So you hold back a little?

Yes, I do. However, it's also good fun to get reactions from the shops where my shoes are sold. That's where something else happens because extremely different women try on my shoes and combine them with their own styles. I recently saw a woman at a drinks party wearing my little boots, but in a completely different way to how I had envisaged it. In this way, other aspects suddenly become interesting and I can use them for a collection.

Do you make the demand of yourself to create something new in every collection?

Yes, basically I do. At the same time, I'm extremely interested in production. Seeing how something is produced and then finding out how I could use these work procedures in a different way. As my next project, I would like to work with a felt slipper producer in Germany. This company produces in a completely different manner to producers of conventional shoes and I am sure I could work out something ultra cool and surprising there.

Something like a soft sock? (laughs)

Yes, it would have to be soft, but it would also need to work outdoors. It would need to be a boot, maybe something with plastic, maybe dipped, or like two shoes in one. In the 50s there were rubber galoshes that were worn over one's shoes. I like this idea of overshoes.

That would then represent an innovative approach from production.

That's my ideal. I was once in an operation where they produce enormous quantities, but where a wealth of production areas nonetheless come together. They even have their own knitting mill. The operation contains a wealth of possibilities.

That sounds promising.

Yes, it would be great if they were waiting for me. (laughs) I'd like to do further research in this direction and try out new technologies. To collaborate, for example, with a sports shoe producer who could injection-mould plastic soles for me. However, then there are the limitations of fashion that force me to work in six-month rhythms. I'm also extremely interested in this aspect, in being close to the trend and obtaining confirmation that I started in the right place. After all, the shoes need to go with the clothes. That's why I also like working with clothes designers.

Email info@blackpool.ch **Beruf** Modedesignerin und Stylistin **Jahrgang** 1973 **Lebt und arbeitet** in Paris und Zürich **unter dem Label** blackpool **Studium** an der Hochschule für Gestaltung und Kunst Zürich, Studienbereich Modedesign **Abschluss/Diplom** als Modedesignerin FH, 2001 **Praktikum** bei Isabel und Ruben Toledo, New York **Preise / Auszeichnungen** Eidg. Preis für Design 2003/2002 – Werkbeitrag Kantonale Kommission für Angewandte Kunst des Kantons Bern, 2003 – Gewinnerin des ‹Barclay Swiss Image Award›, Zürich, 2003 – Gewinnerin des internationalen Designwettbewerbs ‹Crespi Trophy›, Mailand, 2001 **Ausstellungen** ‹Swiss Design 2003: Désir Design›, mudac, Lausanne, 2003/2004 – ‹CRISS & CROSS Design aus der Schweiz›, New York, São Paolo, Winterthur, Berlin u.a., 2003/2004 – ‹Swiss Design 2002: Netzwerke›, Museum für Gestaltung Zürich, 2002/2003 – Société des Artistes Décorateurs, Carrousel du Louvre, Paris, 2002 – Diplomausstellung, Hochschule für Gestaltung und Kunst Zürich, 2001 **Shows** ‹GWAND›, Special Guest Bundesamt für Kultur, Luzern, 2003 – ‹Cumulus Fashion Tour›, Mailand, 2003 – ‹Cumulus Fashion Tour›, Carrousel du Louvre, Paris, 2002 – ‹Prix Bolero›, Zürich, 2002 – ‹GWAND›, School Award, Luzern, 2001 – ‹Barclay Catwalk›, Amsterdam, Zürich, 2001 – Diplommodeschau ‹Frischfleisch›, Zürich, Barcelona, 2001 – ‹ART Zappening›, Basel, 2000 **Werk / Projekt** Prämiert wurde eine Kollektion bestehend aus 14 Outfits, Winter 2004/2005 **Titel** ‹Blackberry› **Entstehungsjahre** 2003/2004 **Gruppe** A **Verkaufspreise** Teile der Kollektion CHF 500.– bis CHF 2'000.– **Bezugsquellen** Real Time Society @ Globus, Bahnhofstrasse, Zürich

Irène Münger

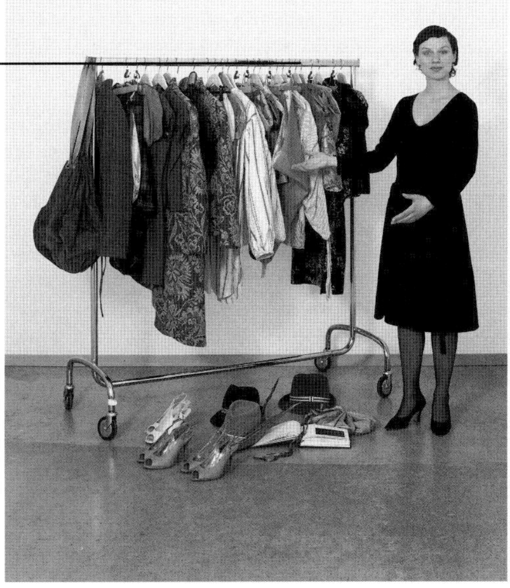

[D] Mit den vierzehn Outfits der Kollektion ‹Blackberry›, die während des Atelier-Aufenthaltes in New York (als Gewinnerin des Eidgenössischen Preises für Design 2003) entstanden, wird zum dritten Mal in Folge Irène Müngers Label Blackpool prämiert. Inspirieren liess sie sich diesmal in den alten Räumen des dortigen Museum of Natural History, dem letzten «Zufluchtsort für gewisse Waldtiere» in dieser urbanen Umgebung. In gewohnt eigenständiger Weise steckt die Modedesignerin inhaltlich, farblich und formal ihr Thema ab. Mit gekonnten Schnitten, markanten Silhouetten und durch die Kombination von robusten und ‹geschichtsträchtigen› Stoffen wie fester Baumwolle, Brokat, aber auch Seide, zartem Leder und Strick kreiert sie Outfits, die an das Leben auf einem Jagdschloss erinnern. Wie Lichtreflexe auf dunklem Waldboden durchbrechen immer wieder japanisierende Ornamente, Pastellfarben und Gold in glitzernder Festlichkeit die dominierenden Grün- und Erdtöne. So atmen diese Outfits eine ähnliche Atmosphäre wie sie die Füchse, Fasane und Rehe im Museum umgibt und finden sich zu einer sehr stimmigen Kollektion.

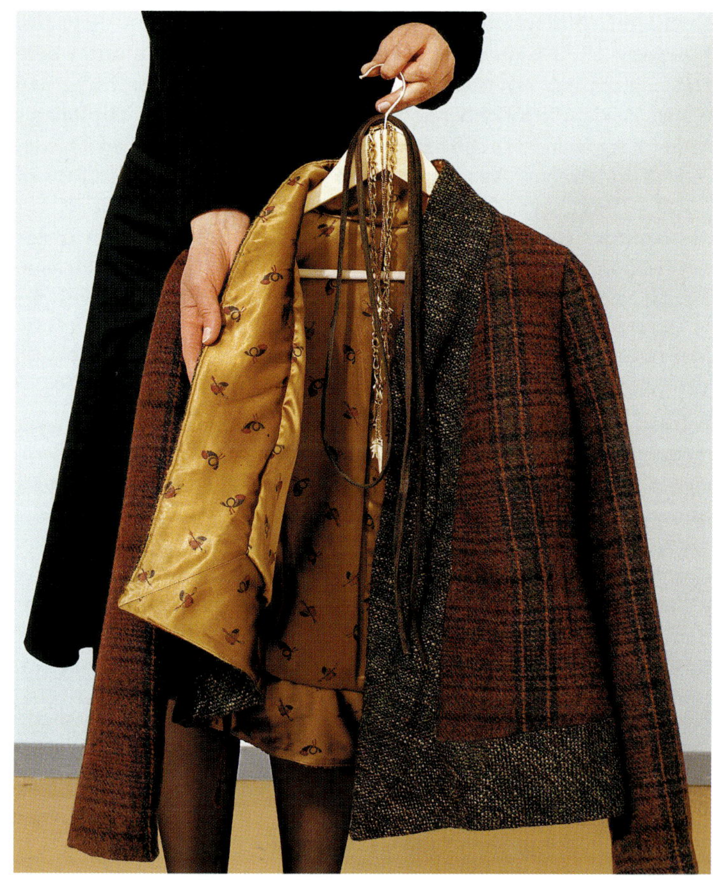

[F] Avec les quatorze ensembles de la collection ‹ Blackberry ›, qui ont vu le jour pendant son séjour en atelier à New York (comme gagnante du Prix fédéral de design 2003), le label Blackpool est primé pour la troisième fois consécutive. Cette fois-ci, elle s'est inspirée des vieilles salles du Museum of Natural History de ladite ville, le « dernier refuge pour certains animaux sylvestres » dans cet environnement urbain. Toujours aussi autonome, la styliste définit les contours de son thème sur le plan du contenu, des couleurs et des formes. Avec des coupes adroites, des silhouettes distinctives et en combinant des tissus robustes et des étoffes relevant du ‹ costume historique › comme le coton épais, le brocart, mais aussi la soie, le cuir souple et le tricot, elle crée des tenues qui évoquent la vie dans un château de chasse. Tels des reflets de lumière sur le sol sombre de la forêt, des ornements japonisants, des couleurs pastel et de l'or à l'éclat festif percent régulièrement à travers les tons verts et terre dominants. Ainsi, ces ensembles exhalent une atmosphère analogue à celle qui entoure les renards, faisans et chevreuils dans le musée, et constituent une collection très cohérente.

[E] With the fourteen outfits of the 'Blackberry' collection , which were created during her atelier stay in New York (as the winner of the 2003 Swiss Federal Design Award), Irène Münger's label Blackpool has won an award for the third time in succession. This time she was inspired by the old rooms of the Museum of Natural History in New York, the last "hideaway for certain woodland animals" in this urban environment. In her usual independent manner, the fashion designer defines her topic in terms of content, colour and form. With skilful cuts, striking silhouettes and through the combination of robust and 'historical' fabrics such as thick cotton, brocade, but also silk, soft leather and cord, she creates outfits reminiscent of life in a hunting lodge. Like light reflexes on a dark forest floor, Japanese-like ornaments, pastel colours and gold in glittering festiveness break through the dominant green and earth tones. These outfits thus breathe a similar atmosphere to that surrounding the foxes, pheasants and deer in the museum and come together in an extremely harmonious collection.

←
Oberteil aus der Winterkollektion 2004/2005 ‹Blackberry›
2003/2004

→
Mantel aus der Winterkollektion 2004/2005
2003/2004

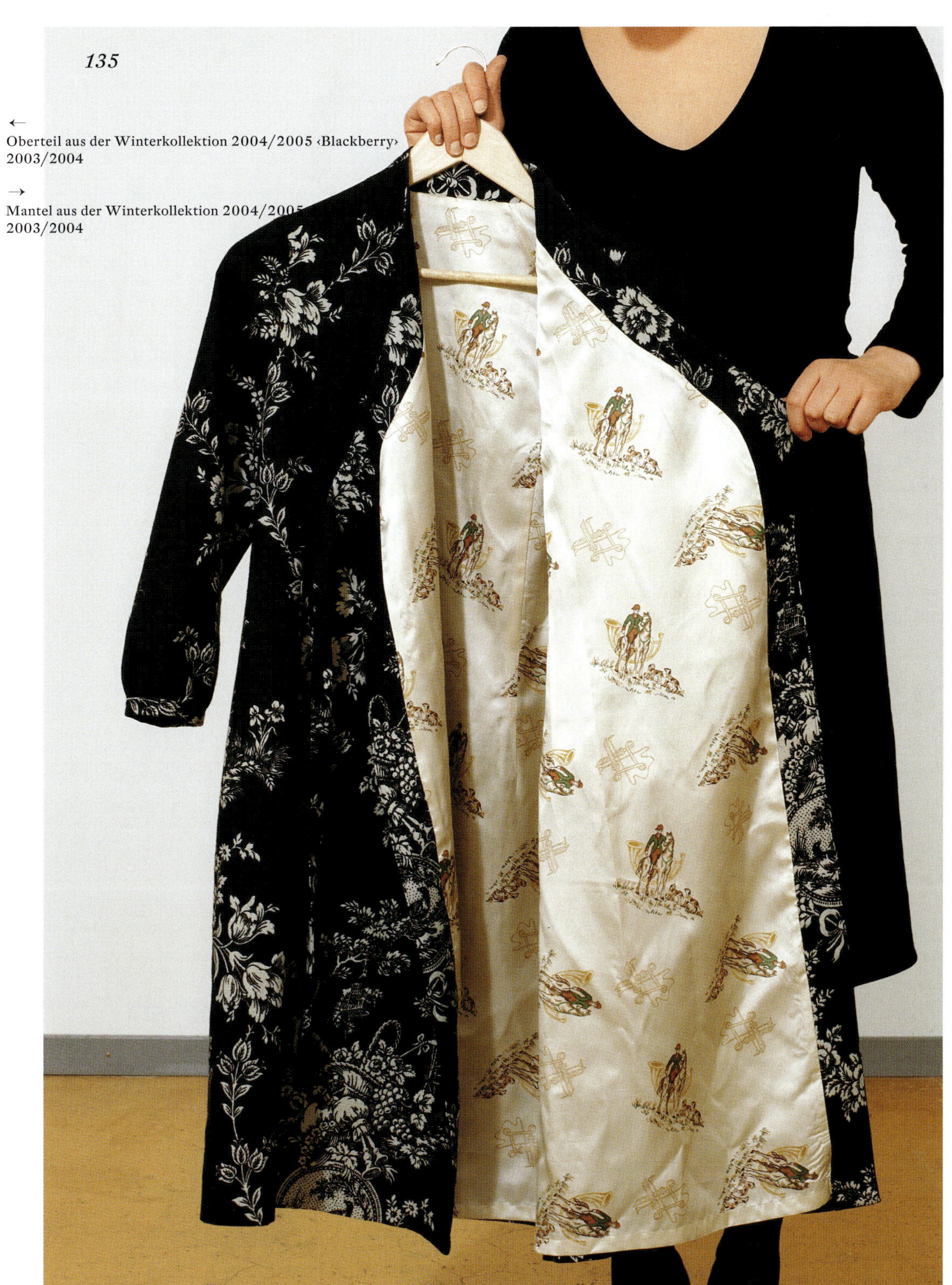

du bist aus vielen bewerberinnen und bewerbern ausgewählt worden, unter anderem, weil deine arbeit innovativ ist. könnest du genauer umschreiben, wo die innovation in deiner arbeit steckt? (ganz konkret am beispiel deiner damen-winter-kollektion 04/05, die du zum wettbewerb eingereicht hast.)

Innovation steht für mich in meinem Design nicht im Vordergrund, deshalb ist es etwas schwierig für mich, meine Arbeit von diesem Standpunkt aus zu beurteilen.

kann es sein, dass das neue in deiner arbeit dir selbst gar nicht mehr auffällt? ich nehme aber an, dass du schon verfolgst, was läuft in der mode und kaum etwas produzieren würdest, das du schon einmal in der gleichen weise gesehen hast. gerade mode muss sich doch immer wieder als neu behaupten!

Ich gehe in meiner Arbeit nicht so vor, dass ich mich danach richte, was neu ist oder neu wird, sonst wäre ich immer einen Schritt zurück. Ich versuche eher, Kleider zu entwerfen, die meinen eigenen Ideen entsprechen.
Trotzdem denke ich, dass ich in meiner Arbeit sehr beeinflusst werde durch das zeitgenössische Geschehen im Allgemeinen; wenn auch unbewusst.
Vielleicht gilt die Kollektion gerade deshalb als innovativ.

und wie siehst du das bei anderen designerinnen und designern, d.h. wie beurteilst du fremde produkte? spielt für dich dabei innovation eine rolle? (oder worauf schaust du noch?)

Ja, es spielt für mich eine Rolle, ob das Design innovativ ist, wenn ich andere Arbeiten betrachte. Zudem schaue ich auf Eigenständigkeit und die Art der Ästhetik.

und woran erkennst du innovationen, d.h., womit kannst du das neue ‹messen›? (hängt das vielleicht mit der eigenständigkeit zusammen?)

Es hängt mit Eigenständigkeit zusammen, aber auch mit dem Gefühl / der Sensibilität, das Zeitgemässe zu erkennen und in Form von Kleidung zu widerspiegeln.

Irène Münger

tu as été sélectionnée parmi de nombreux candidates et candidats, notamment parce que ton travail présente un caractère novateur. pourrais-tu décrire plus précisément à quel niveau se situe l'innovation dans ton œuvre? (concrètement, à partir de l'exemple de ta collection pour dames hiver 04/05, que tu nous a soumise pour le concours.)

Je ne considère pas l'innovation comme un critère primordial lorsque que je conçois un design, j'ai donc quelques difficultés à évaluer mon travail de ce point de vue.

est-il possible que tu ne remarques même plus les éléments novateurs de ton travail? je suppose pourtant que tu t'intéresses aux évènements de la mode et que tu ne créerais pas un produit que tu as déjà vu sous une forme semblable. car la mode est bien un domaine qui doit toujours se renouveler!

Je procède autrement, et je n'axe pas mon travail sur ce qui est nouveau ou va le devenir, sinon, je serais toujours en retard. J'essaie davantage de concevoir des vêtements qui sont le reflet de mes propres idées.
Je pense cependant que mon travail est fortement influencé par les évènements contemporains en général; même si je n'en ai pas conscience.
Peut-être est-ce justement la raison pour laquelle la collection est jugée innovante.

et qu'en est-il des autres créatrices et créateurs, comment évalues-tu leurs produits? accordes-tu de l'importance à l'innovation? (ou quels sont tes autres critères de jugement?)

Oui, le caractère innovant du design joue un rôle à mes yeux lorsque j'examine d'autres travaux. Je regarde également la spécificité et le type d'esthétique du produit.

et à quoi reconnais-tu des innovations, autrement dit, de quoi te sers-tu pour ‹mesurer› ce qui est nouveau? (est-ce éventuellement en rapport avec la spécificité?)

La spécificité est un facteur qui entre en ligne de compte, mais l'innovation est également liée à la capacité d'appréhender les évènements actuels et de les reproduire sous forme de vêtements.

> one reason that you were selected from many applicants is because your work is innovative. could you describe in more detail where innovation is to be found in your work? (specifically based on the example of your 04/05 women's winter collection that you submitted to the competition.)

Innovation is not the main focus of my design, which is why it is difficult for me to assess my work from this point of view.

> could it be that you don't even notice the new aspects of your work anymore? I presume, however, that you keep up with what is going on in fashion and that you would hardly be likely to produce something that you had already seen in the same way. fashion in particular has to prove itself as new time and time again!

In my work, I don't conform to what is new or what is going to be new, or else I would always be a step behind. Instead I try to design clothes that correspond to my own ideas.
However, I still think that I am strongly influenced in my work – albeit unconsciously – by contemporary events.
Maybe that's why the collection is seen as innovative.

> and how do you see other designers, i.e. how do you assess other people's products? is innovation important to you here? (or what else do you take into account?)

yes, whether the design is innovative is important to me when I look at other works. I also look for autonomy and the type of aesthetics.

> and how do you recognise innovations, i.e. what do you use to 'measure' new aspects? (could this be linked to autonomy?)

It is linked to autonomy, but also to the feeling/sensitivity of recognising the contemporary and reflecting it in the form of clothing.

E-mail sandrine@maskara.ch **Profession** Graphiste **Année de naissance** 1976 **Vit** à Lausanne **et travaille** à Paris et à Lausanne **Etudes** à l'Ecole cantonale d'art de Lausanne **Achèvement/diplôme** en tant que Designer HES en communication visuelle, 2002 **Travaille aussi avec** le photographe Erwan Frotin **sous le label** Maskara **Expositions** ‹Signes des Ecoles d'Arts›, Centre Georges Pompidou, Paris, 2003 – ‹Lee 3 Tau Ceti Central Armors Show›, Villa Arson, Nice, 2003 **Publié dans** ‹Les Inrockuptibles›, 2003 (article sur l'exposition ‹Signes des Ecoles d'Arts› et sur ‹Wild Boys›) – ‹Etapes graphiques›, 2004 (publication d'une broderie) **Objet/projet** Ce qui à été primé: travail de diplôme de l'ECAL, 2002 et travail personnel de broderies jusqu'à 2004 **Titre** ‹Wild Boys› **Années de création** 2002–2004 **Groupe** A **Tirage** Pièces uniques **Prix de vente** à définir **Source** sandrine@maskara.ch

Sandrine Pelletier

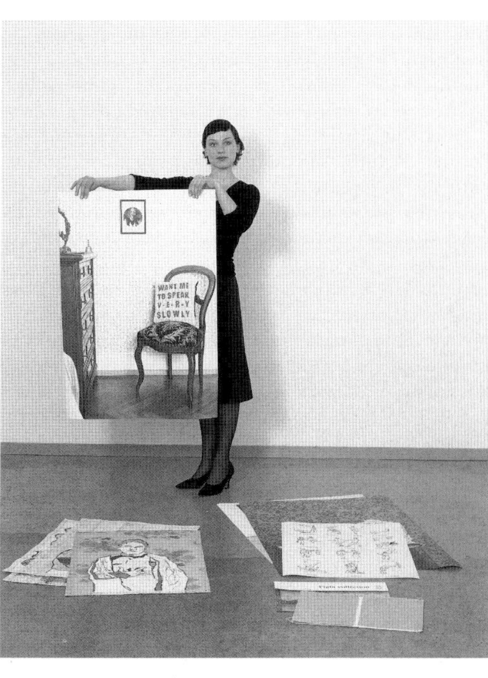

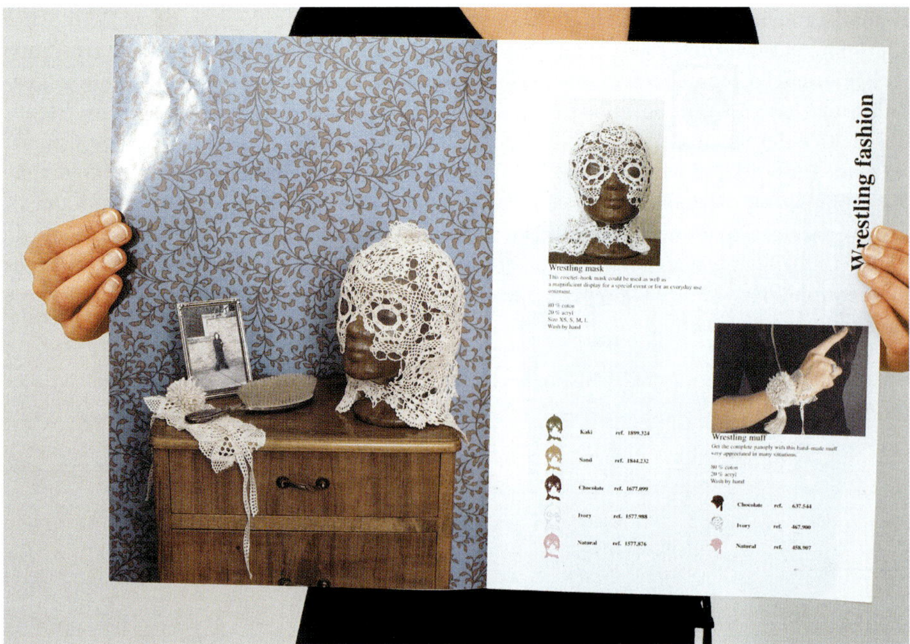

[E] The more one immerses oneself in Sandrine Pelletier's diploma project 'Wild Boys', the more confusing it is. What at a first glance looks like produced interiors from the 19th century, turns out under further scrutiny and decoding of the ornamental elements to be a view into a diametrically opposed world. The basic patterns of the cushion covers, crocheted tablecloths and tapestries are inspired by the world of backyard wrestlers. This contrast is at its clearest in the embroidered and sewn portraits in yellowed pastel tones of these people who feel at home in the frequently brutal world of the backyards and not amidst the fine fabrics processed here. With formal consistency, a sample book where the individual objects are offered for dispatch with indications of delivery times and care instructions complements the presentation. The unprejudiced debate that Sandrine Pelletier uses boldly to interweave two opposing worlds and to 'sew together' their status symbols with rough stitches is impressive because the result is a complexly perfidious, fascinatingly powerful work.

[F] Plus on plonge dans le travail de diplôme de Sandrine Pelletier, ‹Wild Boys› plus il devient troublant. Ce qui, au premier abord, ressemble à des agencements intérieurs mis en scène du XIXe siècle, s'avère être, lorsqu'on y regarde de plus près et que l'on en déchiffre les éléments ornementaux, un regard sur un monde totalement opposé: les motifs de base des housses de coussins, des napperons au crochet et des papiers peints sont inspirés de la vie quotidienne de lutteurs de ‹backyard wrestling›. Ce contraste atteint son maximum dans les portraits brodés et cousus, réalisés dans des tons pastels jaunis, de ces personnages plutôt chez eux dans le monde souvent brutal des arrière-cours qu'au milieu des tissus fins utilisés ici. Dans un souci de cohérence, la présentation est complétée par une carte d'échantillons dans laquelle chaque objet est offert à l'expédition, avec indication du délai de livraison et instructions d'entretien. La démarche audacieuse de Sandrine Pelletier, qui ne craint pas d'entrelacer deux univers opposés et ‹coud ensemble›, à gros points, leurs symboles de réussite personnelle, en impose, car le résultat est un travail aussi complexe que sournois, et d'une force fascinante.

[D] Je mehr man sich in die Diplomarbeit ‹Wild Boys› von Sandrine Pelletier vertieft, desto verwirrlicher wird sie. Was auf den ersten Blick wie inszenierte Interieurs aus dem 19. Jahrhundert anmutet, entpuppt sich beim näheren Hinsehen und Entziffern der ornamentalen Elemente als ein Blick in eine diametral entgegengesetzte Welt: Die Grundmuster der Kissenbezüge, Häkeldeckchen und Tapeten sind inspiriert von der Lebenswelt von Backyard-Wrestling-Kämpfern. Am deutlichsten wird dieser Kontrast in den gestickten, genähten und in vergilbten Pastelltönen gehaltenen Porträts dieser Menschen, die sich aber in der oft brutalen Welt der Hinterhöfe und nicht inmitten der hier verarbeiteten feinen Stoffe zu Hause fühlen. In formaler Konsequenz wird die Präsentation durch ein Musterbuch ergänzt, in welchem die einzelnen Objekte mit Angabe zu Lieferterminen und Pflegehinweisen zum Versand angeboten werden. Die vorbehaltlose Auseinandersetzung, mit welcher Sandrine Pelletier ohne Scheu zwei gegensätzliche Welten verwebt und mit groben Stichen deren Statussymbole ‹zusammennäht›, imponiert, denn das Resultat ist eine komplex-hinterhältige, faszinierend starke Arbeit.

←
Illustrations du dossier

→
Broderies ‹Wild Boys›
2002 – 2004

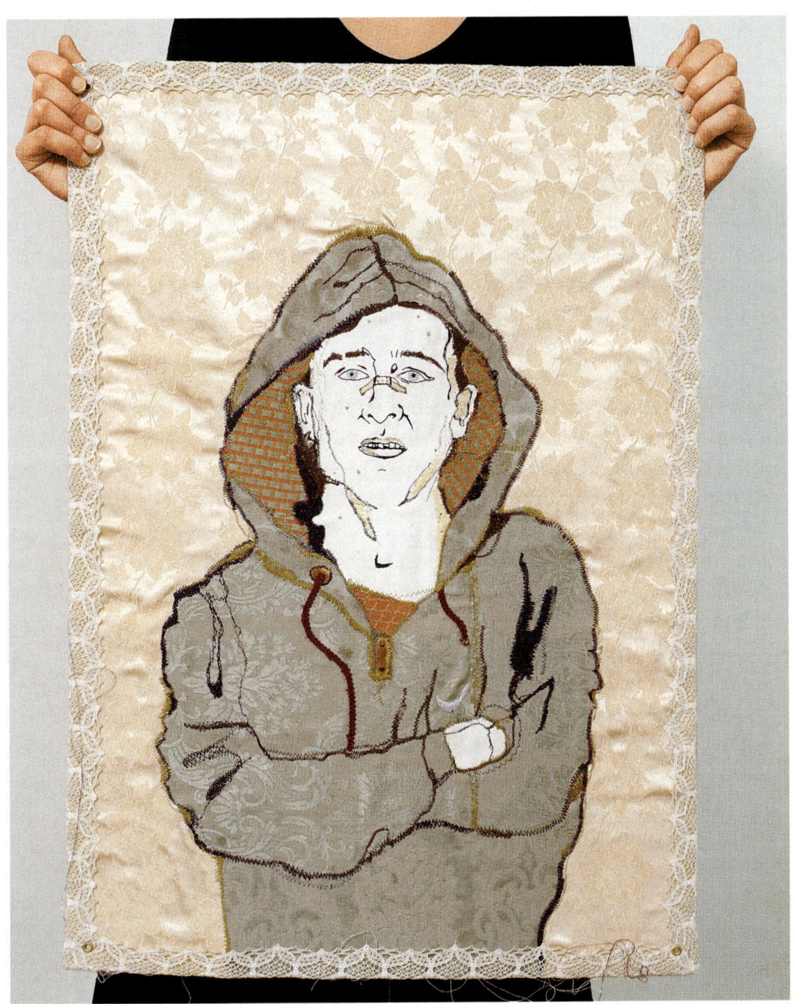

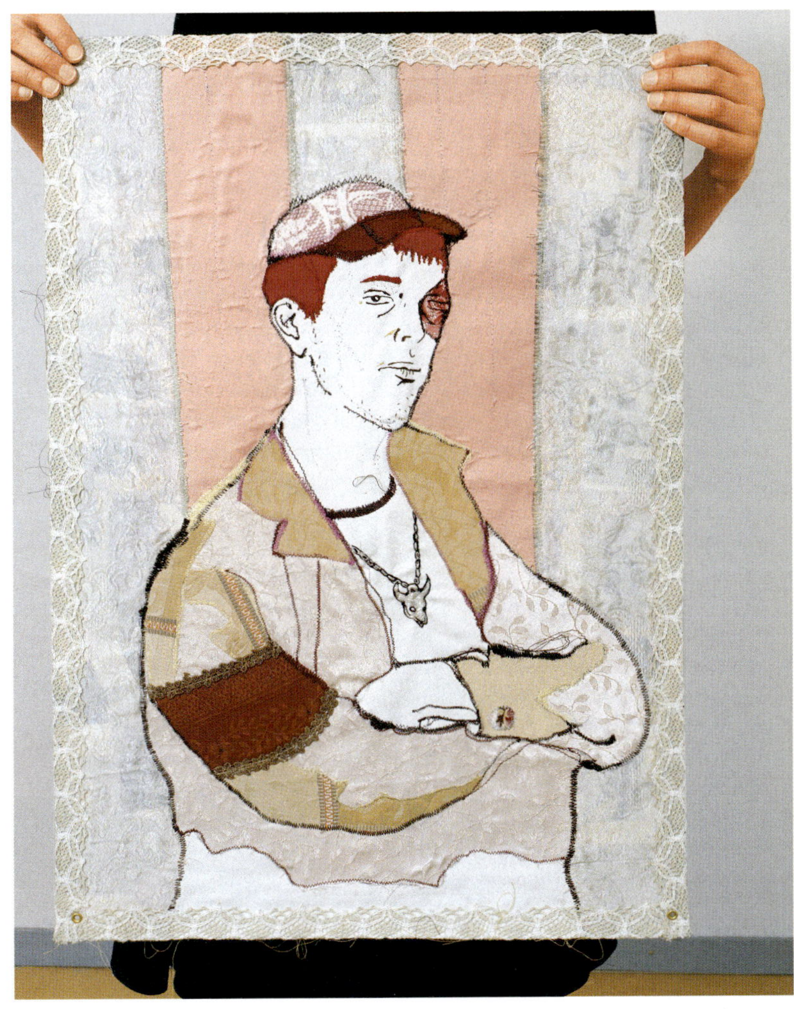

Correspondance

Chère Sandrine

Comme tu le sais, l'innovation est le sujet de l'exposition organisée par l'Office fédéral de la culture cette année. Je voudrais, dans cette lettre, te poser quelques questions en rapport avec l'innovation dans ton travail.

Lorsque j'ai vu de près ton projet de diplôme ‹Wild Boys›, ainsi que les photos et les broderies, j'en ai été stupéfaite. Le mélange explosif de kitsch et de violence, tel que tu l'as réalisé, m'a fait une forte impression. Comment as-tu fait? J'ai eu l'impression que le sujet, la recherche, la technique et la mise en scène de ‹Wild Boys› sont fortement entremêlés. Quel procédé t'a permis une telle réalisation?

Y avait-il des références qui ont été importantes pour ton travail, qui lui ont donné la base sur laquelle il a pu s'ériger? Quel est le rapport du nouveau avec le traditionnel?

J'ignore si pour toi l'innovation est un critère important quand tu te fixes des exigences dans ton travail ou que tu portes un jugement sur les projets d'autrui. Peut-être donnes-tu à d'autres aspects une importance plus centrale. Que signifie pour toi l'innovation dans la pratique?

Essaie, s'il te plaît, de me répondre en te servant de mes questions. J'attends d'ores et déjà ta réponse avec curiosité.
Reçois mes salutations à Lausanne.

Renate Menzi

Chère Renate,

Merci pour ta lettre, je l'ai reçue un peu tard, en ce moment je vis à mon atelier et je n'ai même pas le temps de rentrer chez moi chercher le courrier!

J'ai commencé le travail ‹Wild Boys› il y a 2 ans, lorsque j'écrivais mon mémoire de fin d'études de l'Ecole cantonale d'art de Lausanne, ‹Two for the show›; mes thèmes étaient le catch mexicain et le death metal, ces deux sujets me fascinaient de par leur mise en scène, leurs costumes, et une espèce de violence orchestrée. Pendant mes recherches sur le catch, je suis peu a peu tombée dans l'univers du ‹backyard wrestling›. J'ai découvert quelques articles concernant ce sujet peu connu: des jeunes organisant des combats de catch violents et dangereux au sein d'une violence urbaine certaine en Angleterre, plus précisément dans le nord du pays où il n'y a pas beaucoup d'avenir pour les jeunes. J'ai par la suite commencé à prendre contact via site Internet avec des jeunes ‹combattants› de la banlieue de Hull, à l'est de l'Angleterre. Les vacances d'été arrivant, je partis à Londres où je devais rencontrer ‹Big G›, un jeune homme de 13–14 ans qui m'a reçue chez lui et ensuite m'a permis d'assister à un combat. Sur place, j'ai vraiment fait le ‹scanner› à observer la manière dont l'appartement était décoré, avec peu de moyen (classe ouvrière) avec des choses qui, pour nous en suisse, nous semblent très kitch: tapisseries, mobilier, tapis, bouquets de fleurs séchées, et au milieu de tout cela ce gamin debout, me montrant fièrement ses ceintures customisées en carton qu'il avait gagnées en remportant des victoires.

Pour le procédé de réalisation de mon travail, j'ai eu envie de reproduire ces images, ce côté grand-mère kitch de mauvais goût, avec cette violence urbaine grise et triste, ces kids qui posaient très sérieusement comme des professionnels du catch, je ne voulais pas directement utiliser les photos, ni user de ‹simples› dessins.

Le rapport du nouveau avec le traditionnel est la base qui m'a permis d'utiliser la broderie, je voulais créer une sorte de dessin vectoriel avec un médium traditionnel, actuellement peu employé en illustration: la broderie qui est à la base un média décoratif, dénué d'humour et d'ironie, qui illustre des motifs qui sont tout sauf à violence urbaine. J'ai ensuite fait le rapprochement entre les tapisseries murales d'autrefois qui mettaient en scène des guerriers et des scènes de bataille, cela m'amusait de donner ainsi une sorte de crédibilité à ces kids, de les mettre en avant comme des héros et ainsi être ‹de leur côté› en quelque sorte.

J'ai également cherché à reconstituer à ma manière leur environnement parental, avec une touche d'ironie: une tapisserie avec un enfant paraplégique en guise de pattern, un masque de catch en crochet mis en scène sur une table de nuit, un coussin au gobelin décoré d'une phrase d'insulte servant à provoquer l'adversaire lors d'un combat...

Ce que signifie l'innovation dans la pratique pour moi est, avant de parler du support, le sujet abordé, l'humour, la critique, l'ironie surgissent à travers le média choisi: je ne sais pas si l'on peut vraiment parler d'innovation, je dirais plutôt appropriation de codes et de techniques qui ne sont plus d'actualité. On peut appeler cela l'art de détourner les choses, en utilisant des matériaux et codes de l'art populaire pour leur donner une nouvelle signification dans l'art contemporain ou le design graphique.

Je me considère dans un certain sens comme un artisan: je prends beaucoup de temps pour apprendre le crochet, la couture ou la marqueterie par exemple parce que j'aime vraiment ça: l'artisanat au service de l'art. Je me sens assez proche d'artistes, si j'ose, comme Geoff McFetridge et ses customisations de snowboard à la gravure sur bois, des frères Chapman et de leurs totems McDonald's ou encore, de l'artiste belge Wim Delvoye. Il est probable qu'en design graphique une certaine vague artisanale voit le jour, c'est déjà le cas avec les travaux fait en gravure sur bois, et de plus de techniques ‹à la main› utilisées notamment en illustration. Ce qui est innovant est, au-delà de la fascination que l'on peut avoir pour celles-ci, ce que l'on veut dire avec ses techniques, avec quoi on les associe et à quel public on s'adresse.

Je me réjouis de la suite et de l'exposition cet automne.

Avec mes meilleures salutations
Sandrine

Briefwechsel

Sandrine Pelletier

Liebe Sandrine

Wie du weisst, ist Innovation das Thema der diesjährigen Ausstellung des Bundesamtes für Kultur und des Katalogs. Ich möchte dir deshalb in diesem Brief einige Fragen stellen, die sich auf Innovation im Zusammenhang mit deiner Arbeit beziehen.

Als ich dein Diplom-Projekt ‹Wild Boys› gesehen habe und die Fotos und Stickereien aus der Nähe betrachten durfte, war ich verblüfft. Diese explosive Mischung aus Gewalt und Kitsch, wie du sie zustande gebracht hast, hatte eine starke Wirkung auf mich. Wie bist du darauf gekommen? Ich hatte den Eindruck, dass Thema, Recherche, Technik und Inszenierung von ‹Wild Boys› stark ineinander greifen. Hattest du eine bestimmte Verfahrensweise, die das gewährleistet hat?

Gibt es Referenzen, die wichtig waren für deine Arbeit und die eine Basis bildeten, auf der du dein Projekt aufbauen konntest? Wie hängt dann das Traditionelle mit dem Neuen zusammen?

Ich weiss nicht, ob Innovation für dich überhaupt ein wichtiges Kriterium ist, wenn du Ansprüche an deine Arbeit stellst oder wenn du fremde Projekte beurteilst. Vielleicht sind für dich andere Aspekte viel zentraler. Was bedeutet Innovation für dich in der Praxis?

Bitte versuche, anhand meiner Fragen, einen Antwortbrief zu formulieren. Ich bin gespannt auf deine Reaktion und sende Grüsse nach Lausanne.

Renate Menzi

Liebe Renate

Vielen Dank für deinen Brief, den ich etwas spät erhalten habe – im Moment lebe ich in meinem Atelier und finde nicht einmal Zeit, heim zu gehen und meine Post zu holen!

Mit der Arbeit ‹Wild Boys› habe ich vor zwei Jahren begonnen, als ich meine Abschlussarbeit ‹Two for the show› für die ECAL schrieb; meine Themen waren der mexikanische Ringkampf und Death Metal, zwei Themen, die mich aufgrund ihrer Inszenierung, der speziellen Bekleidung und wegen einer Art orchestrierter Gewalt faszinierten. Während meiner Recherchen zum Ringkampf geriet ich allmählich in die Welt des Backyard Wrestling. Ich entdeckte einige Artikel zu diesem wenig bekannten Thema: Jugendliche, die inmitten der urbanen Gewalt in England, genauer im Norden des Landes, wo die Jugendlichen nur wenig Zukunftsaussichten haben, gewalttätige und gefährliche Wettkämpfe organisieren. Ich habe dann über eine Website Kontakt mit jungen ‹Kämpfern› aus der Vorstadt Hull im Osten von England aufgenommen. Während der Sommerferien reiste ich nach London, wo ich ‹Big G› treffen sollte, einen etwa 13 bis 14 Jahre alten Jugendlichen, der mich zu sich nach Hause einlud und mir danach erlaubte, an einem Wettkampf teilzunehmen. An Ort und Stelle bemühte ich mich, alles genau zu registrieren, die Art der Wohnungseinrichtung – mit wenigen Mitteln (Arbeiterklasse) und mit Gegenständen, die für uns in der Schweiz zum Kitsch gehören: Tapeten, Möbel, Teppiche, Sträusse aus getrockneten Blumen – und mitten drin dieser Jugendliche, der mir stolz seine massgeschneiderten Gürtel aus Karton zeigte, die er als Sieger gewonnen hatte.

Bei der Ausführung meiner Arbeit hatte ich Lust, diese Bilder wieder zu geben, diese Kombination von Grossmutter-Kitsch und schlechtem Geschmack und grauer, trister urbaner Aggressivität; diese Jugendlichen, die sehr ernsthaft als Catch-Profis posierten; ich wollte aber die Fotos nicht direkt benützen und auch keine ‹einfachen› Zeichnungen machen. Die Beziehung zwischen Neuem und Altem war die Grundlage, die mich auf die Stickerei brachte; ich wollte eine Art vektorielle Zeichnung mit einem traditionellen Medium kreieren, das gegenwärtig kaum für Illustrationen verwendet wird. Die Stickerei ist in erster Linie ein dekoratives Medium, bar jeden Humors und jeder Ironie, mit dem Motive dargestellt werden, die alles zeigen ausser urbane Gewalt. Ich habe dann die Verbindung hergestellt zu antiken Wandteppichen, die Krieger und Schlachtszenen zeigen und es gefiel mir, diesen Kids auf diese Art eine Art Glaubwürdigkeit zu verleihen, indem ich sie wie Helden darstellte und mich damit in gewisser Art und Weise auf ihre Seite schlug.

Ich versuchte auch, ihr Elternhaus auf meine Weise mit einem Hauch von Ironie darzustellen: Ein Wandteppich mit einem gelähmten Kind als Sujet, ein gehäkelter Catch-Helm auf einem Nachttisch inszeniert, ein Gobelin-Kissen verziert mit einem Schimpfausdruck, der bei einem Wettkampf den Gegner herausfordern soll …

Die Innovation in der praktischen Arbeit besteht für mich darin (bevor man vom Bildträger spricht, denn Medien neu zu definieren ist heute schliesslich ziemlich gängig), dass das gewählte Thema, der Humor, die Kritik, die Ironie sich anhand des gewählten Mediums zeigen: Ich weiss nicht, ob man dabei wirklich von Innovation sprechen kann, ich würde es eher eine Aneignung von Codes und Techniken nennen, die nicht mehr aktuell sind. Man kann dies die Kunst der Umleitung nennen: Man verwendet Materialien und Codes der Volkskunst und gibt ihnen in der zeitgenössischen Kunst oder in der visuellen Gestaltung eine neue Bedeutung.

Ich glaube für diese Art von Arbeit muss man eine echte Faszination für die Volkskunst und das Handwerk haben. Ich sehe mich in gewissem Sinne als eine Kunsthandwerkerin: Ich habe mir viel Zeit genommen, um beispielsweise Häkeln, Nähen oder die Intarsienkunst zu erlernen, weil ich dies sehr mag: das Handwerk im Dienste der Kunst. Ich fühle mich, mit Verlaub, Künstlern wie Geoff McFetridge und seinen individuellen Snowboards mit Holzgravuren ziemlich nahe oder auch den Brüdern Chapman mit ihren McDonald's-Totems oder auch dem belgischen Künstler Wim Delvoye. Es ist möglich, dass es in der visuellen Gestaltung zu einem gewissen Aufschwung des Handwerks kommt; dies ist bereits der Fall mit den Holzschnitten und anderen Techniken, die von Hand ausgeführt werden, insbesondere bei Illustrationen. Das Innovative dabei ist, jenseits der Faszination für die jeweilige Technik, was man mit seiner Technik sagen will, womit man sie assoziiert und an welches Publikum man sich richtet.

Ich freue mich auf die Ausstellung im kommenden Herbst.

Mit freundlichen Grüssen
Sandrine

Correspondence

Dear Sandrine

As you know, innovation is the topic of this year's exhibition organised by the Swiss Federal Office of Culture. I would like to ask you a few questions in this letter relating to innovation in your work.

I was astounded when I saw in detail your diploma project 'Wild Boys' and the photos and embroidery. The explosive mix of kitsch and violence, which you created, made a powerful impression on me. How did you do it? I gained the impression that the subject, research, technique and implementation of 'Wild Boys' are strongly interlinked. What kind of procedure enabled you to come up with this implementation?

Were there references that were important for your work and that provided it with the basis on which to construct itself? What is the relationship between the new and the traditional?

I don't know whether innovation is an important criterion for you when you make demands of your work or assess other people's projects. Maybe other aspects are of more central importance to you. What does innovation mean for you in practice?

Please try and base your reply on my questions. I am already looking forward to your response.
Best wishes to Lausanne.

Renate Menzi

Dear Renate,

Thank you for your letter, which I have only just received. At the moment I am living in my atelier and don't even have time to go home and collect the mail!

I started work on 'Wild Boys' 2 years ago when I was writing my dissertation 'Two for the show' for my finals at ECAL. My topics were Mexican wrestling and death metal because these two subjects fascinated me with their production, costumes and kind of orchestrated violence. During my research into wrestling, I gradually came across the universe of backyard wrestling. I discovered a few articles about this little-known subject. Young people organise violent and dangerous wrestling fights amidst urban violence in England, more specifically in the north of the country where there is not much of a future for young people. I then entered into contact via the internet with young 'fighters' in the outer-city suburbs of Hull in the east of England. When the holidays came around, I set off for London where I met 'Big G', a young man aged 13 or 14, who invited me into his home and then allowed me to watch a fight. Once I got there, I paid attention to every detail and observed how the flat was decorated using little money (working class) and with things that – for us in Switzerland – appear to be the ultimate in kitsch: wallpaper, furniture, carpets, bouquets of dried flowers and in the midst of all this stood the boy proudly showing me the customised cardboard belts he had won.

As for the implementation procedure of my work, I wanted to reproduce these images, the grandmotherly kitsch in poor taste alongside this grey and sad urban violence, these kids who were extremely serious as they posed as professional wrestlers. I didn't want to use the photographs directly or just use 'simple' drawings.

The relationship between the new and the traditional is the basis that allowed me to use embroidery. I wanted to create a kind of vector drawing with a traditional medium that is seldom used in illustration today. Embroidery forms the basis of a decorative media, devoid of humour and irony that illustrates motives that are all safe from urban violence. I then brought together the mural tapestries of the past that represented warriors and battle scenes. I enjoyed giving these kids a kind of credibility, emphasising them as heroes and thus 'being on their side' to a certain degree.

I also sought to recreate in my own way their parental environment with a touch of irony: wallpaper with a paraplegic child as its pattern, a crocheted wrestling mask on a bedside table, a Goblin tapestry cushion decorated with an insulting phrase used to provoke one's opponent during a fight.

In practice, before speaking of the medium, innovation to me means the subject you are dealing with, humour, criticism and irony arising from the chosen medium. I don't know if one can really speak of innovation. I would rather say appropriation of codes and techniques that are no longer topical. This could be called the art of twisting things by using materials and codes from popular art to give them a new meaning in contemporary art or graphic design.

I consider myself to be a craftswoman in a certain sense. I spend a lot of time learning to crochet, to sew or to do marquetry, for example, because I really like the craft industry to serve art. I also feel quite close to artists, if I dare say so, like Geoff McFetridge and his customised snowboards with wood engravings, the Chapman brothers and their McDonald's totems, and the Belgian artist Wim Delvoye. A certain craft wave is probably emerging in graphic design. This is already the case for works engraved in wood and the increasing number of 'hand-created' techniques being used in illustrations, in particular. Beyond the fascination one might have for these things, the innovation lies in what one wants to say with one's techniques, what one associates them with and which audience one is addressing.

I am looking forward to the exhibition in the autumn.

Best wishes
Sandrine

Innovation: Palimpsest, Intelligenz und Interpretation

Sibylle Omlin

Innovation: palimpseste, intelligence et interprétation

Sibylle Omlin

Innovation: Palimpsest, Intelligence and Interpretation

Sibylle Omlin

‹Innovation› besitzt als Begriff im Bereich der gesellschaftlichen Leistungen, als Teil des kulturellen Diskurses, als Bewertungskriterium einen hohen Stellenwert. Der Begriff taucht in Wettbewerbsausschreibungen, in Beurteilungskriterien von Forschungsabteilungen und Förderstellen von Design und von Kunst[1], aber auch in der Werbung für Produkte immer wieder auf.

«Innovation durch Inspiration» hiess kürzlich der Slogan in einer Anzeige eines Basler Chemie-Unternehmens. Die Engführung dieser beiden Begriffe zeigt, dass im Alltag nach wie vor die zündende Idee, der Geistesblitz als grösste Innovationsleistung aufgefasst wird. Der Begriff selber jedoch zeigt auch von seiner Etymologie her, dass Innovation bereits auf einer kulturellen Leistung basiert: ‹in-novare› (er-neuern). Damit lässt sich bei ‹Innovation› dieselbe Struktur wie bei ‹Invention› (Er-findung) feststellen, einem Begriff, der ebenso auf das Neue zielt.

Die Vernetzungsleistungen in der Informationsgesellschaft haben gezeigt, dass aufgrund der heute bekannten Dimension des Wissens und aufgrund der Vorstellung einer endlosen Ausdehnung des kulturellen Archivs voraussetzungslose Innovationen nicht mehr denkbar sind.

Anders als in der Moderne, als sich das Neue als Avantgarde mit Manifesten propagieren liess (‹Neues Bauen›, ‹Neues Sehen›, ‹Neue Sachlichkeit›), ist in der Postmoderne die Betonung des Neuen zugunsten der Differenz, zugunsten des ‹Anderen› zurückgenommen worden. Die Innovationspraktiken der Postmoderne lesen sich als Überschreibungsvorgänge (‹Palimpseste›), De- und Rekontextualisierungen oder Recycling-Bewegungen. Die Interpretation des Neuen als kulturelle Leistung ist seiner blossen Behauptung gewichen. Im Zug von Trendforschung und Risikoerkennung ist die Frage nach dem Neuen jener nach der Erkennbarkeit wichtiger und Gewinn bringender Tendenzen innerhalb des Zeitgeists gewichen: Wo treffen Anmutung eines Gegenstandes, einer gestalteten Oberfläche oder einer Idee auf eine Lebensphilosophie, auf kommunizierbare Haltungen und Anschauungen?

Die Innovation schien somit definitiv eine Sache von Durchsetzbarkeit und Ökonomie geworden zu sein. ‹Aufmerksamkeit› wurde in den neunziger Jahren die Währung für Produkte, Haltungen, Lifestyle, Ideen.[2] Die Frage nach dem Neuen sah sich – unterstützt von neuen weltumfassenden Technologien und in der medienge-

---

1 Das Bundesamt für Kultur, Sektion Kunst und Design, kennt für seinen Eidgenössischen Wettbewerb für Design das Kriterium ‹Innovation/Zukunft/Trend› und fragt, ob das Design eines Gegenstandes, einer Kommunikation oder einer Dienstleistung eine Ahnung von zukünftigem Stil erlaubt und ob ein Trend schlüssig, glaubhaft oder gar bestimmend vermittelt wird. Vgl. Lorette Coen, Patrizia Crivelli, ‹Wer A sagt, kann nicht B sagen›, in: Swiss Design 2003: Désir Design, Baden: Lars Müller Publishers, 2003, S. 8.

2 Georg Franck, Ökonomie der Aufmerksamkeit, München: Hanser, 1995.

L’ ‹ innovation › occupe une place importante comme concept dans le domaine des phénomènes sociaux, comme partie du discours culturel et comme critère d’appréciation. Ce terme surgit régulièrement dans les appels à concours, les critères de jugement de départements de recherche et d’institutions de soutien au design et à l’art [1], mais également dans la publicité pour des produits.

Récemment, une société de l’industrie chimique bâloise affichait, comme slogan, « L’innovation par l’inspiration ». La juxtaposition de ces deux termes montre que, dans le quotidien, l’idée lumineuse, le trait de génie sont toujours considérés comme les phénomènes les plus innovateurs. Toutefois, de par son étymologie, le terme ‹ innovation › indique que celle-ci est déjà fondée sur une réalisation culturelle: ‹ in-novare › (in-nover). Ainsi, on constate dans ‹ innovation › la même structure que dans ‹ invention › (in-vention), un terme qui se réfère aussi à la nouveauté.

Les phénomènes d’interconnexion dans la société de l’information ont montré que, sur la base de la dimension du savoir telle qu’on la connaît aujourd’hui et sur la base de l’idée d’une extension infinie des archives culturelles, des innovations sans préalables ne sont plus pensables.

Alors que dans l’Ecole moderne, le nouveau était divulgué comme avant-garde par des manifestes (‹ construire du nouveau ›, ‹ voir du nouveau ›, ‹ nouvelle objectivité ›), à l’époque postmoderne, l’accentuation du nouveau s’est résorbée, laissant la place à la différence, à l’‹ altérité ›. Les pratiques innovatrices de l’Ecole postmoderne se lisent comme des processus d’écrasement (‹ palimpsestes ›), des dé- et re-contextualisations ou des mouvements de recyclage. L’interprétation du nouveau comme réalisation culturelle a fait place à sa simple affirmation. Dans le cadre de la recherche sur les tendances et de la détection des risques, la question de la nouveauté a cédé le pas à la volonté de déceler des tendances importantes et rentables dans l’esprit du temps: dans quelle mesure l’impression laissée par un objet, une surface modelée ou une idée renvoie-t-elle à une philosophie de vie, à des positions et à des façons de voir susceptibles d’être communiquées?

Ainsi, l’innovation semblait être devenue définitivement une question de réception et d’économie. Dans les années 90, l’‹ attention › est devenue la monnaie d’échange des produits, attitudes, styles de vie et idées. [2] La question de la nouveauté – avec le soutien

1 L’Office fédéral de la culture, Section art et design, applique pour son Concours fédéral de design le critère ‹ Innovation / Avenir / Tendance › et examine si le design d’un objet, d’une communication ou d’un service permet de se faire une idée d’un style futur, et si une tendance est exprimée de façon concluante, crédible ou même déterminante. Cf. Lorette Coen, Patrizia Crivelli, ‹ Wer A sagt, kann nicht B sagen ›, dans: Swiss Design 2003: Désir Design, Baden: Lars Müller Publishers, 2003, p. 8.

2 Georg Franck, Ökonomie der Aufmerksamkeit, Munich: Hanser, 1995.

‘Innovation’ enjoys a high value as a term in the field of social achievements, as part of cultural discourse and as an assessment criterion. The term appears repeatedly in call for tenders, the assessment criteria of research departments, and offices promoting design and art [1], but also in product advertising.

“Innovation through inspiration” was a recent slogan in an advertisement of a Basle pharmaceutical company. The rapprochement of these two terms shows that, in everyday life, the electrifying idea, the brainstorm, is seen as the greatest innovative achievement. However, the term itself also reveals in its etymology that innovation is already based on a cultural achievement: ‘in-novare’ (re-new). Thus, the same structure can be found in ‘innovation’ as in ‘invention’, a term that also aims at the new.

The networking achievements in information society have shown that, based on today’s known dimension of knowledge and on the idea of an endless expansion of the cultural archive, innovations without preconditions are no longer imaginable.

As opposed to in modernity when the new could be propagated as the avant-garde with manifestos (‘Neues Bauen’, ‘Neues Sehen’, ‘Neue Sachlichkeit’), in post-modernity, the emphasis of the new has been retracted in favour of the ‘other’. The innovation practices of post-modernity are read as overwriting processes (‘palimpsests’), decontextualisations and recontextualisations, or recycling movements. The interpretation of the new as a cultural achievement has given way to its bare statement. In the course of trend research and risk recognition, the question about the new has given way to the question about the recognisability of important and profitable tendencies within the spirit of the times. Where does the appeal of an object, a designed surface or an idea meet a philosophy of life, communicable attitudes and views?

Innovation thus appeared to have definitely become an object of enforceability and economy. In the nineties, ‘attention’ became the currency for products, attitudes, lifestyle and ideas. [2] The question of the new saw itself as a marketing and launching phenomenon, supported by new world wide technologies and safeguarded in media-controlled knowledge and information society by economically measurable ratings, bestseller lists and indexes of products in demand.

Questions about how innovations work, which dynamics they

1 The Swiss Federal Office of Culture, Art and Design Section, uses the criterion ‘innovation/ future/trend’ in its competition in the field of design promotion and asks whether the design of an object, a communication or a service provides a premonition of future style. Whether a trend is conveyed in a conclusive, credible or even decisive manner. cf. Lorette Coen, Patrizia Crivelli, ‘Wer A sagt, kann nicht B sagen’, in: Swiss Design 2003: Désir Design, Lars Müller Publishers, Baden, 2003, p. 8.

2 Georg Franck, Ökonomie der Aufmerksamkeit, Hanser, Munich 1995.

steuerten Wissens- und Informationsgesellschaft abgesichert von ökonomisch messbaren Ratings, Bestseller-Listen, Indexierung von gefragten Produkten – als Phänomen des Marketings und der Lancierung.

Fragen, wie Innovationen funktionieren, welche Dynamik sie auslösen, durch welche Mechanismen und Muster sie gekennzeichnet sind, schienen in der von den Prämissen der New Economy dominierten Gesellschaft auf einmal bedeutender als das Wissen darüber, was das Neue einer Innovation ausmacht und woran die Differenz zum kulturellen Archiv festzustellen ist. Da in den westlichen Überflussgesellschaften kein echtes Bedürfnis nach dem Notwendigen mehr bestand, musste das Nicht-Notwendige mit dem Label des Innovativen ausgestattet werden.[3]

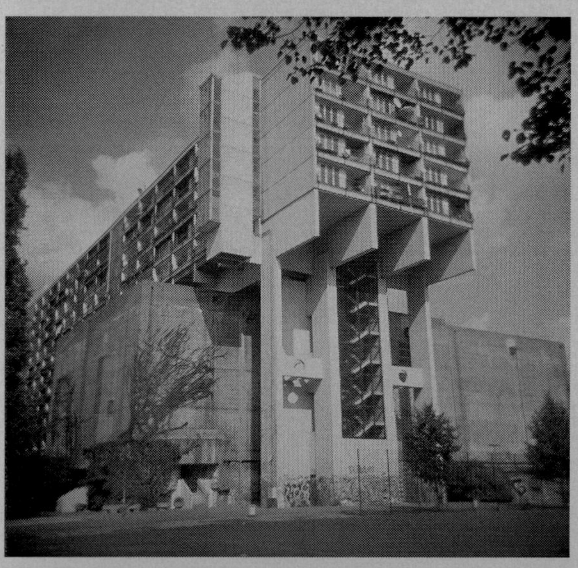

Berlin-Schönenberg, 2001, C-Print, 100 x 100 cm

Intelligenz statt Innovation

Nachdem sich das überhitzte Vertrauen ins Neue-Medien-Zeitalter etwas abgekühlt hat, interessiert heute wieder, wie Innovationen überhaupt zustande kommen, die mehr sind als eine Marketing-Behauptung. Im Juni 2004 erreichte ein Manifest die Designwelt: «Im Rahmen globaler Ökonomie werden im Geschäftsleben oft Entscheidungen über Design zu kurzfristig getroffen. Zunehmend gerät Design unter willkürlichen Termindruck und wird zur hektischen Innovationsmaschine. Das lässt keine Zeit zum Nachdenken und verhindert vernünftige Entwicklungsprozesse. Deshalb ermöglicht Design häufig dubiose Innovationen, die die Welt nur mit immer mehr Dingen für jene überschwemmen, die ohnehin schon alles haben. Intelligentes Design dagegen verweigert sich der Anbiederung an Marketing Hypes und streikt.»[4]

Nachdenken ist auf einmal wieder gefragt; Langsamkeit, Vernunft. Intelligenz steht der Innovation gegenüber. Die Hektik durch das Neue, das mit den Neuen Medien und der New Economy die neunziger Jahre erfasste, ist heute verdächtig. Die Erkennbarkeit und Interpretierbarkeit der Innovation bringt mehr Gewinn als die Propaganda mit dem Begriff allein.

In diesem Zusammenhang lohnt es sich, eine kulturwissenschaftliche Sicht auf das Neue wieder aufzugreifen, die sich interessanterweise als eine ökonomische Theorie der Kultur versteht und

---

3 Grundlegenden Perspektiven auf Innovation aus Sicht der ökonomischen Theorien haben die folgenden Theoretiker gelegt: Innovationsdynamik und Unternehmertum (Schumpeter); Produkt- und Prozessinnovation (Abernathy und Utterback); Innovationszyklen und Dominant Design (Andersen und Tushman); modulare und architekturale Innovation (Henderson und Clark); sustaining and disruptive technologies (Christensen). Vgl. Joseph Schumpeter, Theorie der wirtschaftlichen Entwicklung, Berlin: Duncker u. Humblot, 1964; James M. Utterback, Mastering the Dynamics of Innovation, Boston: Harvard Business School Press, 1994.

4 Deutsche Gesellschaft für Trendforschung, International Design Action Day 21. Juni 2004, Zweite Deklaration des St. Moritz Design Summit.

de nouvelles technologies mondiales et, dans une société du savoir et de l'information guidée par les médias, garantie par des ratings économiquement mesurables, des listes de best-sellers et des indexations des produits demandés – était perçue comme un phénomène de marketing et de lancement.

La question de savoir comment les innovations fonctionnent, quelle dynamique elles déclenchent et quels mécanismes et modèles les caractérisent semblait tout d'un coup, dans une société dominée par les prémisses de la ‹ new economy ›, plus importante que la question de savoir ce qui fait la nouveauté d'une innovation, et ce qui la démarque des archives culturelles. Puisque, dans les sociétés occidentales de la surabondance, il n'existait plus vraiment de besoin de l'essentiel, le non-essentiel devait être présenté avec le label de l'innovation. [3]

Intelligence plutôt qu'innovation

De nos jours, la confiance démesurée en l'ère des nouveaux médias s'étant quelque peu estompée, la question de savoir comment voient le jour des innovations qui sont plus qu'une affirmation de marketing est de nouveau d'actualité. En juin 2004, un manifeste interpellait le monde du design: «Dans le cadre de l'économie globale, les décisions des sociétés en matière de design sont souvent prises à trop court terme. De plus en plus, le design souffre de la pression arbitraire de délais serrés et se transforme en machine à innover fébrile. Cela ne laisse pas de temps pour la réflexion et empêche des processus de développement raisonnables. C'est pourquoi le design aboutit souvent à des innovations douteuses qui ne font qu'inonder le monde avec toujours plus de choses destinées à ceux qui, de toute façon, ont déjà tout. Par opposition, un design intelligent consiste à refuser de se soumettre aux ‹ marketing hypes › et à faire la grève.» [4]

Soudain, la réflexion – lenteur, raison – revient à l'ordre du jour. L'intelligence est en porte-à-faux avec l'innovation. L'agitation suscitée par le nouveau, qui, avec les nouveaux médias et la ‹ new economy ›, a marqué les années 90, est aujourd'hui suspecte. La perceptibilité et l'interprétabilité de l'innovation sont plus rentables que la simple propagande avec le concept.

3 Des regards fondamentaux sur l'innovation du point de vue des théories économiques ont été développés par les théoriciens suivants: dynamique de l'innovation et entreprenariat (Schumpeter); innovation de produits et de processus (Abernathy et Utterback); cycles d'innovation et ‹ Dominant Design › (Andersen et Tushman); innovation modulaire et architecturale (Henderson et Clark); sustaining and disruptive technologies (Christensen). Cf. Joseph Schumpeter, Theorie der wirtschaftlichen Entwicklung, Berlin: Duncker u. Humblot, 1964; James M. Utterback, Mastering the Dynamics of Innovation, Boston: Harvard Business School Press, 1994.

4 Deutsche Gesellschaft für Trendforschung, International Design Action Day du 21 juin 2004, Deuxième déclaration du St. Moritz Design Summit.

initiate, by which mechanisms and patterns they are characterised, suddenly appeared to a society dominated by the premises of the New Economy as more significant than knowledge about what constitutes the new in an innovation and how the difference to the cultural archive can be determined. Because there was no longer a real need for the necessary in the affluent societies of the west, the unnecessary had to be given the label of innovation. [3]

Intelligence instead of innovation

Now that the overheated confidence in the new media age has cooled off a little, today's point of interest is how innovations that are more than a marketing assertion come into being in the first place. In June 2004, a manifesto reached the world of design: "In the context of global economy, decisions about design are often made with an excessively short-term view in the world of business. Design comes increasingly under discretionary time pressure and turns into a hectic innovation machine, leaving no time for reflection and preventing reasonable development processes. Therefore, design frequently enables dubious innovations, flooding the world with an increasing number of things for those who have already everything anyway. Intelligent design, on the other hand, refuses to ingratiate itself with marketing hype and goes on strike." [4]

Suddenly reflection is in demand again, slowness and reason. Intelligence is opposite to innovation. The hectic pace through the new, which gripped the nineties with the New Media and the New Economy, appears suspect today. The recognisability and interpretability of innovation is more profitable than propaganda with the term alone.

In this context, it is worth returning to a cultural-scientific view of the new, which, interestingly enough, sees itself as an economic theory of culture and which, chronologically, was formulated shortly before social renewal pressure through new information technologies, namely Boris Groys' attempt at an economy of culture. Groys linked his idea of the new to the premise of a culturally conceived exchange economy. [5] He tried to grasp the dynamics of innovations as an inherently culture-specific achievement against the background of socio-economic conditions. "The origin of an

3 The following theoreticians provided fundamental perspectives of innovation from the point of view of economic theories: innovation dynamics and entrepreneurship (Schumpeter); product and process innovation (Abernathy and Utterback); innovation cycles and dominant design (Andersen and Tushman); modular and architectural innovation (Henderson and Clark); sustaining and disruptive technologies (Christensen). cf. Joseph Schumpeter: Theorie der wirtschaftlichen Entwicklung, Duncker und Humblot, Berlin, 1964; James M. Utterback: Mastering the Dynamics of Innovation, Harvard Business School Press, Boston, 1994.

4 German Association of Trend Research, International Design Action Day June 21, 2004, Second Declaration of the St. Moritz Design Summit.

5 Boris Groys, Über das Neue: Versuch einer Kulturökonomie, Hanser, Munich, 1992.

zeitlich kurz vor dem gesellschaftlichen Erneuerungsdruck durch die neuen Informationstechnologien formuliert wurde: Boris Groys' Versuch einer Kulturökonomie. Groys verknüpfte seine Vorstellung vom Neuen mit den Prämissen einer kulturell konzipierten Tauschökonomie.[5] Er versuchte, die Dynamik von Innovationen als inhärent kulturspezifische Leistung vor dem Hintergrund gesellschaftsökonomischer Gegebenheiten zu fassen: «Der Ursprung eines innovativen Kunstwerks liegt (...) nicht in der Rebellion gegen die kulturelle Tradition und in dem Willen, zu den Sachen selbst zu kommen, sondern in der kulturökonomischen Logik, die die Kultur regiert und sich als eine strategische Kombination aus positiver und negativer Anpassung an die Tradition äussert.»[6]

Boris Groys' Blick richtet sich zwar vorerst auf die Kunst, geht aber von einer wichtigen Prämisse kulturellen Schaffens aus: Keine Kulturleistung wird ohne Bezug auf die Tradition geschaffen. Kulturelle Arbeit besetzt immer eine Schnittstelle zwischen Vergangenheit und Zukunft; ein kulturelles Produkt vereint somit immer die Zeichen des bereits Vorhandenen und des Künftigen in sich: «Das bedeutet (...) nicht, dass dabei etwas neu entdeckt, gesehen, ausgedrückt, geschaffen werden wird, was früher nicht da war. Die Umwertung der Werte dessen, was schon ist, schafft aber eine völlig neue Lage, aus der die Gesamtheit der Kultur wie aus einer Aussenposition heraus betrachtet, beschrieben und kommentiert werden kann.»[7]

Die Dynamik bei Kulturleistungen lässt sich als Scharnierbewusstsein beschreiben, das die Innovation vor allem als interpretativen Tausch kennzeichnet: «Die Innovation vollzieht sich also hauptsächlich in der kulturökonomischen Form des Tauschs. Dieser Tausch findet zwischen dem profanen Raum und dem valorisierten kulturellen Gedächtnis statt, das aus der Summe der kulturellen Werte, die in Museen, Bibliotheken und anderen Archiven aufbewahrt werden, besteht sowie aus den Gepflogenheiten, Ritualen und Traditionen im Umgang mit diesem Archiv. Als Folge jeder Innovation werden bestimmte Dinge des profanen Raums valorisiert und gelangen ins kulturelle Archiv, bestimmte Werte der Kultur dagegen werden abgewertet und gelangen in den profanen Raum.»[8]

Das Ready Made der Kunst verkörpert in Groys' Theorie der Kulturökonomie den Schauplatz dieses Tauschs, weil es in sich

---

5 Boris Groys, Über das Neue: Versuch einer Kulturökonomie, München: Hanser, 1992.
6 Das Epigonale und die rein nach marktwirtschaftlichen Kriterien verfertigte Kopie haben in diesem Konzept keinen Platz. «Ein vollständig nach kulturellen Vorbildern gefertigtes Kunstwerk setzt die valorisierte Tradition nicht in die Gegenwart und Zukunft fort, und es wird von ihr selbst als epigonenhaft verworfen. Die valorisierte Tradition erfordert selbst Originalität, Profanität und Innovation.» Vgl. Boris Groys, Über das Neue: Versuch einer Kulturökonomie, München: Hanser, 1992, S. 91.
7 Groys, Über das Neue: Versuch einer Kulturökonomie, München: Hanser, 1992, S. 93f.
8 Groys, Über das Neue: Versuch einer Kulturökonomie, München: Hanser, 1992, S. 119.

A cet égard, cela vaut la peine de revenir à une vision du nouveau tirée des sciences culturelles qui, curieusement, s'entend comme une théorie économique de la culture, et a été formulée peu avant la pression sociale exercée par les nouvelles technologies de l'information en faveur du changement: l'économie culturelle esquissée par Boris Groys. Groys a associé sa représentation du nouveau avec les prémisses d'une économie d'échange conçue culturellement. [5] Il a tenté de formuler la dynamique des innovations comme un phénomène inhérent et spécifique à la culture sur la toile de fond de réalités socioéconomiques: «L'origine de l'œuvre d'art innovatrice ne réside […] pas dans la rébellion contre la tradition culturelle et dans la volonté de parvenir aux choses en elles-mêmes, mais dans la logique de l'économie culturelle, qui régit la culture et s'exprime comme une combinaison stratégique d'adaptation positive et négative à la tradition.» [6]

Le regard de Boris Groys se pose dans un premier temps sur l'art, mais est fondé sur une prémisse importante de l'œuvre culturelle: aucune réalisation culturelle ne voit le jour sans avoir un rapport à la tradition. Le travail culturel occupe toujours une interface entre le passé et le futur; ainsi, un produit culturel réunit toujours en soi les signes de ce qui existe déjà et de ce qui est à venir: «Cela ne signifie […] pas que l'on va ainsi découvrir, voir, exprimer, créer quelque chose de nouveau, qui n'était pas là auparavant. Le changement des valeurs de ce qui existe déjà crée cependant une situation entièrement neuve à partir de laquelle l'ensemble de la culture peut être observé, décrit et commenté comme depuis une position externe.» [7]

La dynamique d'une réalisation culturelle peut être décrite comme une conscience charnière qui caractérise l'innovation surtout comme un échange interprétatif: «L'innovation s'accomplit donc principalement sous la forme économico-culturelle de l'échange. Cet échange se produit entre l'espace profane et la mémoire culturelle valorisée, qui est composée de la somme des valeurs culturelles entreposées dans les musées, les bibliothèques et d'autres archives, ainsi que des coutumes, rituels et traditions dans les rapports avec ces archives. Toute innovation entraîne la valorisation de certaines choses de l'espace profane, qui entrent alors dans les archives culturelles; en revanche, certaines valeurs de la culture sont dévalorisées et se trouvent reléguées dans l'espace profane.» [8]

5 Boris Groys: Über das Neue: Versuch einer Kulturökonomie, Munich: Hanser, 1992.
6 L'épigonal et la copie réalisée selon des critères relevant purement de l'économie de marché n'ont pas leur place dans ce concept. « Une œuvre d'art réalisée entièrement d'après des modèles culturels ne perpétue pas la tradition valorisée dans le présent et l'avenir, et est rejetée par cette tradition même comme épigonale. La tradition valorisée exige elle-même originalité, profane et innovation. » Cf. Boris Groys, Über das Neue: Versuch einer Kulturökonomie, Munich: Hanser, 1992, p. 91.
7 Groys, Über das Neue: Versuch einer Kulturökonomie, Munich: Hanser, 1992, p. 93 et suiv.
8 Groys, Über das Neue: Versuch einer Kulturökonomie, Munich: Hanser, 1992, p. 119.

innovative work of art does not lie (…) in the rebellion against cultural tradition and the desire to reach the things themselves, but in the cultural-economic logic that governs culture and expresses itself as a strategic combination of positive and negative adaptations to tradition." [6]

Although Boris Groys' view is initially aimed at art, it is based on an important premise of cultural creation, namely that no cultural achievement is brought about without reference to tradition. Cultural creation always possesses an interface between past and future. A cultural product thus always combines the signs of what already exists and the future in itself: "This does not mean (…) that in this process something new that was not there before will be discovered, seen, expressed and created. However, the revaluation of the values of what already exists creates a completely new situation from which the entirety of culture can be observed, described and commented on as if from an external position." [7]

The dynamics of cultural achievements can be described as a hinged awareness that mainly characterises innovation as interpretive exchange: "Thus innovation mainly takes place in the cultural-economic form of exchange. This exchange takes place between the profane area and the valorised cultural memory, which consists of the total of the cultural values preserved in museums, libraries and other archives and of the practices, rituals and traditions when dealing with this archive. As a consequence of every innovation, certain things in the profane area are valorised and enter the cultural archive, whilst certain cultural values are devalued and end up in the profane area." [8]

In Groys' theory of cultural economy, ready-made art represents the setting for this exchange because it contains a profane and a cultural level in itself. [9] Marcel Duchamp's gesture [10], where an everyday object was elevated into art for modernity, was a latent topic in the 20th century, whether progress could still be expected based solely on visuality and surface design or whether, with the emphasis on the context and utility value of objects and images, the interpretation or reception was what should be considered innovative.

This question is of particular interest in the setting of Boris Groys' theory of economising the new. He himself factors out design as an object of investigation because he focuses on works

6 Groys, Über das Neue: Versuch einer Kulturökonomie, Hanser, Munich 1992, p. 91. The epigonal and the copy produced solely based on free-market criteria have no place in this concept. "A work of art that has been produced completely according to cultural models does not carry forward valorised tradition into the present and future; it is rejected by tradition itself as epigonal. The valorised tradition itself demands originality, profanity and innovation."
7 Groys, Über das Neue: Versuch einer Kulturökonomie, Hanser, Munich, 1992, p. 93f.
8 Groys, Über das Neue: Versuch einer Kulturökonomie, Hanser, Munich, 1992, p. 119.
9 Groys' attempt in his economy of the new to draw on new phenomena such as ready-made, appropriation and recontextualisations, which are important for the 20th century, is not new. Groys was already able to refer to important preliminary works by Arthur C. Danto. Danto analysed the shock of the ready-made, which had a lasting visual effect, in particular in American art surrounding Pop Art. cf. Arthur C. Danto, Die Verklärung des Gewöhnlichen: Eine Philosophie der Kunst, Suhrkamp Verlag, Frankfurt a.M., 1984.
10 It still impresses cultural theoreticians today through its economy of means, evidence and efficiency.

selbst eine profane und eine kulturelle Schicht aufweist.[9] Die Geste von Marcel Duchamp,[10] mit der für die Moderne ein Alltagsgegenstand zu Kunst erhoben wurde, war im 20. Jahrhundert latent ein Thema auch dahingehend, ob allein aufgrund von Visualität und der Gestaltung von Oberflächen noch ein Fortschritt zu erwarten sei oder ob mit der Betonung des Kontexts und Gebrauchswerts von Gegenständen und Bildern nicht bereits die Interpretation oder Rezeption als innovativ zu gelten habe.

Diese Frage ist gerade im Umfeld von Boris Groys' Theorie einer Ökonomisierung des Neuen von Interesse. Er selber klammert das Design als Untersuchungsgegenstand aus, da er seinen Fokus auf von der Kunstgeschichte valorisierte Werke und die ihnen inhärente Überkreuzung von verschiedenen Wertigkeiten (Profanes, Valorisiertes) legt.[11] Designgegenstände hingegen tragen alle Spuren des Profanen in sich, da sie als Gebrauchsgegenstände fungieren und erst dann zu Kunstgegenständen werden, wenn sie durch das kulturelle Archiv valorisiert werden und Eingang ins Museum finden.

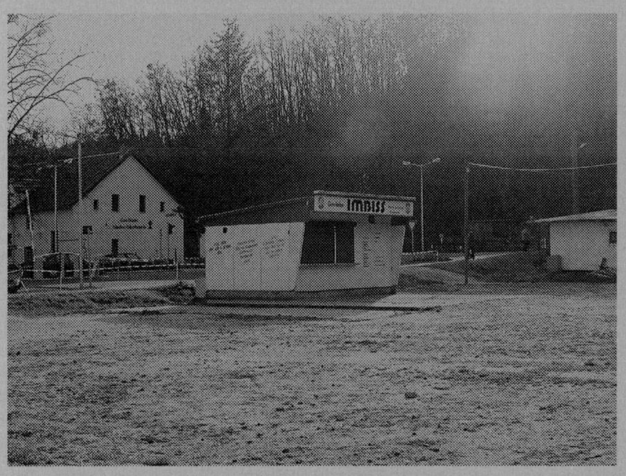

Oderbruch, 2004, Inkjet-Print

Im Kontext des Designs sind andere Strategien für Innovationen festzustellen, da konkrete ökonomische Fragen sich mit der Dringlichkeit nach Innovation verknüpfen. Der Kunde oder Auftraggeber hat oft mehr Einfluss auf eine Innovation als ein theoretischer Gedanke. Eine technologische Neuerung wie die Mobiltelefonie, gekoppelt mit einer gesellschaftlichen Dynamik der Mobilität, Globalisierung und Migration, ist ein effizienterer Innovationsfaktor als die Konzentration auf die Gestaltung eines Telefonhörers. Die Optimierung eines Details oder ein Re-Design kann einen grösseren innovatorischen Schub mit sich bringen als die komplette Neulancierung, wie die Mode mit ihrer saisonal bedingten Erneuerung der immer gleichen Produktepalette belegt. Gerade in der Mode, dem ältesten Lifestyle-Produkt der Gesellschaft, sind Recycling-Prozesse und Retro-Look-Phänomene als Innovationsstimulatoren unabdingbar. In jedem Kleidungsstück, das für die neue Saison entworfen wird, überkreuzen sich jedoch die Codes des Neuen und des Alten in einer Weise, dass das Alte untragbar erscheint und das Neue als alleinige Verheissung, wie bereits Walter Benjamin bemerkte. Für den weiten Bereich des Designs und der Gestaltung, der heute verschiedene technologische, funktionale und gesellschaftliche Wissensbereiche zusammenführt, sind somit die Kriterien für Innovation differenziert zu befragen. Die Frage ist auch,

---

9 Boris Groys' Versuch, das für das 20. Jahrhundert wichtige Phänomene wie das Ready Made, die Appropriation und die Rekontextualisierungen für eine Ökonomie des Neuen heranzuziehen, ist nicht neu, konnte er doch bereits auf wichtige Vorarbeiten von Arthur C. Danto zurückgreifen. Danto analysierte den ‹choque› des Ready Made, das vor allem in der amerikanischen Kunst im Umfeld von Pop Art einen nachhaltigen visuellen Niederschlag gefunden hat. Vgl. Arthur C. Danto, Die Verklärung des Gewöhnlichen: Eine Philosophie der Kunst, Frankfurt a. M.: Suhrkamp Verlag, 1984.

10 Sie beeindruckt bis heute die Kulturtheoretiker durch ihre Ökonomie der Mittel, Evidenz und Effizienz.

11 Kunst stellt sich ihre Innovationsaufgabe als selbstreflexiver Diskurs permanent, weil sie im Kontext der Erneuerung eines Diskurses steht. Die innerhalb der Kunst divergierenden Strategien von Entmaterialisierung, Abstraktion, Konzeptionalisierung und Diskursivierung machen eine dauernde Verständigung über das Neue notwendig. Bei Design bildet der auftragsorientierte Zugriff auf das Neue eine nach wie vor grundlegende Differenz.

Dans la théorie de Groys sur l'économie culturelle, le ‹ ready made › de l'art incarne le théâtre de cet échange, parce qu'il comporte en soi une couche profane et une couche culturelle.[9] Au XXe siècle, le geste de Marcel Duchamp[10] par lequel, pour l'Ecole moderne, un objet du quotidien était érigé en art, soulevait la question de savoir s'il fallait encore s'attendre à un progrès uniquement à partir de la visualité et du modelage de surfaces ou si, avec l'accentuation du contexte et de la valeur utilitaire d'objets et d'images, l'interprétation ou la réception en soi ne devait pas être considérée comme innovatrice.

Cette question est intéressante précisément dans le cadre de la théorie de Boris Groys sur une économisation du nouveau. Il élude lui-même le design comme objet de recherche, puisqu'il se concentre sur des œuvres valorisées par l'histoire de l'art et la croisée de différentes valences (le profane, le valorisé) qui leur est inhérente.[11] En revanche, les objets de design portent tous en eux les traces du profane, puisqu'ils font office d'objets d'usage courant et ne deviennent des objets d'art que lorsqu'ils sont valorisés par les archives culturelles et trouvent leur place dans un musée.

Dans le contexte du design, on constate d'autres stratégies d'innovation, puisque des questions économiques concrètes sont liées à l'urgence de l'innovation. Le client ou le mandant a souvent plus d'influence sur une innovation qu'une pensée théorique. Une innovation technologique comme la téléphonie mobile, associée à une dynamique sociale de mobilité, de mondialisation et de migration, est un facteur d'innovation plus efficace que la concentration sur la conception d'un combiné de téléphone. L'optimisation d'un détail – ou un redesign – peut entraîner un poussée innovatrice plus puissante que le lancement de quelque chose de complètement nouveau, comme c'est le cas dans la mode, où la même palette de produits est constamment renouvelée au fil des saisons. Justement dans la mode, le plus ancien produit de ‹lifestyle› de la société, les processus de recyclage et les phénomènes de ‹look rétro› sont indispensables comme stimulants de l'innovation. Cela étant, dans chaque vêtement conçu pour la nouvelle saison, les codes du nouveau et de l'ancien se croisent de telle sorte que l'ancien apparaît comme immettable et le nouveau comme seule source de salut, ainsi que le faisait déjà remarquer Walter Benjamin. Pour le vaste domaine du design et des arts appliqués, qui de nos jours

---

9 La tentative de Boris Groys de se référer à des phénomènes importants pour le XXe siècle tels que le ‹ready made›, l'appropriation et les recontextualisations pour une économie de la nouveauté n'est pas nouvelle, puisqu'il pouvait déjà s'appuyer sur d'importants travaux préalables d'Arthur C. Danto. Danto a analysé le ‹choque› du ‹ready made›, qui a eu des retombées visuelles durables notamment dans l'art américain autour du Pop Art. Cf. Arthur C. Danto, Die Verklärung des Gewöhnlichen: Eine Philosophie der Kunst, Francfort/M.: Suhrkamp Verlag, 1984.

10 Il impressionne jusqu'à nos jours les théoriciens de la culture par son économie des moyens, son évidence et son efficacité.

11 L'art se pose en permanence sa tâche de performance innovatrice comme discours d'autoréflexion, puisqu'elle s'inscrit dans le contexte du renouvellement d'un discours. Les stratégies divergentes au sein de l'art – dématérialisation, abstraction, conceptualisation et discursification – exigent une négociation continuelle de la nouveauté. Dans le design, l'orientation commerciale de la recherche de la nouveauté constitue une différence restant fondamentale.

valorised by art history and their inherent intersecting of various values (profane, valorised).[11] Design objects, on the other hand, all bear traces of the profane because they function as objects of everyday use and only become art objects when they have been valorised through the cultural archive and gain access to the museum.

In the context of design, other strategies can be determined for innovations because specific economic questions are linked to the priority of innovation. The customer or ordering party often has greater influence on an innovation than a theoretical idea does. A technological novelty, such as mobile telephony, coupled with the social dynamics of mobility, globalisation and migration, is a more efficient innovation factor than concentrating on the design of a telephone receiver. Optimising a detail or a redesign can bring with it a greater innovative boost than a completely new launch, as fashion proves with its seasonally based renewal of a product palette that always remains the same. Especially in fashion, society's oldest lifestyle product, recycling processes and retro look phenomena are indispensable as innovation stimulators. In each item of clothing designed for the new season, the codes of the old and the new intersect in a way that makes the old appear as unwearable and the new as an exclusive promise, as Walter Benjamin already noted. For the wide area of design and creation, which today brings together various technological, functional and social areas of knowledge, the criteria for innovation need to be questioned in a differentiated manner. The question also arises whether, under the economic premise of design and communication, the implementation of the innovation rather than the creation of the product itself should be attributed to marketing.

The new design promotion concept of the Swiss Federal Office of Culture also accommodates this factor. For the first time since 1917, it is not only asking about the appearance of the products, but also about the production conditions.[12] "From now on [the Jury – ed.] will examine and compare projects and products according to the conditions of their production and will no longer evaluate them within the restrictive framework of their own sector – comparing fashion with fashion, ceramic with ceramic – in the belief that each of the different products, whether it is fashion, ceramics or a completely different area, constitutes a design project."[13]

---

11 Art constantly faces up to its innovative achievement as a self-reflexive discourse because it is based on the context of renewal of discourse. The diverse strategies within art of dematerialisation, abstraction, conceptualisation and discursivity make permanent communication about the new necessary. In the case of design, assignment-oriented access to the new remains a fundamental difference.

12 In this context, it is astounding that the design promotion criteria of the Swiss Federal Office of Culture still place innovation and trends for the future in the recognisability of a new style. cf. Lorette Coen, Patrizia Crivelli, 'Wer A sagt, kann nicht B sagen', in: Swiss Design 2003: Désir Design, Lars Müller Publishers, Baden, 2003, p. 88.

13 Lorette Coen, Patrizia Crivelli, 'Wer A sagt, kann nicht B sagen', in: Swiss Design 2003: Désir Design, Lars Müller Publishers, Baden, 2003, p. 7.

ob unter den ökonomischen Prämissen von Design und Kommunikation nicht eher dem Marketing die Durchsetzung der Innovation zukommt als die Kreation des Produktes an sich.

Diesem Umstand trägt auch das neue Designförderungskonzept des Schweizer Bundesamtes für Kultur Rechnung. Es fragt erstmals seit 1917 nicht mehr allein nach der Erscheinung der Produkte, sondern auch nach den Produktionsbedingungen.[12] «Künftig prüft und vergleicht [die Jury, A.d.A.] die Projekte und Produkte entsprechend ihren Produktionsbedingungen und verzichtet darauf, sie im restriktiven Rahmen der jeweils eigenen Branche zu bewerten – Mode mit Mode zu vergleichen, Keramik mit Keramik – und geht davon aus, dass jedes der verschiedenen Produkte, ob es sich nun um Mode, Keramik oder irgendein anderes Gebiet handelt, ein Designprojekt darstellt.»[13]

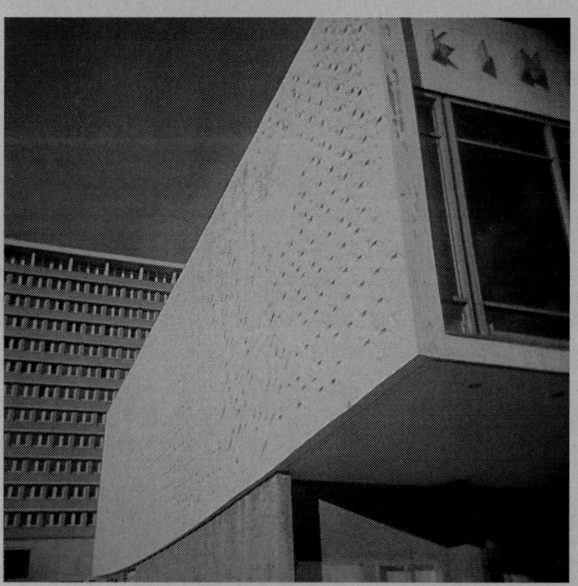

Kino International, Berlin 2000, C-Print, 100 x 100 cm

Das neue Reglement unterteilt die für den Designwettbewerb eingereichten Arbeiten in zwei Gruppen: A steht für Arbeiten, die als Unikate oder Kleinserien entworfen, gestaltet und ausgeführt werden; B umfasst jene Arbeiten, die aufgrund eines Auftragsverhältnisses (von Dritten oder in eigenem Namen) entworfen, realisiert und produziert werden.

Diese Aufteilung beweist nicht nur ein Bewusstsein für Produktionsverhältnisse von Design, sondern fasst Designobjekte und Kommunikationsgestaltung als soziale Agenten auf, die ihre gestalterische Aussage nur im Kontext einer Zielgruppe zu machen vermögen. Sobald die gestalteten Produkte als Unikate auf unverwechselbaren Lebensstil verweisen, dann kommen Faktoren ins Spiel, die über den reinen Gebrauch hinausweisen: in den Bereich des Künstlerischen bei Produkten wie Mode, Schmuck. In diesen Gegenständen zeigt sich wieder jene Mischung, welche bereits Boris Groys für seine Analyse des Neuen im Kulturellen interessiert hatte: die Mischung zwischen Profanität und Valorisierung. Die Berücksichtigung von Produktionsverhältnissen im Design belegt aber auch etwas anderes, nämlich die Berücksichtigung ökonomischer Theorien. Nicht alle innovativen Designideen lassen sich auf dem Markt durchsetzen. Die Kundenorientierung beim Design lässt im Rahmen der gestellten Aufgaben vorerst ein Problembehebungsbewusstsein erkennen; es ist wenig Spielraum für Risiko und Innovation vorhanden. Erst in Bereichen der ungeleiteten

---

12 In diesem Kontext erstaunt, dass die Designförderungskriterien des Bundesamtes für Kultur Innovation und Trends für die Zukunft nach wie vor in der Erkennbarkeit eines neuen Stils orten. Vgl. Lorette Coen, Patrizia Crivelli, ‹Wer A sagt, kann nicht B sagen›, in: Swiss Design 2003: Désir Design, Baden: Lars Müller Publishers, 2003, S. 88.

13 Lorette Coen, Patrizia Crivelli, ‹Wer A sagt, kann nicht B sagen›, in: Swiss Design 2003: Désir Design, Baden: Lars Müller Publishers, 2003, S. 7.

regroupe différents domaines de connaissance technologiques, fonctionnels et sociaux, les critères de l'innovation doivent donc être abordés de manière différenciée. La question se pose également de savoir si, selon les prémisses économiques du design et de la communication, ce n'est pas plutôt au marketing qu'à la création du produit en soi d'imposer l'innovation.

Le nouveau concept d'encouragement du design de l'Office fédéral de la culture tient également compte de cette circonstance. Pour la première fois depuis 1917, il ne se soucie plus uniquement de l'apparition des produits, mais aussi de leurs conditions de production.[12] «Dorénavant, [le jury, nda] examine et compare les projets selon leurs conditions de production et renonce à les apprécier dans le cadre restrictif de leur branche respective – à comparer la mode avec la mode, la céramique avec la céramique – et part du principe que chacun des différents produits, qu'il s'agisse de mode, de céramique ou de n'importe quel autre domaine, constitue un projet de design.»[13]

Le nouveau règlement divise les ouvrages soumis dans le cadre de concours de design en deux groupes: A regroupe les ouvrages projetés, conçus et exécutés comme pièces uniques ou petites séries, ceux qui sont projetés, réalisés et produits sur la base d'un mandat (pour le compte de tiers ou en nom propre).

Non seulement cette division démontre une conscience des conditions de production de design, mais elle considère les objets de design et la conception de la communication comme des agents sociaux susceptibles de transmettre leur message de design uniquement dans le contexte d'un groupe cible. A partir du moment où les produits conçus se réfèrent, comme pièces uniques, à un style de vie bien particulier, des facteurs sortant du cadre purement utilitaire entrent en jeu: pour des produits comme la mode ou les bijoux, ils renvoient à la sphère artistique. Ces objets laissent apparaître à nouveau le mélange qui avait déjà intéressé Boris Groys pour son analyse du nouveau dans le domaine culturel: le mélange entre le profane et la valorisation. La prise en compte des conditions de production dans le design prouve toutefois autre chose encore, à savoir la prise en compte de théories économiques. Les idées de design innovatrices ne parviennent pas toutes à s'imposer sur le marché. L'orientation clients du design

12 On peut s'étonner dans ce contexte de ce que les critères pour la promotion du design de l'Office fédéral de la culture continuent à considérer le fait que l'on peut déceler un nouveau style comme repère pour l'innovation et les tendances d'avenir. Cf. Lorette Coen, Patrizia Crivelli, ‹Wer A sagt, kann nicht B sagen›, dans: Swiss Design 2003: Désir Design, Baden: Lars Müller Publishers, 2003, p. 88.

13 Lorette Coen, Patrizia Crivelli, ‹Wer A sagt, kann nicht B sagen›, dans: Swiss Design 2003: Désir Design, Baden: Lars Müller Publishers, 2003, p. 7.

The new regulations divide the works submitted to the Design Competition into two groups. Group A is for works that were planned, created and carried out as a unique piece or as a limited series, while Group B comprises those works that were planned, implemented and produced according to specifications provided by a third party or conceived under one's own personal name.

This division not only proves an awareness of the production conditions of design, but also sees design objects and communicative design as social agents that can only make their creative statement in the context of a target group. As soon as the designed products, as unique pieces, refer to an unmistakable lifestyle, factors come into play that point beyond the pure use into the artistic sphere for products like fashion and jewellery. These objects again reveal that mixture, which already interested Boris Groys for his analysis of the new in culture, namely the mixture of profanity and valorisation. Taking production conditions into account in design, however, also supports something else, namely taking economic theories into account. Not all innovative design ideas can be enforced on the market. Customer-orientation in design initially reveals a problem-solving awareness in the context of the given tasks, and there is not much leeway for risk and innovation. It is only in the areas of undirected efficiency, in the niches of non-observation, or in the case of unexploited technologies that innovative strategies can still be recognised, as is assumed by economic theory. The size of the production community often also plays a role. Joseph Schumpeter discovered that large companies only rarely manage to recognise seminal basic innovations. Therefore, we need young, small companies in which visionary and creative new developments can occur.[14]

Awarding prizes to limited series and unique pieces created in the smallest design companies, is an important incentive for becoming aware of innovative achievements in the first place. The approach of the still young information technology sector of awarding prizes to the best products in the areas of technology, service and web design once a year refers to the same trend.[15]

14 cf. Joseph Schumpeter, Theorie der wirtschaftlichen Entwicklung, Duncker & Humblot, Berlin, 1964.

15 Heinrich Meyer (ed.), Best of Swiss Web/Swiss Web 2004. The Netzwoche Yearbook, Netzmedien AG, Basle, 2004.

Effizienz, in den Nischen der Nicht-Beachtung oder bei ungenutzten Technologien lassen sich innovative Strategien erkennen, wie auch die ökonomische Theorie vermutet. Oft spielt auch die Grösse einer Produktionsgemeinschaft eine Rolle. Joseph Schumpeter hat erforscht, dass es den Grossunternehmen nur ganz selten gelingt, zukunftsträchtige Basisinnovationen zu erkennen. Deshalb brauche es junge, kleine Firmen, in denen visionäre, kreative Neuentwicklungen stattfinden.[14]

Die Auszeichnung von Kleinserien und Unikaten, die in gestalterischen Kleinstunternehmen geschaffen werden, ist ein wichtiger Anreiz, auf innovative Leistungen überhaupt aufmerksam zu werden. Der Ansatz des noch jungen Wirtschaftszweiges der Informatik- und Informationstechnologie-Branche, die besten Produkte in den Bereichen Technologie, Dienstleistung und Web-Design einmal jährlich auszuzeichnen, verweist in die gleiche Richtung.[15]

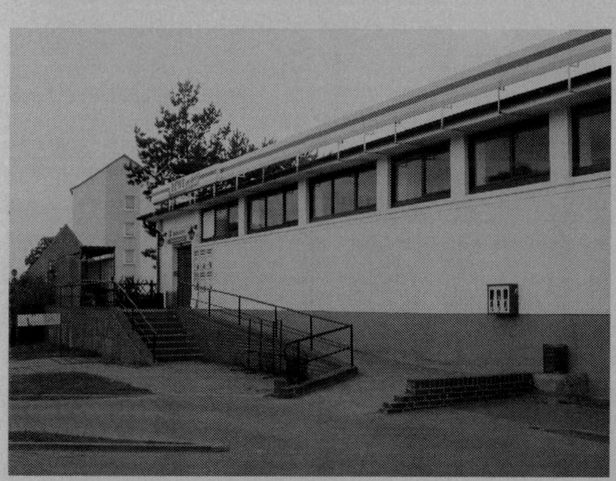
Uckermark, 2004, Inkjet-Print

Zufall und Koinzidenzen

Ein wichtiger Innovationsmotor ist somit das Zusammentreffen von Faktoren aus den verschiedenen Bereichen: der Gestaltung, der Ökonomie und der gesellschaftlichen Realität. Damit verbunden ist die Erkenntnis, dass sich das Phänomen der Innovation nur in spezifischen Situationen in ihrer Wertigkeit verstehen lässt. Somit ist die Wahrnehmung von komplexen Kontexten ein spezifischer Faktor für Innovation geworden. Die Theorien des ‹double viewing›[16] aus den amerikanischen Kulturwissenschaften im Umfeld des ‹pictorial turn› hilft die Gleichzeitigkeit in der Wahrnehmung von Produktions- und Bewertungsprozessen im Design zu erkennen. Diese Theorien beleuchten die Einebnung der Differenz zwischen dem Herstellungsprozess von Visualität und gestalterischen Produkten, ihrem Konsum und der betrachtenden Distanz und fokussieren das flottierende Bewusstsein, das sich je nach Kontext in die Betrachter-, Gestalter- oder Konsumentenseite einordnet. Die Abfolge dieser Prozesse ist nicht mehr eine kontinuierliche; das raum-zeitliche Nebeneinander dieser Kontextualisierung erfordert ein bewegliches Wahrnehmungsvermögen. Auch im Bereich der Innovationsforschung, die noch von linear ablaufenden Mastering- und Durchsetzungsphänomenen ausgeht, kann

---

14 Vgl. Joseph Schumpeter, Theorie der wirtschaftlichen Entwicklung, Berlin: Duncker u. Humblot, 1964.
15 Heinrich Meyer (Hrsg.), Best of Swiss Web/Swiss Web 2004. Das Jahrbuch der Netzwoche, Basel: Netzmedien AG, 2004.
16 Vgl. W. J. Thomas Mitchell, ‹The Pictorial Turn›, in: Artforum 7 (März 1992), New York: Artforum International Magazine, 1992; Nicholas Mirzoeff, An Introduction to Visual Culture, London/New York: Routledge, 1999; Henry Jenkins, Textual Poachers: Television fans & Participatory Culture, London/New York: Routledge, 1992.

fait avant tout ressortir, dans le cadre des tâches posées, un souci de résolution de problèmes; il y a peu de marge de manœuvre pour le risque et l'innovation. C'est seulement dans les domaines sans efficacité dirigée, dans les niches de la non-observation ou pour des technologies inutilisées que l'on trouve des stratégies innovatrices, comme le suppose d'ailleurs la théorie économique. Souvent, la taille d'une communauté de production joue également un rôle. Joseph Schumpeter a constaté que les grandes entreprises ne parviennent que très rarement à reconnaître des innovations fondamentales prometteuses. C'est la raison pour laquelle il faut de petites et jeunes entreprises, dans lesquelles s'effectuent des développements visionnaires et créateurs.[14]

Les prix décernés à des petites séries et à des pièces uniques créées dans des microentreprises de design constituent une invite importante à repérer les réalisations innovatrices. L'idée, dans le secteur économique encore jeune de l'informatique et de la technologie de l'information, de décerner chaque année un prix aux meilleurs produits dans les domaines de la technologie, des services et du ‹web-design›, va dans le même sens.[15]

Hasard et coïncidences

Ainsi, un moteur important de l'innovation est la convergence de facteurs de différents domaines: les arts appliqués, l'économie et la réalité sociale. Ceci est lié à la réalisation que le phénomène de l'innovation ne peut être compris sur le plan de sa valence que dans des situations spécifiques. La perception de contextes complexes est donc devenu un facteur spécifique de l'innovation. Les théories du ‹double viewing›[16] tirées des sciences américaines de la culture qui s'articulent autour du ‹pictorial turn› aident à reconnaître la simultanéité de la perception de processus de production et d'appréciation dans el design. Ces théories mettent en lumière l'aplanissement de la différence entre le processus de fabrication de visualité et de produits de design, leur consommation et la distance de l'observateur, et focalisent la conscience flottante qui, selon le contexte, se situe du côté de l'observateur, du créateur ou du consommateur. Le déroulement de ces processus n'est plus continu; la coexistence spatio-temporelle de cette contextuali-

14 Cf. Joseph Schumpeter, Theorie der wirtschaftlichen Entwicklung, Berlin: Duncker u. Humblot, 1964.
15 Heinrich Meyer (éd.), Best of Swiss Web/Swiss Web 2004. Das Jahrbuch der Netzwoche, Bâle: Netzmedien AG, 2004.
16 Cf. W. J. Thomas Mitchell, ‹The Pictorial Turn›, dans: Artforum 7 (mars 1992), New York: Artforum International Magazine, 1992; Nicholas Mirzoeff, An Introduction to Visual Culture, Londres/New York: Rouledge, 1999; Henry Jenkins, Textual Poachers: Television fans & Participatory Culture, Londres/New York: Routledge, 1992.

Chance and coincidences

An important motor of innovation is thus the coming together of factors from the various areas of design, economy and social reality. This is connected to the insight that the phenomenon of innovation can only be grasped in its value in specific situations. Thus, the perception of complex contexts has become a specific factor for innovation. The double viewing theories[16] from American cultural sciences surrounding the pictorial turn help recognise the simultaneity in the perception of production and evaluation processes in design. These theories highlight the levelling of the difference between the production process of visuality and creative products, their consumption and the observing distance, and focus the floating consciousness, which integrates itself on the side of the viewer, creator or consumer depending on the context. The sequence of these processes is no longer continuous. The spatio-temporal coexistence of this contextualisation requires flexible perceptive ability. Perceptive awareness of this kind can also be useful in the area of innovation research, which is still based on linear mastering and enforcement phenomena.

To react to this complexity, many designers work in interdisciplinary teams that combine the most varied knowledge contexts. In the knowledge that innovation often develops from unexpected constellations of everyday things, from unexploited technologies and from the incidental nature of the familiar, the aim is to sharpen perception of the latently unconscious on all levels. In the context of conception, brainstorming methods and a ban on censorship are used to promote the quest for the other. In the field of design process, methods of process reversal and the inclusion of hitherto unobserved basic conditions are useful in the quest for solutions that have not yet been thought of. Paying attention to social processes (not only for enforcing products) allows an innovation to become discernible as a convergence of the past and the future.[17]

It is thus time, in addition to Boris Groys, to bring another theoretician into the equation. This man researched the unconscious of the psyche and of the social collective more than a century ago, he was Sigmund Freud. Freud himself delineated the close relationship of 'heimlich' (familiar) and 'unheimlich' (uncanny), which

16 cf. W. J. Thomas Mitchell, 'The Pictorial Turn', in: Artforum 7 (March 1992), Artforum International Magazine, New York 1992; Nicholas Mirzoeff, An Introduction to Visual Culture, Routledge, London/New York 1999; Henry Jenkins, Textual Poachers: Television fans & Participatory Culture, Routledge, London/New York, 1992.
17 The University of Basle and the University of Applied Sciences Basle (FHBB) have developed a double scouting strategy for the specific networking of cooperations and innovations in the field of free and applied research. www.unibas.ch/forschung.

ein solches Wahrnehmungsbewusstsein hilfreich sein.

Um auf diese Komplexität zu reagieren, arbeiten viele Designer in interdisziplinär zusammengesetzten Teams zusammen, die die unterschiedlichsten Wissenskontexte in sich vereinen. Im Wissen darum, dass Innovation oft aus unerwarteten Konstellationen des Alltäglichen, aus ungenutzten Technologien und aus der Beiläufigkeit des Vertrauten entsteht, gilt es, die Wahrnehmung für das latent Unbewusste auf allen Ebenen zu schärfen: Im Kontext der Konzeption wird durch Brainstorming-Methoden und Zensurverbot die Suche nach dem Anderen gefördert; im Bereich des Designprozesses helfen Methoden der Prozessumkehr oder der Einbezug von bislang nicht beachteten Rahmenbedingungen zu noch nicht gedachten Lösungen; die Aufmerksamkeit für gesellschaftliche Prozesse (nicht nur für die Durchsetzung von Produkten) lässt eine Innovation als Zusammentreffen des Vergangenen und Künftigen deutlich werden. [17]

Es ist somit an der Zeit, neben Boris Groys einen anderen Theoretiker ins Spiel zu bringen, der das Unbewusste der Psyche und des gesellschaftlichen Kollektivs vor mehr als einem Jahrhundert erforscht hatte: Sigmund Freud. Mit ihm bleibt zu konstatieren, dass das Heimliche und das Unheimliche nur durch eine Vorsilbe voneinander getrennt eng miteinander verwandt sind. Mit seiner Hilfe zum Schluss ein Sprachspiel: Die Innovation wird Un-novation. Das heimlich Unvertraute: In seiner Gestaltung liegt das Potenzial der Innovation.

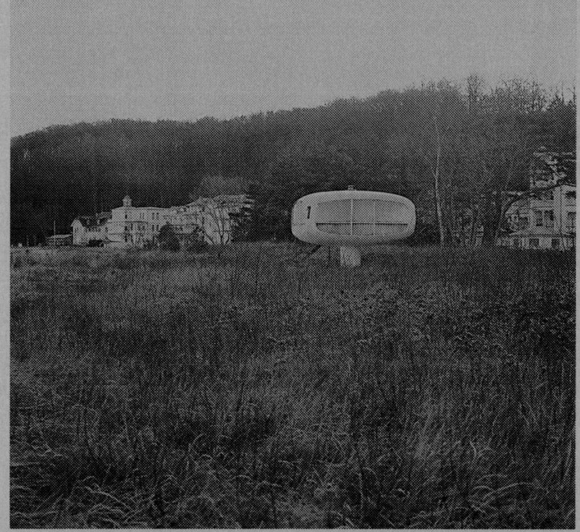

Ostseebad Binz, 2003, C-Print, 100 x 100 cm

Thomas Keller (geboren 1970 in Winterthur, lebt in Genf), arbeitet seit mehreren Jahren als freier Fotograf. Seit 1999 reist er regelmässig nach Berlin und ins Gebiet der ehemaligen DDR, wo er erst die Menschen, später vermehrt auch die Architektur und die Landschaft im sich verändernden Kontext festhält. Der Bildband ‹Take This Longing› (Genf: Cadrat Editions) legt ein subtiles Zeugnis davon ab, wie das Neue (Westliche) und die Geschichte der DDR, das Gedächtnis einer Stadt und einer Landschaft mit verschiedenen Geschwindigkeiten aufeinandertreffen.

17 Die Universität Basel und die Fachhochschule beider Basel (FHBB) haben für die gezielte Vernetzung von Kooperationen und Innovationen im Bereich freie und angewandte Forschung eine Strategie des ‹double scouting› entwickelt. Vgl. www.unibas.ch/forschung.

sation exige une capacité de perception mobile. Même dans le domaine de la recherche sur l'innovation, qui se base encore sur des phénomènes de ‹mastering› et d'imposition au déroulement linéaire, une telle conscience de la perception peut être utile.

Afin de réagir à cette complexité, beaucoup de designers collaborent au sein d'équipes interdisciplinaires regroupant les contextes de connaissance les plus divers. Etant donné que l'innovation résulte souvent de constellations imprévues du quotidien, de technologies inutilisées et d'incidences du familier, il convient d'aiguiser la perception de l'inconscient latent à tous les niveaux: Dans le contexte de la conception, la quête de l'altérité est stimulée par des méthodes de brainstorming et par l'interdiction de la censure; dans le domaine du processus de design, des méthodes d'inversion de processus ou la prise en compte de conditions cadre négligées jusqu'alors permettent d'aboutir à des solutions inédites; l'attention portée aux processus de société (et pas seulement en vue d'imposer les produits) fait apparaître que l'innovation est la rencontre de ce qui fait partie du passé et de ce qui appartient à l'avenir.[17]

Il est dès lors temps de faire entrer en scène, aux côtés de Boris Groys, un autre théoricien, qui a étudié l'inconscient de la psyché et de la collectivité sociale il y a plus d'un siècle: Sigmund Freud. Avec lui, il nous reste à constater que le ‹heimlich› [mot allemand signifiant tout à la fois familier, intime, et caché, secret - ndt] et le ‹unheimlich› [étrange et inquiétant - ndt], qui ne sont séparés que par un préfixe, sont étroitement apparentés. L'inconnu familier: c'est dans la maîtrise de cette dimension que réside le potentiel de l'innovation.

17 L'Université de Bâle et la Fachhochschule beider Basel (FHBB) ont développé une stratégie de ‹double scouting› pour la mise en réseau ciblée de coopérations et d'innovations dans le domaine de la recherche libre et appliquée. Cf. www.unibas.ch/forschung.

are only separated by a prefix. Let us use his help to close with a play on words where innovation becomes un-novation. The familiarly unfamiliar provides the potential of innovation by design.

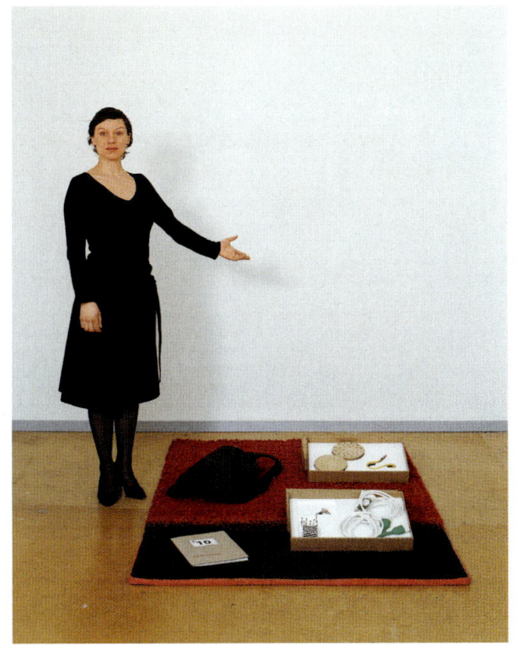

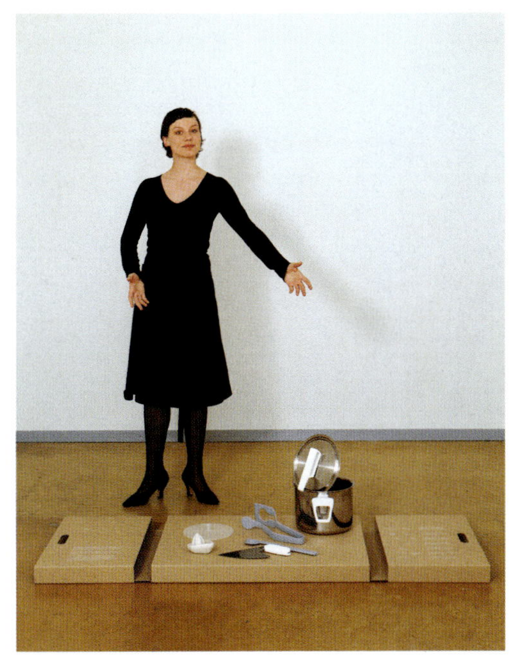

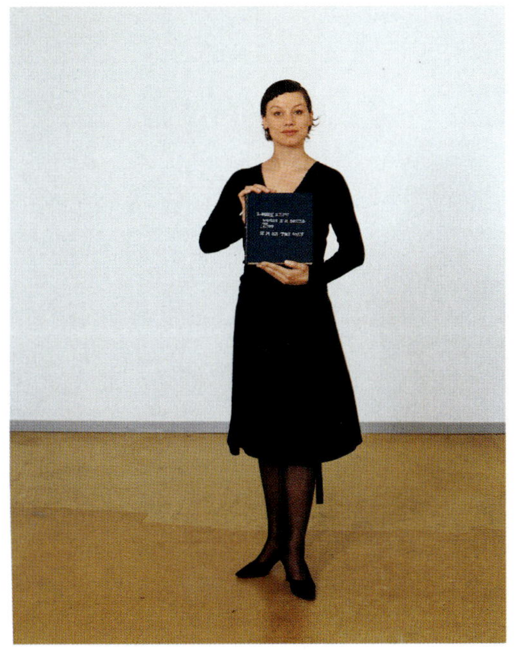

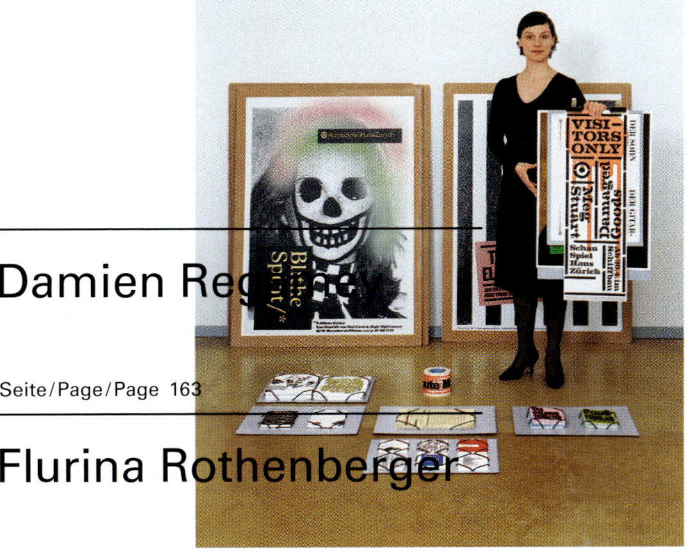
Blithe Spirit/*
VISI-
TORS
ONLY
Meg Stuart
Damaged Goods
Schau
Spiel
Haus
Zürich

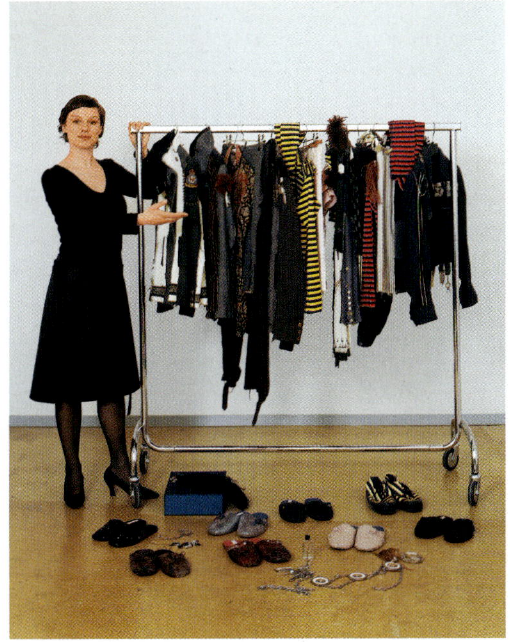

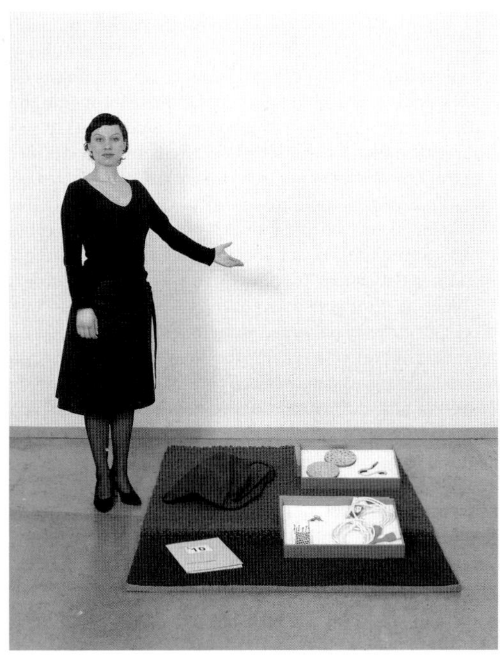

Damien Regamey

E-mail damien @ article.ch **Profession** Designer industriel **Année de naissance** 1980 **Vit** à Chexbres **et travaille** à La Chaux-de-Fonds et à Chexbres **Etudes** à l'Ecole cantonale d'art de Lausanne **Achèvement / diplôme** en tant que Designer HES en design industriel et de produits, 2003 **Stages** chez Jörg Boner, Zurich, 2002 — Christian Deuber, Lucerne, 2002 **Prix / Distinctions** Nomination au ‹Lucky Strike Junior Design Award›, organisé par la Raymond Loewy Foundation Switzerland, 2003 — Nomination du travail ‹Peepshow› au ‹Design Preis Schweiz›, 2003 — 2e prix au concours de robinetterie Teka, Vienne, 2002 — Mention lors du concours ‹le sac› organisé par la Fédération Française de la Maroquinerie, Paris, 2001 **Expositions** Interface à la Galerie Barnoud, Dijon, 2004 — ‹Play-Award 2004›, ‹DesignMai›, Berlin, 2004 — ‹Lucky Strike Junior Design Award 2003›, Hochschule für Gestaltung und Kunst Luzern, 2004 — ‹article by einzigart›, Einzigart, Zurich, 2004 — ‹Design Preis Schweiz›, Kunstmuseum Solothurn, 2003 — ‹Lucky Strike Junior Design Award 2003›, Espace lausannois d'art contemporain, 2003 — ‹Level See. Design Lab Selection no 1›, Ad!dict Creative Lab, Bruxelles, 2003 — ‹Peepshow›, Salon international du meuble, Cologne, 2003 — ‹L'ECAL au Centre culturel suisse›, Centre culturel suisse, Paris, 2002 **Objet / projet** Ce qui à été primé: objets divers du travail de diplôme à l'ECAL **Titre** ‹Self-Workshopping› **Année de création** 2003 **Groupe** B **Tirages** de visionnement **Prix de vente** Prototype étagère CHF 600.– — Prototype clé CHF 300.– — Prototype porte-manteau CHF 50.– — Prototype clou CHF 15.– **Source** damien @ article.ch

[D] Die Diplomarbeit ‹Self-Workshopping› des Industriedesigners Damien Regamey umfasst unterschiedlichste Alltagsobjekte. Im sich selber gesteckten Zeitrahmen von je zwei Wochen (Idee bis und mit Realisierung der Prototypen) ging es dem Designer jedoch nicht um Neuerfindungen, sondern darum, diesen Gegenständen – oft durch die Verschmelzung zweier Objekte – eine zusätzliche, nützlichere Dimension zu verleihen: So werden zum Beispiel Fussmatte und Korridorteppich, Kabel und Doppelstecker, Kleiderhaken und die zu ihrer Befestigung benötigten Schrauben eins und gehen, oft von einem Augenzwinkern begleitet, logische Verbindungen ein. Anderes, wie die Nagelköpfchen in Form von Umrissen von Tieren, oder das Reliefmuster des Untersetzers, das sich durch den Kontakt mit den heissen Pfannenboden verdunkelt, regt schlicht und einfach zu häufigem Gebrauch im Alltag an. Diese Arbeit zeichnet sich aus durch den unbeschwerten und ausgeprägt konzeptuellen Ansatz des Gestalters. Die Entwicklung und Realisierung der Prototypen in dieser kurzen Zeit verhinderte zwar teilweise ausgereifte Lösungen, zeugt aber von grosser handwerklicher und gestalterischer Fertigkeit.

[F] Le travail de diplôme ‹Self-Workshopping› du designer industriel Damien Regamey englobe les objets du quotidien les plus divers. Dans le laps de temps de deux semaines par objet qu'il s'est imposé lui-même (de l'idée à la réalisation des prototypes), il ne s'agissait pas pour le designer d'inventer du nouveau, mais de donner à ces objets – souvent par la fusion de deux d'entre eux – une dimension supplémentaire, plus utile: ainsi, par exemple, un paillasson et un tapis de corridor, un câble et une prise multiple, un portemanteau et les vis nécessaires à sa fixation ne font plus qu'un, et des associations logiques se forment, souvent accompagnées d'un clin d'œil. D'autres éléments, comme les têtes de clou en forme de silhouettes d'animaux ou le motif en relief du dessous-de-plat qui s'assombrit au contact d'un fond de casserole chaud, incitent de façon sobre et simple à une utilisation fréquente dans la vie de tous les jours. Ce travail se distingue par l'approche décontractée et très conceptuelle du créateur. Le court délai fixé pour le développement et la réalisation des prototypes a en partie empêché des solutions bien mûries, mais témoigne d'une grande aptitude artisanale et créative.

[E] The diploma project, 'Self-Workshopping', of industrial designer Damien Regamey comprises the most varied everyday objects. In a self-set period of time of two weeks for each object (from the idea to the implementation of the prototypes), the designer's aim was not to invent new things, but to add an additional, more useful dimension to these objects, often through the fusion of two objects. Thus, for example, door mat and corridor carpet, cables and two-way adaptors, clothes hooks and the screws needed to attach these items become one and enter into logical connections, often in a tongue-in-cheek manner. Other things, such as the nail heads shaped like animal silhouettes or the relief pattern of the tablemat that becomes darker through contact with a hot pan, simply encourage frequent use in everyday life. This work is characterised by the designer's light-hearted and strikingly conceptual approach. Although the development and implementation of the prototypes in such a brief period of time in part prevented mature solutions, however, it is proof of great technical and design skill.

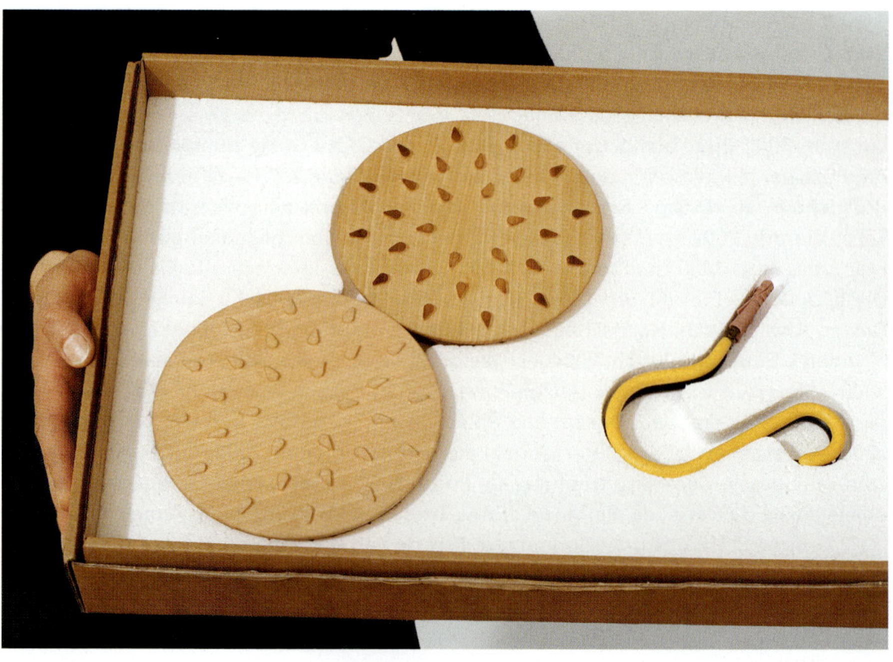

←
Dessous-de-plat, portemanteau de la série ‹Self-Workshopping›
2003

→
Prise multiple, clous, porte-clé de la série ‹Self-Workshopping›
2003

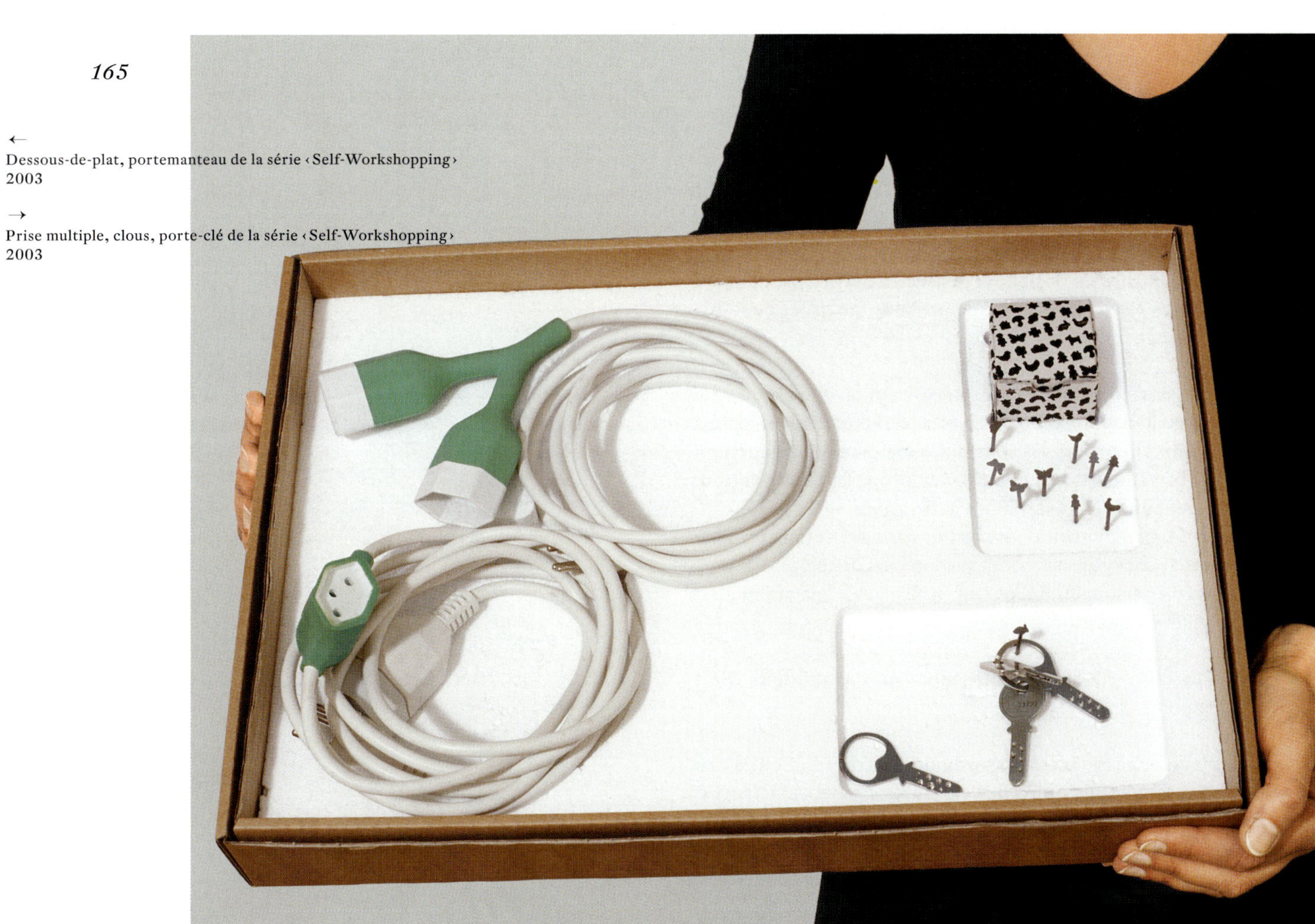

la méthode de travail que tu as appliquée pour le projet ‹Self-Workshopping› t'a contraint à prendre des décisions rapides lors de la conception. à ton avis, le temps est-il un facteur important pour la qualité du design, et penses-tu que les produits développés présentent ainsi un caractère plus inédit, et peut-être aussi davantage innovant?

Pour trouver et développer une idée, un concept ou une esquisse de produit, le temps à disposition peut en effet s'avérer être un facteur intéressant, voire important. La contrainte temporelle va pousser le créateur à une certaine spontanéité, tout en proposant des solutions logiques... Il peut donc en résulter des innovations.
Par contre, le développement d'un produit dans ses détails formels, techniques, etc. nécessite souvent beaucoup plus de temps. Et, dans ce cas là, travailler selon des délais trop courts pourrait diminuer la qualité du design en question.

à ton avis, où réside le caractère innovant des produits ‹Self-Workshopping›?

Les objets développés grâce à la méthode de travail ‹Self-Workshopping› sont souvent de nouvelles variantes d'objets existants et ne se veulent en aucun cas révolutionnaires. Ils découlent d'idées simples voire parfois évidentes et, de ce fait, même s'ils sont nouveaux, s'intègrent parfaitement à côté d'autres objets de générations ou de styles différents.
Un autre aspect innovateur de la méthode ‹Self-Workshopping› réside dans l'absence de limite quant aux objets traités... Même les objets les moins vus ou regardés méritent l'attention du designer!

que signifie pour toi l'innovation dans ton propre travail, et fait-elle également partie de tes critères de jugement lorsque tu examines d'autres produits?

A mon avis, un produit est innovant s'il offre de nouvelles perspectives pour les créateurs ou pour les utilisateurs. Ainsi, une innovation ouvre la porte aux designers sur de nouveaux champs de création et de réflexion et propose aux utilisateurs d'autres manières d'habiter, de travailler... de vivre.
lorsque j'observe d'autres produits, leur caractère innovant n'est pas forcément un critère de jugement. Un objet peut être génial, beau, drôle, etc. sans pour autant être innovant.

> deine arbeitsmethode beim projekt ‹Self-Workshopping› hat dich zu schnellen entscheidungen im entwurfsprozess gezwungen. ist deiner ansicht nach die zeit ein wichtiger faktor, wenn es um die qualität von design geht und denkst du, dass so frischere und vielleicht auch innovativere produkte entstehen?

Um eine Idee, ein Konzept oder eine Skizze für ein Produkt zu finden und zu entwickeln, kann sich die zur Verfügung stehende Zeit tatsächlich als interessanter, ja bedeutsamer Faktor erweisen. Die zeitliche Einschränkung zwingt den Designer, die Designerin zu einer gewissen Spontaneität, und gleichzeitig muss er oder sie logische Lösungen vorlegen. Daraus können Innovationen entstehen. Hingegen erfordert die Entwicklung der formalen, technischen und anderen Details eines Produkts häufig viel mehr Zeit, und in diesem Fall könnten zu kurz bemessene Termine die Qualität des betreffenden Designs schmälern.

> was ist deiner meinung nach innovativ an den produkten von ‹Self-Workshopping›?

Die mit der Methode des ‹Self-Workshopping› entwickelten Objekte sind oft neue Varianten von bestehenden Objekten, die sich keinesfalls als revolutionär verstehen. Sie entstammen einfachen oder sogar augenfälligen Ideen und passen deshalb, auch wenn sie neu sind, bestens zu anderen Objekten unterschiedlicher Generationen oder Stile.
Ein anderer innovativer Aspekt der Methode des ‹Self-Workshopping› liegt in der fehlenden Begrenzung bezüglich der bearbeitbaren Objekte … Gerade die am wenigsten gesehenen oder beachteten Objekte verdienen die Aufmerksamkeit des Designers oder der Designerin.

> was bedeutet für dich innovation für die eigene arbeit und ist für dich innovation auch ein kriterium, wenn du fremde produkte beurteilst?

Meiner Meinung nach ist ein Produkt dann innovativ, wenn es dem Urheber oder den Benutzerinnen und Benutzern neue Perspektiven bietet. So eröffnet eine Innovation Designerinnen und Designern das Tor zu neuen Betätigungs- und Reflexionsfeldern und gibt den Benutzerinnen und Benutzern neue Arten und Weisen in die Hand, wie man wohnen, arbeiten und leben kann.
Wenn ich andere Produkte betrachte, so ist ihr innovativer Charakter nicht unbedingt ein Beurteilungskriterium. Ein Objekt kann genial, schön, witzig usw. sein, ohne deshalb innovativ zu sein.

Damien Regamey

> your working method in the 'Self-Workshopping' project forced you to make rapid decisions in the design process. do you believe that time is an important factor for the quality of design and do you think that this may lead to the development of more modern, maybe also more innovative products?

The time available can prove to be an interesting, even important factor when finding and developing an idea, concept or outline of a product. Time constraints push the creator towards a certain degree of spontaneity, whilst still putting forward logical solutions ... This can thus result in innovations.
The development of a product in all its formal, technical and other details, on the other hand, often requires much more time. In this case, working to tight deadlines could reduce the quality of the design in question.

> what do you think is innovative about the 'Self-Workshopping' products?

The objects developed through the 'Self-Workshopping' working method are often new variations of existing objects and none of them are meant to be revolutionary. They stem from simple, often obvious ideas and, thus, even if they are new, they become perfectly integrated alongside objects from different generations and different styles.
Another innovative aspect of the 'Self-Workshopping' method lies in the absence of limits for the objects handled ... Even the least seen or observed objects are worthy of the designer's attention!

> what does innovation mean to you for your own work, and is innovation a criterion for you when you assess other people's projects?

To my mind, a product is innovative if it offers new perspectives for the creators or users. Thus, an innovation opens the door onto new areas of creation and thought for designers and suggests to its users other ways of abiding, working ... living.
When I look at other products, their innovative character is not necessarily a criterion of judgement. An object can be brilliant, beautiful, funny, etc. without being innovative.

Email flurot@tiscalinet.ch **Beruf** Fotografin **Jahrgang** 1977 **Lebt und arbeitet** in Zürich **Studium** an der Hochschule für Gestaltung und Kunst Zürich, Studienbereich Fotografie **Abschluss/Diplom** als Designerin FH in Visueller Kommunikation, 2003 **Arbeitet auch zusammen mit** Vanessa Billeter **unter dem Label** Vanessa Billeter/Flurina Rothenberger **Preis/Auszeichnung** 1. Preis für das Fotoprojekt ‹Viel Arbeit›, Amt für Wirtschaft und Arbeit, Zürich, 2000 **Ausstellungen** Diplomausstellung Studienbereich Fotografie, Hochschule für Gestaltung und Kunst Zürich, 2003 – ‹Zweite Haut›, Museum Bellerive, Zürich, 2002 – ‹Künstliche Welten›, Galerie der Fotoklasse, Zürich, 2002 **Publikation** ‹I don't know where I'm going but I'm on the way›, Patrick Frey Verlag, 2004 **Werk/Projekt** Prämiert wurde ein Buchprojekt **Titel** ‹I don't know where I'm going but I'm on the way› **Entstehungsjahre** 2002/2003 **Gruppe** A **Auflage** 1000 Stück **Verkaufspreis** ca. CHF 48.– **Bezugsquellen** Im Buchhandel erhältlich, ISBN 3-90550953-9

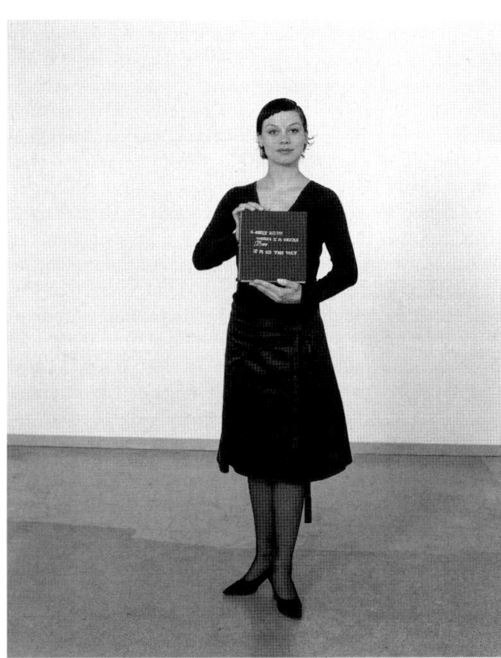

Flurina Rothenberger

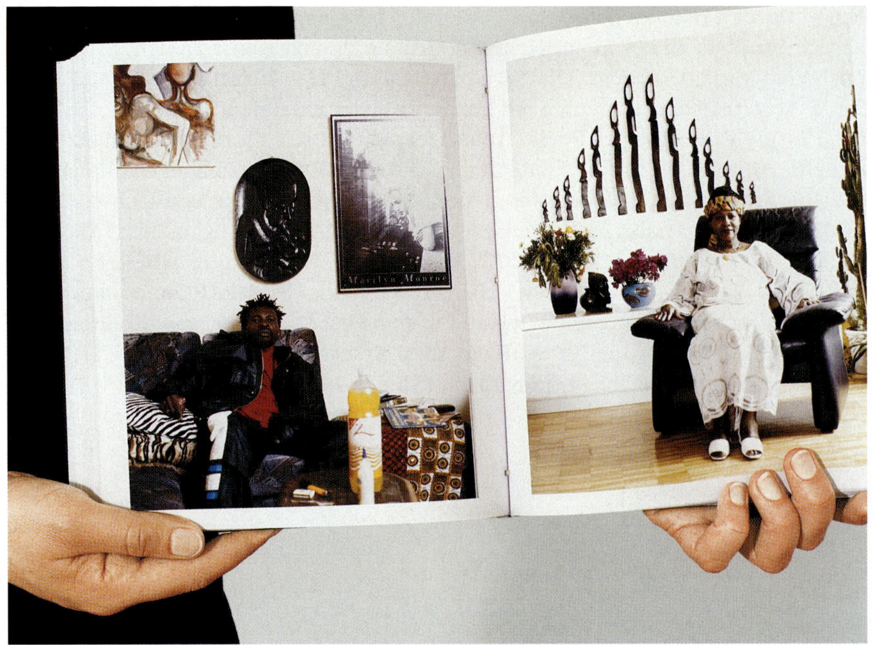

[D] In Form eines Buches ermöglicht uns die Fotografin Flurina Rothenberger mit ihrer Diplomarbeit ‹I don't know where I'm going but I'm on the way› einen Abstecher in die Lebenswelt der Exil-Westafrikanerinnen und -afrikaner in Zürich. Die Suche nach dem menschlichen Antrieb, sich in der Fremde ein Stück persönliche Heimat zu erschaffen, und nach einem adäquaten Ausdruck für die emotionale Zerrissenheit, die das Leben in zwei Kulturen mit sich bringt, sind die zentralen Themen dieser sehr persönlichen Arbeit. Zur Abbildung der individuellen Lebenswelten bedient sich Flurina Rothenberger neben dem der Fotografie auch anderer Medien. In einer äusserst ausgewogenen Gestaltung verbindet sie Ausschnitte aus Tagebüchern der Porträtierten, sonstige Notizen, Transkriptionen alltäglicher Unterhaltungen, gesammeltes Bildmaterial aus privaten Fotoalben, Kopien aus westafrikanischen Lifestyle-Magazinen, Fotografien und Zeichnungen mit den eigenen Porträt-Fotografien. So entsteht eine ehrliche und respektvolle Reportage, eine fein verwobene Sammlung an individuellen Geschichten, die mit grosser Sorgfalt in dieses eigenwillig gestaltete Buch eingebunden wurde.

[E] In the form of a book, photographer Flurina Rothenberger enables us to take a trip into the world of exiled West Africans in Zurich with her diploma project 'I don't know where I'm going but I'm on the way'. The central topics of this extremely personal work consist of the quest for the human drive to create a piece of one's personal home in a foreign place and to find an adequate expression for the emotional disruption that living in two cultures brings with it. To represent the individual worlds, Flurina Rothenberger uses other media in addition to photography. In an extremely balanced design, she combines excerpts from the journals of those portrayed, other notes, transcripts of everyday conversations, collected image material from private photo albums, copies from West African lifestyle magazines, photographs and drawings with the actual portrait photographs. Thus, an honest and respectful reportage is created, a finely interwoven collection of individual stories that have been carefully bound into this idiosyncratically designed book.

[F] Sous forme de livre, la photographe Flurina Rothenberger nous propose, avec son travail de diplôme ‹I don't know where I'm going but I'm on the way›, de nous plonger dans le quotidien des personnes d'Afrique occidentale vivant à Zurich. L'exploration de l'aspiration humaine à se créer un petit bout de chez soi en terre étrangère et la recherche d'une expression appropriée pour le déchirement émotionnel découlant de la vie dans deux cultures sont les thèmes centraux de ce travail très personnel. Pour la représentation des vécus individuels, Flurina Rothenberger utilise également d'autres médias que la photographie. Dans une conception très équilibrée, elle met en rapport des extraits de journaux intimes des personnages dont elle dresse le portrait, des notes diverses, des transcriptions de conversations de la vie de tous les jours, une collection d'images tirées d'albums de photo privés, des coupures de magazines de ‹lifestyle› ouest-africains et des photographies et dessins avec leurs propres photoportraits. Il en résulte un reportage sincère et respectueux, une collection finement tissée d'histoires individuelles, qui ont été intégrées avec un grand soin dans ce livre conçu de façon originale.

Doppelseiten aus der Publikation ‹I don't know where I'm going but I'm on the way›,
2004

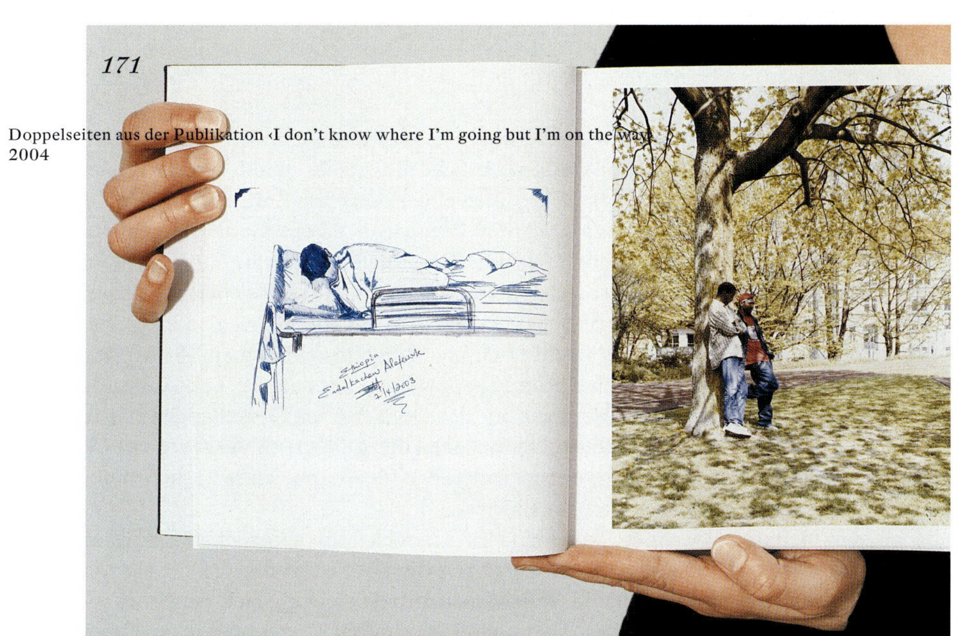

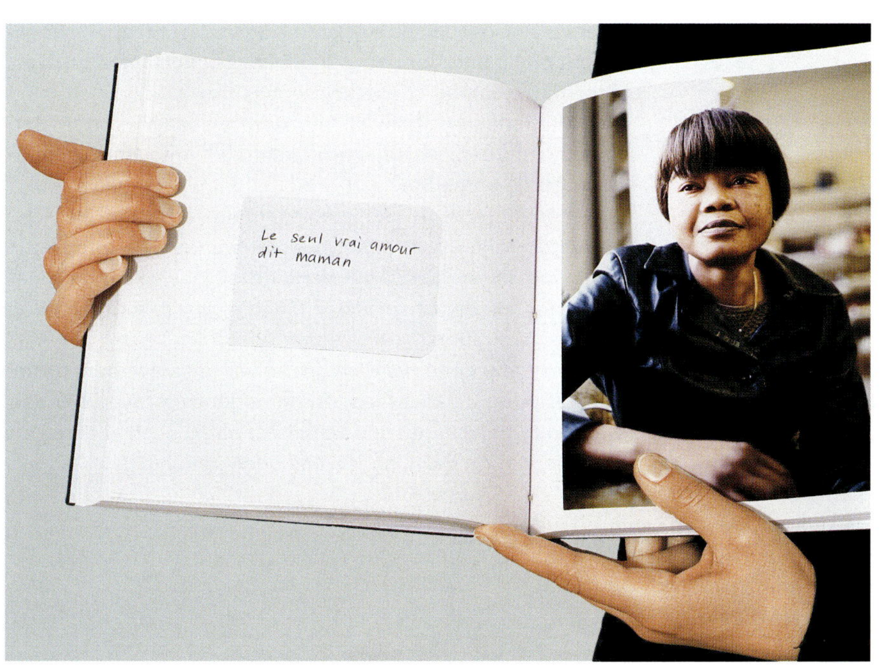

Briefwechsel

Liebe Flurina

Als Gewinnerin des Eidgenössischen Wettbewerbs für Design bist du unter anderem ausgewählt worden, weil deine eingereichte Arbeit als innovativ eingeschätzt worden ist. Ich möchte dich nun bitten, in deinem Antwortbrief an mich zu versuchen, das Neue oder Neuartige an deinem Buch näher zu beschreiben und zu begründen. Um dir einige Anhaltspunkte und Stichworte zu geben, erzähle ich dir zuerst, was mir aufgefallen ist.

Afrikanische Menschen und ihre Kultur in Zürich darzustellen, ist schwierig für Zürcher, weil unser Blick ja gezwungenermassen von der eigenen Kultur geprägt ist. Trotzdem finde ich, dass sich in deinem Buch ‹I don't know where I'm going but I'm on the way› ein Stück der fremden Kultur sehr direkt zeigt. Ich bin mir nicht sicher, ob es an den fotografischen Porträts liegt oder an den Texten; möglicherweise ist es auch das Bildmaterial aus dem afrikanischen Alltag, das du verwendet hast oder andere gestalterische Mittel. Jedenfalls bekomme ich den Eindruck, dieses Buch sei nicht über, sondern von und mit Afrikanern in Zürich gemacht worden. Könnte man dies als innovativ bezeichnen oder gibt es Vorbilder für diese Arbeit? War dies vielleicht nur möglich, weil du das gesamte Buch selbst gestaltet und so als Fotografin, Reporterin, Texterin, Grafikerin und Ethnologin zugleich fungiert hast?

Und dann möchte ich gerne noch von dir wissen, was du allgemein unter Innovation verstehst und welchen Stellenwert sie für deine Tätigkeit hat.

Ich freue mich auf deine Antwort und sende beste Grüsse
Renate Menzi

Liebe Renate

Ich würde gerne deiner Bitte nachkommen, das Neuartige an meinem Buch zu beschreiben, doch das war für mich bei der Arbeit nie ein bewusster konzeptueller Anspruch.

Die Arbeit behandelt ein Thema, das bereits stark besetzt ist von sozialen und asylpolitischen wie auch kulturellen und ethnologischen Ansätzen.

Das Buch ignoriert diese Gesichtspunkte nicht, versteht sie als sehr reale Komponente in der Existenz der porträtierten Gemeinschaft, sie sind jedoch nur subtil wahrnehmbar in einzelnen Äusserungen und Bildern.

Ich spekuliere, dass die Arbeit deswegen als innovativ bewertet wird, weil sie vielleicht stärker und vor allem in einer gestalterisch wie inhaltlich lustvollen Art die Betroffenen zur Sprache kommen lässt.

Sie gewährt den Einblick in exemplarische Lebenssituationen von Westafrikanern hier. Von Existenzen, die – wenn auch sehr individuell – am Gedankengut zweier Kulturen festhalten und damit unbeabsichtigt neue kulturelle Strukturen schaffen.

Ich will nicht behaupten, dass meine subjektive Interpretation und Selektion als Autorin nicht relevant sind. Aber ich habe es dabei belassen, nicht aktiv nach bestimmten Informationen zu suchen, sondern das festzuhalten, was in den verschiedenen Kreisen der Community offensichtliche Gesprächs- und Interessenthemen sind.

Das Buch ist über einen längeren Zeitraum in einer direkten Kollaboration mit den Protagonisten entstanden. Begünstigt durch meinen biografischen Hintergrund entstand ein integrativer Austausch, der sich in den Bildern und Texten sicherlich niederschlägt. Dadurch, dass mein Buch die westafrikanische Community in Zürich behandelt, deckte sich in vielen Hinsichten mein Blick – der ebenso von beiden Kulturen geprägt ist – mit dem der Leute, die porträtiert wurden. Vertraut mit der Denkens- und Handlungsweise in der eigenen Heimat, beginnt eben diese einen, im Vergleich zur Lebenserfahrung in einem anderen Kulturraum, auch zu befremden – ein wechselseitiger Prozess.

Die Texte sind Bruchstücke aus alltäglichen Konversationen. Dadurch kommunizieren die Protagonisten die für sie relevanten Themen und Sichtweisen mittels einer eigenen Ausdrucksweise.

Im Buch sind somit Porträts und Texte entstanden, die unspektakulär wie authentisch sind und in denen fotografisch, sprachlich wie auch inhaltlich die zeitgenössischen westeuropäischen Codes ebenso erkennbar sind wie die der reichen westafrikanischen Tradition.

Dies mag eine innovative Wirkung erzielen, da es dem Leser/Betrachter einen anderen Blickwinkel ermöglicht, als es die Presse oder ein rein sozialpolitisch oder ethnologisch motivierter Ansatz zulässt.

Ich habe festgestellt, dass dieses Thema interessiert, weil es Teil unserer alltäglichen Realität ist, sich jedoch das Leben in dieser Szene – wie es auch bei anderen Zuwanderergruppen üblich ist – in einem mehr und minder unabhängigen Netzwerk an Geschäften, Treffpunkten und Dienstleistungen abspielt.

Mit Bedauern stelle ich fest, dass ich das Maximum der Zeichen noch nicht überschritten habe, denn deiner letzten Frage würde ich mich gerne enthalten.

Innovation kann ich nicht allgemein verstehen, was ich als innovativ beurteile, ist in jedem Gebiet wieder von anderen Kriterien abhängig. Für meine persönliche Arbeit ist sie kein zentraler Ansatz, im Gegenteil, der Anspruch, innovativ sein zu müssen, blockiert bei mir die Inspiration.

Das Leben und die Welt, in der wir uns bewegen, gestalten sich konstant um; versucht man in der eigenen Arbeit über das Gegenwärtige zu reflektieren und verschafft damit auch anderen die Freude und Motivation dazu, so ist dies doch innovativ.

Flurina

Correspondance

Chère Flurina,

Tu fais partie des lauréates du Concours fédéral de design remis par l'Office fédéral de la culture car ton travail a été jugé novateur. Pourrais-tu décrire et expliquer les aspects nouveaux ou novateurs de ton ouvrage dans ta lettre de réponse. Afin de te donner quelques repères et mots-clés, je vais te dire ce qui a attiré mon attention.

Présenter les Africains et leur culture à Zurich est un exercice difficile pour les Zurichois étant donné que notre point de vue est forcément influencé par notre propre culture. Néanmoins, je trouve que ton livre ‹ I don't know where I'm going but I'm on the way › présente une partie de cette culture étrangère de façon très directe. Je ne sais pas exactement si cela est dû aux portraits photographiques ou aux textes. Cela résulte probablement aussi des images tirées du quotidien africain que tu as utilisées ou des autres types d'illustration. En tout cas, j'ai l'impression que ce livre n'est pas un ouvrage écrit sur, mais par et avec des Africains à Zurich. Peut-on dire qu'il s'agit là de l'aspect novateur de ton travail ou existe-t-il des précédents? Peut-être que cela n'a été possible que parce que tu as réalisé l'ouvrage intégralement et que tu es intervenue à la fois en tant que photographe, reporter, auteur, graphiste et ethnologue?

Peux-tu également me dire ce que signifie l'innovation pour toi et quelle importance elle revêt dans ton travail.

J'attends ton courrier avec impatience.

Meilleures salutations
Renate Menzi

Chère Renate,

Je voudrais bien répondre à ta demande et te présenter l'aspect novateur de mon ouvrage, mais cela n'a jamais fait partie des exigences conceptuelles que je m'étais fixées.

Ce travail traite d'un sujet qui a déjà été abordé souvent d'un point de vue social, dans la perspective du droit d'asile ainsi que sous un angle culturel et ethnologique.

Ce livre n'ignore pas ces aspects, il les considère comme des éléments très concrets du quotidien de la société décrite. Ils sont présents de façon très subtile, dans certains propos et certaines images.

J'imagine que ce travail a été considéré comme novateur, parce qu'il permet aux personnes concernées de s'exprimer avec davantage de véhémence et d'une façon plus plaisante d'un point de vue de la mise en scène et du contenu.

Il donne un aperçu des expériences que vivent ici les Africains d'Afrique occidentale. Il permet de découvrir des existences, certes très individuelles, mais toutes attachées aux idéologies appartenant à deux cultures différentes, et qui créent ainsi involontairement de nouvelles structures culturelles.

Je ne veux pas prétendre que mon interprétation subjective et la sélection que j'ai effectuée en tant qu'auteur n'ont pas d'importance. Mais je n'ai pas essayé de chercher activement des informations particulières, j'ai voulu figer les principaux sujets de discussion et les centres d'intérêt des différents cercles de la communauté.

Le livre est né d'une collaboration directe établie sur le long terme avec les protagonistes. Mon contexte biographique a permis de mettre en place un échange interactif, qui se reflète certainement dans les images et à travers les textes. Comme mon ouvrage traite de la communauté d'Afrique occidentale à Zurich, mon regard, également influencé par les deux cultures, était semblable en de nombreux points à celui des personnes dont j'ai fait le portrait. Familiarisées avec la façon d'agir et de penser de leur pays d'origine, elles sont déconcertées par cette dernière, dans la mesure où elles peuvent la comparer avec les expériences qu'elles vivent dans une autre culture, c'est un processus réciproque.

Les textes sont des bribes de conversations familières. Les protagonistes communiquent ainsi les sujets et les points de vue qui sont importants à leurs yeux à l'aide d'un moyen d'expression qui leur est propre.

C'est pourquoi, ce livre contient des portraits et des textes qui, à défaut d'être spectaculaires, sont authentiques et qui reflètent aussi bien les codes contemporains d'Europe occidentale que la riche tradition d'Afrique occidentale d'un point de vue photographique, linguistique et intrinsèque.

Cet aspect est peut-être novateur puisqu'il offre au lecteur/ spectateur une perspective différente de celle proposée par la presse ou par une approche purement politico-sociale ou ethnologique.

J'ai constaté que ce sujet suscite l'intérêt parce qu'il fait partie de notre réalité quotidienne, même si la vie de cette communauté s'articule surtout autour d'un réseau plus ou moins indépendant de magasins, de lieux de rencontre et de prestations de services, comme c'est souvent le cas dans d'autres groupes d'immigrants.

J'ai constaté avec regret que je n'ai pas encore dépassé le nombre maximum de signes autorisés, parce que je préférerais ne pas répondre à ta dernière question.

Je ne conçois pas l'innovation de façon globale. Les aspects novateurs sont toujours différents en fonction des domaines. En ce qui concerne mon travail, je n'ai pas d'approche centrale, au contraire, la volonté d'être à tout prix innovante bloque mon inspiration.

Flurina Rothenberger

La vie et le monde dans lequel nous nous déplaçons changent en permanence. Essayer de refléter l'esprit du temps dans son travail et arriver ainsi à rendre heureux et à motiver les autres, ça c'est innovant.

Flurina

Correspondence

Dear Flurina

One reason for your selection as a winner of the Swiss Federal Design Competition was because the work you submitted was assessed as innovative. I would now like to ask you, in your reply to me, to describe in more detail and give reasons for the new or innovative aspects of your book. To provide you with a few reference points and key words, I will tell you what I noticed.

It is difficult for people from Zurich to represent African people and their culture in Zurich because our perspective is, by necessity, marked by our own culture. I nonetheless believe that your book 'I don't know where I'm going but I'm on the way' shows part of the foreign culture in an extremely direct manner. I don't know whether this is because of the photographic portraits or because of the texts. It may also be due to the picture material from everyday African life that you used or other artistic means. I, however, obtain the impression that this book was not made about, but by and with Africans in Zurich. Could this be described as innovative or are there models for this work? Could it be that this was only possible because you designed the whole book yourself and thus took on the functions of photographer, reporter, writer, graphic designer and ethnologist yourself?

I would also like to know what innovation means to you in general and what its value is for you in your work.

I look forward to your response and send my best regards.
Renate Menzi

Dear Renate,

Although I would love to comply with your request and describe the innovative aspect of my book, this was never a conscious conceptual demand for me whilst working.

The work deals with a topic that has already been comprehensively covered by social and asylum-political as well as cultural and ethnological approaches.

The book does not ignore these aspects and understands them to be very real components in the existence of the community portrayed, but they are only subtly perceptible in individual statements and pictures.

I would speculate that the work has been assessed as innovative because it allows those concerned to speak in a stronger and – in particular – a pleasurable manner in terms of design and contents.

It allows an insight into exemplary life situations of West Africans living here. Of existences that – even if they are extremely individual – adhere to the ideas of two cultures and thus unintentionally create new cultural structures.

I do not want to claim that my subjective interpretation and selection as an author is irrelevant. However, I did not actively seek certain information, but simply recorded what are obviously topics of discussion and interest in the various circles of the community.

The book was developed over a long period of time in direct collaboration with the protagonists. Thanks to my biographical background, an integrative exchange developed, which is undoubtedly expressed in the pictures and texts. Because my book deals with the West African community in Zurich, my perspective corresponded in many aspects with that of the people being portrayed. Familiarity with the way of thinking and acting in one's own home country can become alien when compared to life experiences in another cultural area – and this is a reciprocal process.

The texts are fragments from everyday conversations. In this way the protagonists communicate by means of their own form of expression topics and points of view that are relevant to them.

Thus, portraits and texts developed in the book, which are unspectacular and authentic and in which contemporary Western European codes are just as recognisable in terms of photography, language and contents as those of the rich Western African tradition.

This may result in an innovative effect because it allows the reader/viewer to experience a different angle to that provided by the press or by a purely socio-politically or ethnologically motivated approach.

I have noticed that this topic is interesting because it is part of our everyday reality, although life in this scene – as is also often the case for other groups of immigrants – occurs in a more or less independent network of shops, meeting points and services.

I regret that I have not yet exceeded the maximum number of words because I don't really want to answer your last question.

I cannot understand innovation in general. What I assess as innovative depends on different criteria in each area. It is not a central approach for my personal work. In fact, the demand that I need to be innovative blocks my inspiration.

Life and the world in which we live are constantly redesigning themselves and if one tries to reflect the present in one's own work and – in this process – inspires pleasure and motivation in other people to do the same, this is also innovative.

Flurina

Email lela.lela@wildmail.com **Beruf** Modedesignerin **Jahrgang** 1972 **Lebt** in Antwerpen **und arbeitet** in Benelux und in der Schweiz **unter dem Label** LELA SCHERRER **Berufsausbildung** Lehre als Damenschneiderin bei Issue Design, Basel **Studium** an der Hochschule für Gestaltung und Kunst Zürich **Abschluss/Diplom** als Modedesignerin FH, 2001 **Praktikum** bei Walter van Beirendonck, Antwerpen, 2002 **Preise/Auszeichnungen** Eidg. Preis für Design 2003/2002 — Gewinnerin des ‹Prix Bolero›, Zürich, 2003 — Finalistin ‹ITS ONE International Fashion Talent Support›, Triest, 2002 — 3. Preis am ‹WFC International Fashion Contest›, Japan, 2001 — Gewinnerin des internationalen Designwettbewerbs ‹Crespi Trophy›, Mailand, 2001 — Finalistin des ‹Unesco Prix Design 21›, New York, Paris, 2001 **Ausstellungen** ‹Swiss Design 2003: Désir Design›, mudac, Lausanne, 2003/2004 — ‹CRISS & CROSS Design aus der Schweiz›, New York, São Paolo, Winterthur, Berlin u.a., 2003/2004 — Felissimo Gallery, New York, 2003 — ‹Swiss Design 2002: Netzwerke›, Museum für Gestaltung Zürich, 2002/2003 **Shows** ‹Young Designer's Fashion Show›, Rotterdam, 2002 — ‹GWAND›, Special Guest Bundesamt für Kultur, Luzern, 2002 — Ausstellung für DuPont an der ‹Première Vision›, Paris, 2002 — ‹Sport is Fashion›, ETH Zürich, 2002 **Publiziert in** ‹ITH-Magazin '31› #4: Ästhetische Entwürfe›, Zürich, 2004 **Werk/Projekt** Prämiert wurde eine Kollektion bestehend aus 8 Outfits **Titel** ‹Kleben Sägen Weben gegen den Ungeist› **Entstehungsjahr** 2003 **Gruppe** A **Verkaufspreise** Teile der Kollektion CHF 250.– bis CHF 999.– — Accessoires CHF 75.– bis CHF 250.– **Bezugsquelle** Real Time Society @ Globus, Bahnhofstrasse, Zürich

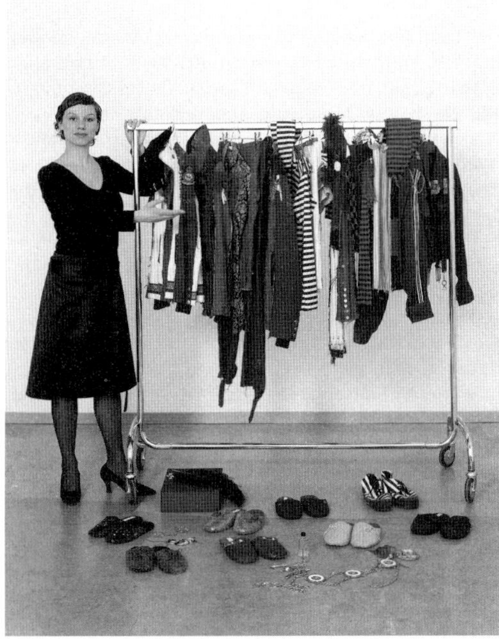

Lela Scherrer

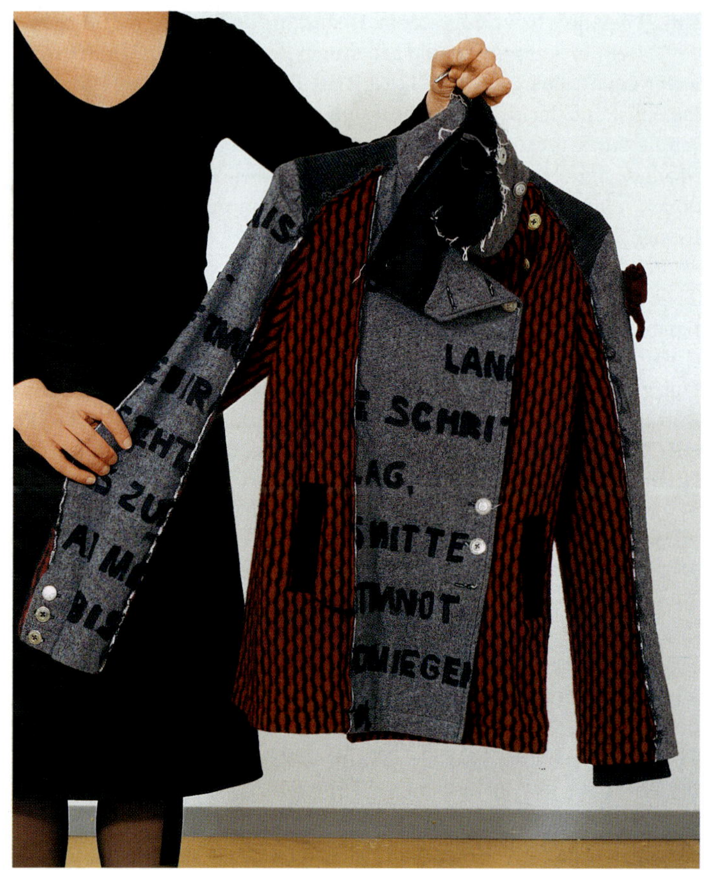

[F] Inspirés par l'ouvrage ‹Anatol› d'Arthur Schnitzler, les huit ensembles de la collection ‹KSW – Kleben Sägen Weben gegen den Ungeist› expriment des thèmes de cette période de transition des années 1910. Avec son écriture unique en son genre, Lela Scherrer réunit des tissus – autant nouveaux qu'usagés – d'une grande variété de textures et de caractères (féminins et masculins) et souligne adroitement les contrastes par l'application de paillettes et de perles. Avec l'utilisation d'un tissu de coton rayé, d'apparence ‹androgyne›, elle estompe elle-même les frontières qu'elle vient de tracer. Ce n'est pas seulement par leurs noms – ‹episode-pants›, ‹destiny-dress›, ‹his-jacket-for-her›, ‹memorial-top› ou ‹farewell-skirt› – que les ensembles rappellent une époque qui fut aussi, entre autres, celle d'une redéfinition du rôle des deux sexes. On retrouve sans cesse des mots cousus sur les vêtements, ou encore de vieux boutons, des chaînes, des médailles et des épingles, autant d'objets chargés de signification qui, nimbés de souvenirs, suggèrent délibérément des associations. Le jury est impressionné par cette complexité bien pensée, qui parvient à transporter habilement une époque dans le présent, et décerne pour la troisième fois consécutive un prix à une collection de Lela Scherrer.

[E] Inspired by Arthur Schnitzler's 'Anatol', the eight outfits of the 'KSW – Kleben Sägen Weben gegen den Ungeist' (pasting sawing weaving against the demon) express themes of this transitional period in the 1910s. With her unmistakeable handwriting, Lela Scherrer combines new and already used fabrics with the most varied textures and characters (feminine and masculine) and cleverly emphasises the contrasts through the application of sequins and beads. By using a striped cotton material with an 'androgynous' effect, she skilfully smudges limits that have just been set. Not only the names of the outfits, 'episode-pants', 'destiny-dress', 'his-jacket-for-her', 'memorial-top' and 'farewell-skirt', are reminiscent of the era, which also heralded a new definition of gender roles. Again and again one finds sewn-on words or pinned-on old buttons, chains, medals and pins, a wealth of objects charged with significance, which are able to awaken specific associations surrounded by memories. The Jury is impressed by this carefully thought out complexity, which is skilfully able to transport an era into the present, and which awards a collection by Lela Scherrer for the third time in succession.

[D] Inspiriert durch Arthur Schnitzlers ‹Anatol› bringen die acht Outfits der Kollektion ‹KSW – Kleben Sägen Weben gegen den Ungeist› Themen dieser Übergangszeit der 1910er Jahre zum Ausdruck. Mit ihrer unverwechselbaren Handschrift fügt Lela Scherrer Stoffe – neue wie bereits gebrauchte – mit unterschiedlichsten Texturen und Charakteren (feminin und maskulin) zusammen und unterstreicht die Kontraste gekonnt mit der Applikation von Pailletten und Perlen. Mit dem Einsatz von einem gestreiften, ‹androgyn› wirkenden Baumwollstoff verwischt sie selbst soeben gezogene Grenzen. Nicht nur die Namen der Outfits – ‹episode-pants›, ‹destiny-dress›, ‹his-jacket-for-her›, ‹memorial-top› oder ‹farewell-skirt› – erinnern an die Epoche, welche auch eine Neudefinition der Geschlechterrollen mit sich brachte. Immer wieder finden sich auch aufgenähte Worte oder angeheftete alte Knöpfe, Ketten, Medaillen und Anstecknadeln, lauter mit Bedeutung aufgeladene Gegenstände, die, von Erinnerungen umweht, gezielt Assoziationen zu wecken vermögen. Die Jury ist beeindruckt von dieser durchdachten Vielschichtigkeit, die eine Zeit überzeugend ins Heute zu transportieren versteht, und zeichnet zum dritten Mal in Folge eine Kollektion Lela Scherrers aus.

←
Jacke aus der Kollektion ‹Kleben Sägen Weben gegen den Ungeist›
2003

→
Rock aus der Kollektion ‹Kleben Sägen Weben gegen den Ungeist›
2003

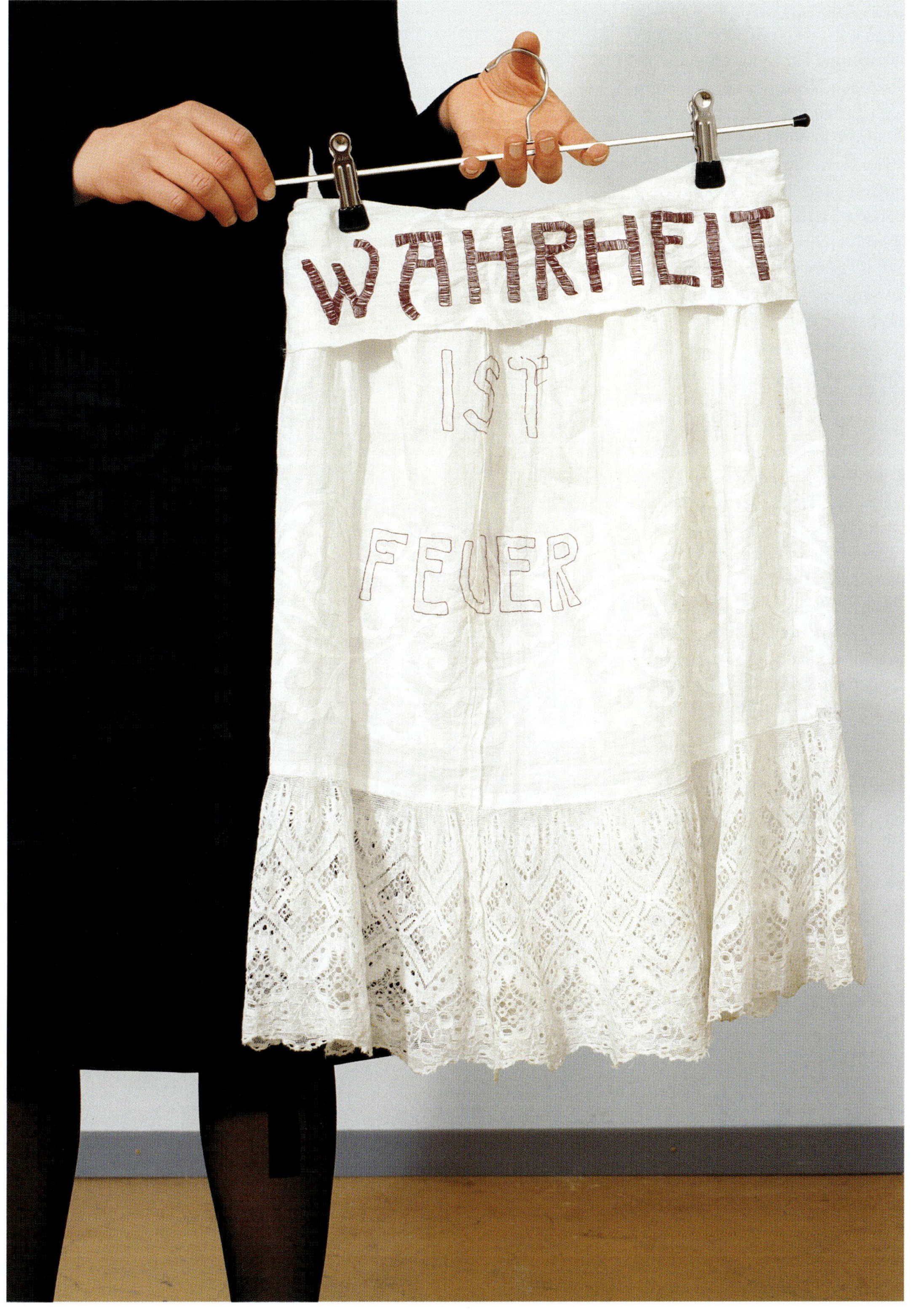

> im text zu deiner kollektion ‹Kleben Sägen Weben gegen den Ungeist› schreibst du von der suche nach einer «neuen Schönheit». kannst du genauer beschreiben, was du mit ‹neu› meinst?

Die Kollektion ‹KSW› basiert auf dem Theaterstück ‹Anatol› von Arthur Schnitzler, UA 1910, also kurz vor dem 1. Weltkrieg. Es spielt in einer Periode, die von grossen Umwälzungen geprägt war: technologisch, wirtschaftlich und politisch, aber eben auch kulturell und sozial. Man stelle sich nur vor, wie radikal sich auch die Mode in jener Zeit veränderte. Weg vom Korsett und von der viktorianischer Strenge, hin zur ‹befreiten› Reformmode. Auch diese Menschen waren auf der Suche nach einer ‹neuen Schönheit›. Die ‹KSW›-Kollektion habe ich parallel zu den Theaterkostümen für ‹Anatol› entworfen. Diese sollen die Zeit und den kulturellen Hintergrund, vor dem das Stück spielt, so bildhaft wie möglich darstellen. Darum verwendete ich auch für die Kollektion viele alte Elemente, z.B. Knöpfe, Aufnäher und ganze Teile von alten Kleidern, die zwar das Gefühl der damaligen Zeit und Ästhetik vermitteln, aber in Wirklichkeit zu einem gegenwärtigen Objekt werden. So wird in einem neuen Kleidungsstück die Illusion der Vergangenheit vermittelt. Durch den Hintergrund von ‹Anatol› vereinen sich Gegenwart und Vergangenheit sozusagen von selber. Die Spannung zwischen alt und neu, antik und modern macht ja auch die Dynamik jener Zeit aus.

> kannst du beschreiben, was innovativ im konzept deiner ‹KSW›-kollektion ist und wie sich das verhältnis von alt und neu in den kleidern spiegelt?

Eine Bewegung, welche die enormen Veränderungen der Zeit kulturell widerspiegelte, war Dada. Obwohl Schnitzlers ‹Anatol› selber kein Dada-Stück ist, habe ich die Kollektion bewusst in diesen Zusammenhang gestellt, und sie eben auch danach genannt (‹Kleben Sägen Weben gegen den Ungeist›). Dada als Versuch, die Absurdität des sich immer schneller drehenden Weltgeschehens zu reflektieren, aber auch die fatalistische Einsicht, dem Un-Sinn der Welt, oder eben dem Ungeist, niemals wirklich Herr werden zu können. Auch diese Ästhetik der Absurdität war neu, und auch sie beinhaltet die Suche nach neuen Perspektiven in der Kunst oder Kultur allgemein. Diese wollte ich in meine Kollektion einfliessen lassen.

> es ist interessant, dass du auf meine fragen nach dem neuen mit historischen beispielen antwortest. ist denn gerade diese illusion der vergangenheit und deine behauptung einer aktualität von ‹redada› die innovation in deiner kollektion?

Es geht in der Kollektion nicht so sehr um ein Dada-Remake, als um das Widerspiegeln der erstaunlichen Parallele der damaligen Gegenwart (Frühjahr 2003) mit der Zeit am Anfang des 20. Jahrhunderts. Dort liegt mein Interesse, Aktuelles in meiner Arbeit wiederzugeben mit meinem ‹Medium Kleiderentwurf›.

> dans le texte accompagnant ta collection ‹ Kleben Sägen Weben gegen den Ungeist ›, tu parles de quête d'une « nouvelle beauté ». peux-tu décrire plus précisément ce que tu entends par ‹ nouveauté ›?

La collection ‹ KSW › s'inspire de la pièce de théâtre ‹ Anatole › de Arthur Schnitzler, représentée pour la première fois en 1910, c'est-à-dire peu avant la première guerre mondiale. La pièce se déroule à une époque marquée par de grands bouleversements, tant d'ordre technologique, économique, politique, que culturel et social. Imaginez les mutations radicales intervenues dans la mode durant ces années. Finis les corsets et la rigidité victorienne, alors remplacés par la mode ‹ libérée ›. Ces gens étaient eux aussi en quête d'une ‹ nouvelle beauté ›. J'ai conçu la collection ‹ KSW › parallèlement aux costumes destinés à ‹ Anatole ›. Ceux-ci sont censés illustrer le mieux possible l'époque et l'arrière-plan culturel de la pièce. C'est la raison pour laquelle j'ai également utilisé beaucoup d'anciens éléments pour la collection, tels que boutons, applications de pièces de tissus, et pans entiers de vieux vêtements, qui expriment certes l'esprit et l'esthétique d'autrefois, mais se transforment en réalité en objets de l'époque actuelle. C'est ainsi qu'un vêtement neuf procure l'illusion du passé grâce à ‹ Anatole ›, et sur fond de cette œuvre, l'union entre passé et présent s'opère pour ainsi dire d'elle-même. C'est bien la tension entre l'ancien et le nouveau, l'antique et le moderne qui crée la dynamique de cette époque.

> peux-tu décrire les éléments novateurs du concept de ta collection ‹ KSW › et la manière dont le rapport entre l'ancien et le nouveau se reflète dans les vêtements?

L'un des mouvements reflétant culturellement les mutations extrêmes de l'époque a été le dada. Bien que l'‹ Anatole › de Schnitzler ne soit pas en soi une œuvre dada, j'ai intentionnellement situé la collection dans ce contexte, baptisant également celle-ci d'après ce mouvement (‹ Kleben Sägen Weben gegen den Ungeist ›). Le dada, tentative de reproduire l'absurdité d'un monde évoluant de plus en plus vite, mais aussi vision fataliste de ne jamais pouvoir réellement maîtriser le non-sens, ou précisément l'esprit malsain (‹ Ungeist ›), du monde. Cette esthétique de l'absurde était également novatrice, et englobe elle aussi la quête de nouvelles perspectives dans l'art ou la culture. Voilà ce que je voulais intégrer dans ma collection.

> il est intéressant de constater que tu réponds à mes questions sur la nouveauté à l'aide d'exemples historiques. est-ce précisément dans cette illusion du passé et ton affirmation d'une actualité du ‹ redada › que réside l'innovation de ta collection?

Il ne s'agit pas tant, dans la collection, de ‹ remake › du dada que de l'idée de refléter les étonnants parallèles qui existent entre l'époque actuelle d'alors (printemps 2003) et le début du 20ème siècle. C'est à ce niveau que se situe mon intérêt de reproduire l'époque actuelle dans mon travail, en concevant des vêtements.

Lela Scherrer

> in the text accompanying your collection 'Kleben Sägen Weben gegen den Ungeist' (pasting sawing weaving against the demon), you write of the quest for a "new beauty". can you describe in more detail what you mean with 'new'?

The 'KSW' collection is based on the play 'Anatol' by Arthur Schnitzler, which was first performed 1910, i.e. just before World War I. It takes place in a period marked by great upheaval in terms of technology, economics and politics, but also of culture and society. We can only imagine how radically fashion changed, too, at that time, as it moved away from corsets and Victorian severity towards 'liberated' reformed fashion. These people were also on a quest for a 'new beauty'. I designed the 'KSW' collection in parallel to the theatre costumes for 'Anatol'. The latter are supposed to represent the time and cultural background against which the play is set in as pictorial a manner as possible. This is why I also used a wealth of old elements, e.g. buttons, patches and whole sections of old dresses, which convey the feeling of that time and those aesthetics, but in reality become an object of the present. Thus, the illusion of the past is conveyed in a new item of clothing. Present and past unite of their own accord, so to speak, through the background of 'Anatol'. After all, the tension between old and new, antique and modern, is what characterises the dynamics of that time, too.

> can you describe what is innovative about the concept of your new 'KSW' collection and how the relationship between old and new is reflected in the clothes?

Dada was a movement that reflected the great changes of the time in terms of culture. Although Schnitzler's 'Anatol' itself is not a Dada piece, I consciously placed the collection in this context and named it thereafter, too ('Kleben Sägen Weben gegen den Ungeist'). Dada as an attempt to reflect the absurdity of world events that are spinning round increasingly fast, but also the fatalistic insight into the nonsense of the world, or precisely the fact of never really being able to master the 'Ungeist' (demon). These aesthetics of absurdity were also new and they contain the quest for new perspectives in art or culture in general. I wanted to incorporate this in my collection.

> it is interesting that you have answered my questions about the new with historical examples. does the innovation in your collection consist of this illusion of the past and your claim about the topicality of 'redada'?

The collection is not so much a Dada remake as a reflection of the astounding parallels between the present at the time (spring 2003) and the period at the beginning of the 20th century. That is where my interest lies, in reflecting contemporary aspects in my work through my 'medium of clothing design'.

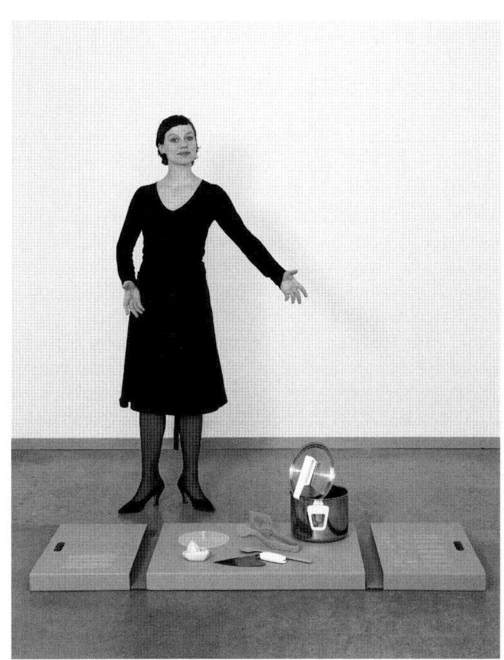

Email stefan.stauffacher@stauffacherbenz.ch **Beruf** Produktdesigner **Jahrgang** 1965 **Lebt und arbeitet** in Zürich **Studien** Studium der Naturwissenschaften (Biologie), ETH Zürich – Studium an der Hochschule für Gestaltung und Kunst Zürich, Studienbereich Industrial Design **Abschluss/Diplom** als Designer FH, 2003 **Praktika** bei Nose Applied Intelligence, Zürich, 2002 – Alfredo Häberli, Zürich, 2001 – Frédéric Dedelley, Zürich, 2000 – Zemp & Partner, Zürich, 1999 **Arbeitet auch zusammen mit** Nicole Benz **unter dem Label** StauffacherBenz **Preise/Auszeichnungen** Nomination für ‹Be your own chair... and walk it!› am ‹Design Preis Schweiz› zusammen mit Nicole Benz, 2003 – Nomination für ‹Portami› am ‹Design Preis Schweiz› zusammen mit Barbara Etter und Marcel Delavy, 2003 **Ausstellungen** ‹Design Preis Schweiz›, Kunstmuseum Solothurn, ‹DesignMai›, Berlin, 2003/2004 **Werk/Projekt** Prämiert wurde eine Serie von 7 Prototypen für Küchengeräte **Titel** ‹Tools–Werkzeug für die Küche› **Materialen/Technik** Metall, Porzellan, Silikon, Modellbaumaterialien **Entstehungsjahr** 2003 **Gruppe** B

Stefan Stauffacher

[D] Die mehrteilige Diplomarbeit ‹Tools – Werkzeug für die Küche› verrät Stefan Stauffacher als einen Menschen, der sich häufig und mit grosser Aufmerksamkeit und Freude am manuellen Arbeiten in der Küche aufhält. Dank geschickter Materialwahl erhalten einige Objekte einen ausgeprägt sinnlichen Charakter. So fügen sich beispielsweise die einteilige Zitronenpresse und der Mörser aus Porzellan geradezu perfekt in die Handfläche ein und faszinieren durch eine angenehme Haptik. Die Innovationen sind bei Stefan Stauffacher im Kleinen zu finden, sinnvolle Details erleichtern den Gebrauch: der Topflappen aus hitzebeständigem Silikon rutscht dank schlau platziertem Noppen nicht mehr aus der Hand und die rundum geschlossenen und vertikal abgewinkelten Halterungen an der Pfanne lassen bequem das Kochwasser abgiessen. Die Verbindung von zwei Objekten vermochte die Jury zwar – vor allem in ästhetischer Hinsicht – nicht immer in gleichem Masse zu überzeugen. Hingegen imponieren der präzise Kontext und die offensichtliche Auseinandersetzung mit grundsätzlichen Fragen des Designs, die auf eine sorgfältige Recherche und genaue Analyse von Bewegungsabläufen, Handgriffen und Materialien hinweist.

[E] The multi-part diploma project 'Tools – Werkzeug für die Küche' (tools for the kitchen) shows Stefan Stauffacher to be a person who often spends time in the kitchen paying great attention to and enjoying manual work. Thanks to a clever selection of material, some objects obtain a strikingly sensual character. Thus, for example, the one-piece citrus press and the porcelain mortar fit perfectly into the palm of the hand and are fascinating in their pleasant surface feel. Stefan Stauffacher's innovations can be found in small things, and sensible details facilitate use. The pan holder, for example, made of heat-resistant silicone no longer slips from one's hand thanks to a carefully positioned burl, while the vertically angled fittings on the pan that are sealed all round allow the cooking water to be drained off easily. However, the Jury was not always equally convinced by the connection of two objects, in particular in aesthetic terms. The precise context and the obvious grappling with basic design issues, on the other hand, which indicate careful research and an exact analysis of sequences of movement, hand gestures and materials, are impressive.

[F] Ce travail de diplôme en plusieurs parties ‹ Tools – Werkzeug für die Küche › nous dévoile un Stefan Stauffacher passant beaucoup de temps dans sa cuisine, avec une grande attention et un enthousiasme certain pour les travaux manuels. Le choix habile des matériaux confère à certains objets un caractère particulièrement sensuel. Par exemple, le presse-citron d'une seule pièce et le mortier en porcelaine épousent pour ainsi dire le creux de la main et fascinent par un toucher agréable. Chez Stefan Stauffacher, les innovations se trouvent dans le petit; des détails astucieux facilitent l'utilisation: grâce à une nope habilement placée, la manique en silicone résistant à la chaleur ne glisse plus des mains, et les poignées entièrement fermées et coudées verticalement de la casserole permettent de vider aisément l'eau de cuisson. La combinaison de deux objets n'a pas toujours convaincu le jury de manière égale – surtout sur le plan esthétique. En revanche, le contexte précis et la réflexion évidente sur des questions fondamentales du design, qui révèlent une recherche consciencieuse et une analyse précise de l'enchaînement des mouvements, des gestes et des matériaux, font impression.

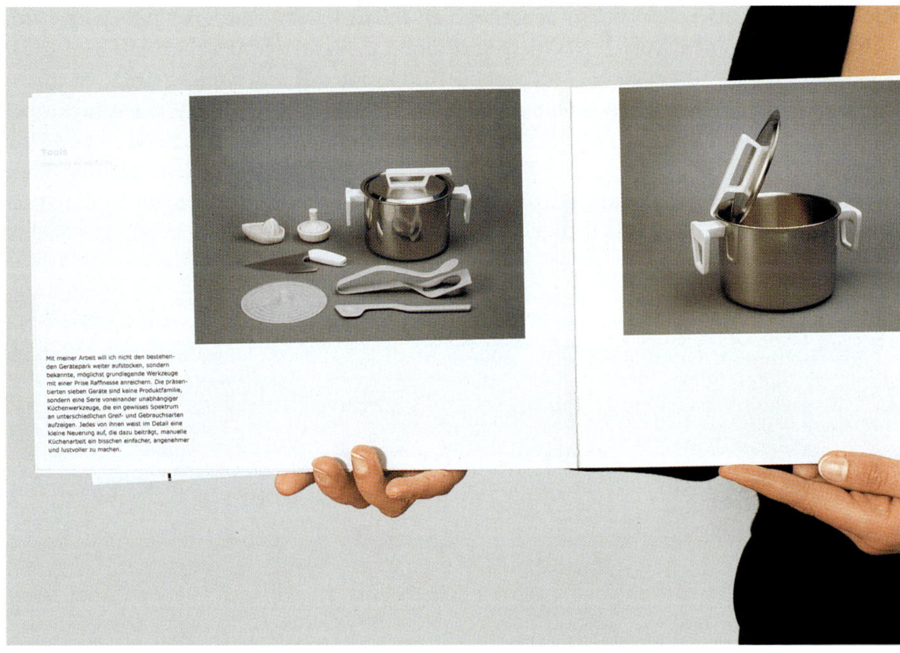

←
Abbildungen aus dem Dossier

→
Prototyp Brat-Klemm-Schaufel aus der Serie ‹Tools – Werkzeug für die Küche›
2003

→
Prototyp Zitruspresse aus der Serie ‹Tools – Werkzeug für die Küche›
2003

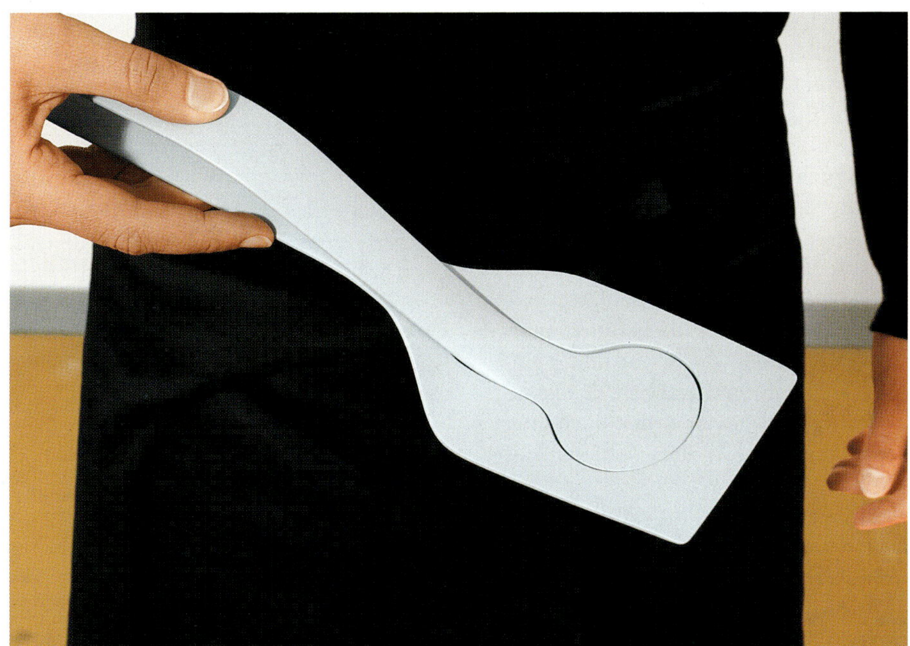

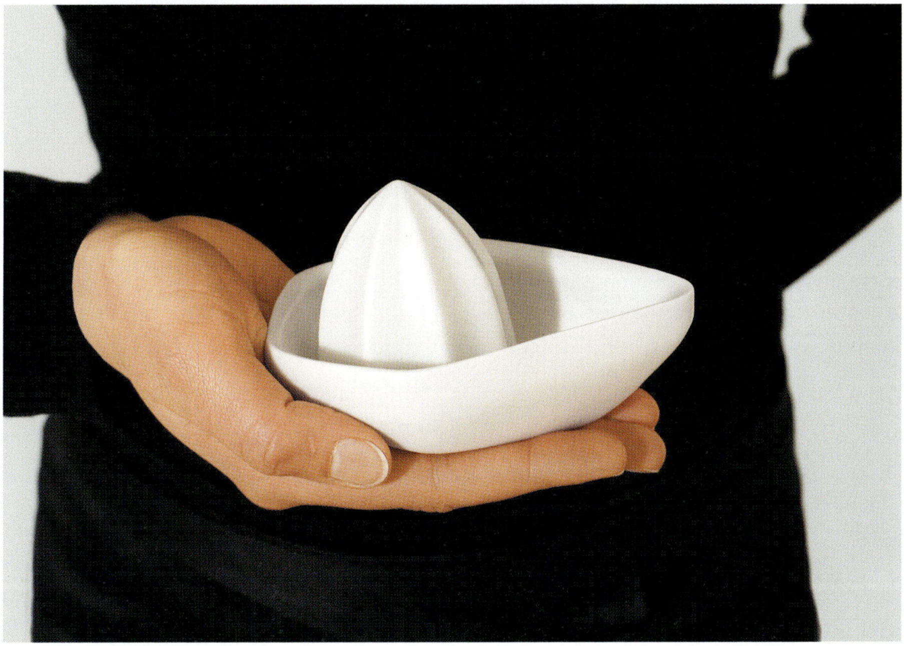

Wo steckt deiner Meinung nach die Innovation in deiner Arbeit?

Es gibt ja ganz unterschiedliche Innovationen. Grosse und kleine, weltbewegende und andere. Ich habe versucht, Innovationen im Kleinen zu finden. Topf und Kelle ... da gibt es ja nichts mehr Neues, könnte man denken. Ich habe versucht, etwas zu finden, das die Handhabung dieser Geräte vereinfacht. Eine kleine Innovation, die dir etwas nützt, wenn du das Produkt brauchst, ein kleiner Dreh, der dazukommt.

Dann denkst du primär an die Funktion, wenn du von Innovation sprichst?

Ja, für mich ist es schon die neue Funktion, die Alltagsgegenstände innovativ macht. Bei meinen Küchengeräten bin ich vom Begreifen und von der Handhabung ausgegangen und dort merkte ich, dass zwar alles schon irgendwie funktioniert, aber wenn man dann ein bisschen genauer hinschaut, findet man da und dort noch Innovationspotenzial.

Du bist also von einem Problem ausgegangen, das du mit einer Funktion lösen wolltest?

Ich habe weit ausgeholt für die Diplomarbeit und habe mir das Thema Ergreifen und Begreifen ausgewählt. Nicht unbedingt speziell in der Küche. Es war eher die Überlegung, dass heute mit der Arbeit am Computer viele Leute den Bezug zum Material und zur handfesten Umwelt verlieren. Zur Küche kam ich dann erst, weil alle diese Umgebung kennen und weil man dort viel mit den Händen arbeitet. Nicht zuletzt aber auch, weil ich selber gerne koche.

Wie vermitteln sich diese kleinen Innovationen, zum Beispiel wenn ich deine Produkte im Laden sehe?

Von der Gestaltung her sieht man schon, dass an den Gegenständen etwas Neues dran ist, das finde ich wichtig.

Wie sie aber genau funktionieren, sieht man ihnen nicht an. Über die neue Form kündige ich eine Innovation in der Funktion an, ohne sie bereits zu erklären, ich mache den Betrachter zuerst einmal neugierig. Wie genau sich die Funktion erschliesst, wäre dann über ein Foto auf der Verpackung zu leisten oder über eine Zeichnung, die die Handhabung erklärt.

Wie bist du darauf gekommen? Hast du mit Köchen gearbeitet?

Nein, Professionals sind meist fixiert auf ihre gewohnten Arbeitsinstrumente. Ich bin mehr von meinen eigenen Erfahrungen ausgegangen und habe auch immer wieder meine Prototypen mit Leuten besprochen. Ich habe natürlich auch recherchiert, um zu sehen, was es schon gibt, was schon probiert worden ist.

Dann habe ich versucht, so etwas wie ein Basic-Küchen-Set zu definieren, das heisst, zwanzig Geräte zu finden, mit denen ich eigentlich schon alles machen könnte in meiner hypothetischen Küche. Dann habe ich zu suchen begonnen, habe sie unter die Lupe genommen und mich gefragt: Wie könnte man die zwanzig Geräte reduzieren und zugleich verbessern? Zum Beispiel bei Funktionen, die doppelt abgedeckt sind, sodass man zwei Gegenstände zusammennehmen könnte. So ist das Messer entstanden. Das Wiegemesser braucht man nur ab und zu, man braucht aber auch ein grosses Messer zum Zerteilen und Zerdrücken. Also habe ich versucht, beide Funktionen in einem Messer zu vereinen und konnte das Set um ein Gerät reduzieren. Das Ziel war, mit wenig Geräten möglichst viele Funktionen abzudecken und dabei die Handhabung einfach und angenehm zu machen. Schliesslich wollte ich mit meiner Arbeit auch Lust machen aufs Anfassen, aufs Arbeiten mit den Händen.

Ist Innovation ein Anspruch an deine Produkte?

(denkt nach) Ja, sicher, obwohl es auch bemühend ist, wenn alles am Innovationsgehalt gemessen wird. Bei dieser Arbeit stand für mich der Akt des Ergreifens und Begreifens im Zentrum. Ich beschäftigte mich also mit der Frage, wie ich mir Gegenstände aneigne, wie ich in den Kontakt trete mit der Welt. Über die Form oder wenn ich sie in die Hand nehme. Am Schluss muss es natürlich auch für die Augen funktionieren, aber gedacht ist es von den Händen aus. Das Leben besteht aus vielen kleinen Dingen. Dort versuche ich anzusetzen und meinen Beitrag zu leisten.

A ton avis, où se situe l'innovation dans ton travail?

Il existe plusieurs types d'innovations: les petites, les grandes, celles qui font bouger le monde, sans compter les autres. Je me suis attaché aux petites choses: les casseroles et les louches ... rien de nouveau a priori. Pourtant, j'ai essayé de trouver quelque chose qui facilite le maniement de ces ustensiles. Une petite innovation bien utile, le petit truc qui fait toute la différence.

Tu penses donc d'abord à la fonction quand tu parles d'innovation?

Oui, pour moi, c'est sa nouvelle fonction qui rend un objet quotidien innovant. Mes ustensiles de cuisine, par exemple, sont le résultat d'une simple observation: je me suis concentré sur l'appréhension et le maniement, et même si, a priori, tout semble fonctionner d'une manière ou d'une autre, en y regardant de plus près, j'ai fini par découvrir ici et là un véritable potentiel d'innovation.

Tu es donc parti d'un problème que tu as voulu résoudre avec une fonction particulière?

Pour mon travail de fin d'études, j'ai choisi le thème très vaste de la préhension et de la compréhension. Au départ, pas forcément axé sur la cuisine. La réflexion originale s'articulait autour du fait que beaucoup de gens perdent le contact avec la matière et leur environnement réel, en raison du développement de l'informatique. L'idée de la cuisine ne m'est venue que parce qu'il s'agit d'un endroit que tout le monde connaît et où l'on travaille énormément avec les mains. Et puis aussi parce que j'aime cuisiner.

A quoi remarque-t-on ces petites innovations, par exemple, si je vois tes produits dans un magasin?

Le design à lui seul respire la nouveauté. Je pense que c'est important.

Toutefois, on ne sait pas encore comment les objets fonctionnent et c'est là toute l'astuce. En donnant à ces éléments une nouvelle apparence, j'annonce une innovation qui concerne leur fonction, mais sans l'expliquer. J'éveille la curiosité. Ensuite, on peut imaginer une photographie sur l'emballage ou un dessin décrivant le maniement de l'objet qui révèlerait enfin la finalité de l'ustensile.

Comment en es-tu arrivé aux ustensiles de cuisine? Tu as travaillé avec des chefs cuisiniers?

Non, les professionnels sont bien trop attachés à leurs outils de travail habituels. Je me suis surtout basé sur ma propre expérience et j'ai soumis mes prototypes à d'autres personnes pour qu'elles me donnent leur avis. J'ai aussi fait pas mal de recherches pour voir ce qui existait déjà dans le domaine et ce qui avait été essayé.

Ensuite, j'ai tenté de définir une sorte de kit de base, de trouver vingt ustensiles, qui me permettraient de tout faire dans mon hypothétique cuisine. Après seulement, j'ai commencé à réfléchir. Je les ai examinés sous toutes les coutures et je me suis demandé comment on pouvait réduire leur nombre tout en les optimisant. Certains ustensiles, par exemple, offraient en réalité la même fonctionnalité de sorte qu'il était possible de les réunir. C'est ainsi qu'est né le couteau. Le hachoir est seulement nécessaire de temps à autre. En revanche, on a aussi besoin d'un gros couteau pour détailler et écraser. J'ai donc essayé de regrouper ces deux fonctions dans un même couteau et suis ainsi parvenu à supprimer un élément. L'objectif était de couvrir un maximum de fonctions avec un minimum d'ustensiles sans négliger la facilité et le confort d'utilisation. Car il s'agissait aussi de donner aux gens l'envie de toucher, de travailler avec les mains.

Est-ce que tes produits se veulent innovants?

(court instant de réflexion) Oui, bien sûr, même si cela demande beaucoup d'efforts lorsque tout est évalué sur la base du degré d'innovation. L'ensemble de ce travail s'articule autour de préhension et de la compréhension. Et d'une simple question: comment assimiler des objets, comment entrer en contact avec le monde? Par leur forme ou par l'intermédiaire des mains. Bien entendu, il faut que les yeux soient d'accord, mais ce sont les mains qui donnent le ton. La vie est constituée d'une multitude de petites choses. Une occasion pour moi d'apporter ma modeste contribution.

Stefan Stauffacher

Where do you see the innovation in your work?

There are all kinds of innovations. Big and small, earth-shattering and others. I tried to find innovations in small things. Take the pot and ladle… you might think there's nothing new here anymore. I tried to find something to simplify the handling of these gadgets. A small innovation that's useful when you use the product, a little extra something.

So when you speak of innovation, you are primarily thinking of the function?

Yes, it's the new function that makes everyday objects innovative for me. In the case of my kitchen gadgets, I started out with the understanding and handling, which is where I realised that although everything works somehow, there's still potential for innovation here and there if you look more closely.

So you started from a problem that you wanted to solve with a function?

I went back a long way for my final-year project and selected the topic grasping and understanding. Not necessarily specifically in the kitchen. It was more the consideration that with today's work on the computer, many people are losing any relationship to material and to the tangible environment. I approached the kitchen first because everyone knows this environment and because people use their hands a lot to work there. And not least of all because I enjoy cooking myself.

How are these small innovations conveyed, for example, when I see your products in a shop?

The design itself already reveals that there's something new about these objects. That's important to me.

However, you can't tell by looking at them how exactly they work. I use the new form to announce an innovation in terms of function, without explaining it at this point. I first of all arouse the viewer's curiosity. What the function comprises can then be seen by means of a photo on the packaging or by means of a drawing explaining the handling.

Where did you get the idea? Have you worked with chefs?

No, professionals are usually fixated on the working instruments they are used to. I based it more on my own experiences and repeatedly discussed my prototypes with other people. I also did research to find out what already exists and what has already been tried.

Then I tried to define something like a basic kitchen set, i.e. to find twenty gadgets with which I could do everything in my hypothetical kitchen. Next, I started to search and looked at them all in detail, asking myself: how could the twenty gadgets be reduced and simultaneously improved? For example with functions that are covered twice over, so that two objects could be combined. That is how the knife came into being. Although you only need the mincing knife occasionally, you also need a large knife for cleaving and crushing. I thus tried to combine both functions in one knife and was able to remove one gadget from the set. The aim was to cover as many functions as possible with as few gadgets as possible, whilst ensuring that the handling was simple and comfortable. Finally, I wanted my work to entice people to touch and to work with their hands.

Is innovation a demand you make of your products?

(thinks about it) Yes, definitely, although it can also be tedious if everything is judged according to its innovative contents. The main focus of this work for me was the act of grasping and understanding. I thus looked at the questions of how I appropriate objects and how I come into contact with the world. Via the form or when I pick it up. In the end, it also has to work for the eyes, although it has been thought out in terms of the hands. Life consists of numerous small things. That's where I try to start and make my contribution.

Email lex@nieves.ch **Beruf** Grafiker **Jahrgang** 1971 **Lebt und arbeitet** in Zürich **Studium** an der Hochschule für Gestaltung und Kunst Zürich, Studienbereich Grafik **Abschluss/Diplom** als Grafiker, 1997 **Arbeitet auch zusammen mit** Benjamin Sommerhalder **unter dem Label** Nieves Verlag, Zürich **Preise/Auszeichnungen** Auszeichnung am Wettbewerb ‹Plakat des Jahres 2003›, Kategorie ‹Kulturplakat des Jahres›, 2004 – Auszeichnung am Wettbewerb ‹Die schönsten Schweizer Bücher›, organisiert vom Bundesamt für Kultur, 2003 – Auszeichnung am Wettbewerb ‹Plakat des Jahres 2002›, Kategorie ‹Kulturplakat des Jahres›, 2003 – Nomination für den ‹Leistungspreis 2003› der Hochschule für Gestaltung und Kunst Zürich, 2003 – Auszeichnung am Wettbewerb ‹Die schönsten Schweizer Bücher›, organisiert vom Bundesamt für Kultur, 2002 **Ausstellungen** ‹Work from Switzerland›, Brno, 2004 – ‹Leistungspreis 2003› der Hochschule für Gestaltung und Kunst Zürich, Museum für Gestaltung Zürich, 2003/2004 **Publikationen** ‹Gras›, von Erik Steinbrecher, Edition Patrick Frey, 2002 – ‹100 Magazin (101–196)›, hrsg. von Alex Trüb, Nieves Verlag, Zürich, 2002 – ‹100 Magazin (1–100)›, hrsg. von Alex Trüb, Nieves Verlag, Zürich, 2001 **Werke/Projekte** Prämiert wurden diverse Printprodukte aus dem Bereich der visuellen Kommunikation (für das Schauspielhaus Zürich) u.a. in Zusammenarbeit mit Benjamin Sommerhalder, Diego Bontognali, Aude Lehmann und Valentin Hindermann **Entstehungsjahre** 2001–2004 **Gruppe** B

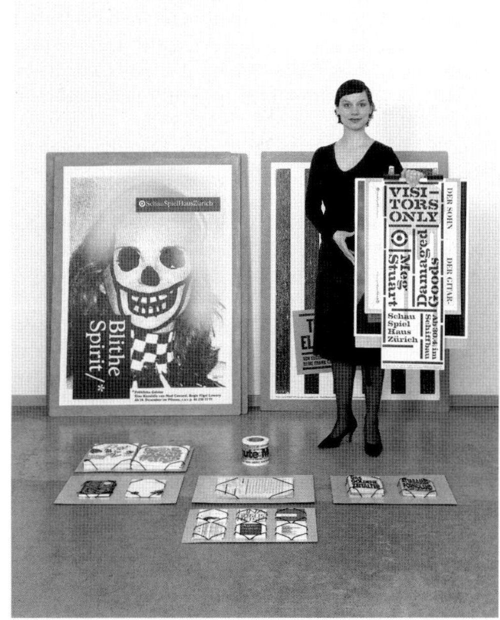

Alex Trüb

[D] Die Eingabe von Alex Trüb umfasst in Form von Plakaten, Saisonvorschauen und Programmheften einen Rückblick auf sein einzigartiges, vier Jahre umfassendes Wirken am Schauspielhaus Zürich. Auf dem fruchtbaren Boden einer «Dekonstruktion des Bestehenden» – anfänglich zusammen mit Cornel Windlin – entwickelte er mit seinem ständig wechselnden Team im Rahmen dieser Institution eine bemerkenswert eigendynamische Sprache. Mit grosser Selbstsicherheit erschienen die Programme nicht als Zusammenfassung der aufgeführten Stücke, sondern sahen sich als inhaltliche Erweiterungen und standen mit ihrer eigenständigen visuellen Sprache in thematischer Verwandtschaft zu den aufgeführten Stücken. Unter grossem Zeit- und Spardruck – doch im Wissen um die Unterstützung der Theaterleitung – gelang es Alex Trüb und seiner Crew, eine überzeugende Konsistenz in die vielteilige Kommunikation dieses Theaterhauses zu bringen. So trat das Schauspielhaus mit der Bekanntmachung jeder Aufführung in immer neuem Kleid selbstbewusst auf die Bühne der Öffentlichkeit. Einzige Konstanz war die dauernde Erneuerung.

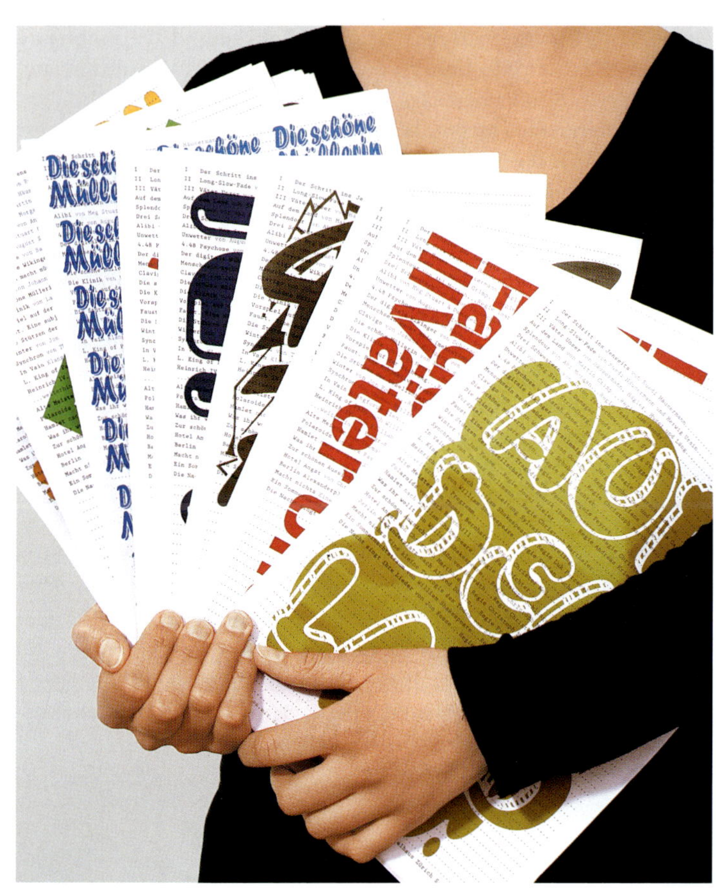

[F] Alex Trüb a présenté sous forme d'affiches, d'avant-programmes de la saison et de programmes, une rétrospective sur quatre ans de son activité unique en son genre au Schauspielhaus de Zurich. Sur le terrain fertile d'une « déconstruction de l'existant » – initialement en collaboration avec Cornel Windlin –, il a développé dans le cadre de cette institution, avec son équipe en constante mutation, un langage d'une dynamique propre remarquable. Exprimant une grande assurance, les programmes ne se lisaient pas comme un résumé des pièces jouées, mais constituaient des extensions de leur contenu et, de par leur langage visuel autonome, présentaient un rapport de parenté thématique avec les pièces. Malgré des délais et des budgets très serrés – mais forts de l'appui de la direction du théâtre –, Alex Trüb et son équipe ont réussi à donner à la communication multiforme de ce théâtre une cohérence convaincante. Ainsi, avec l'annonce de chaque nouveau spectacle dans un nouvel habit, le théâtre s'affirmait avec aplomb sur la scène publique. La seule constante était l'innovation permanente.

[E] Alex Trüb's submission comprises a review, in the form of posters, seasonal previews and programmes, of his unique four years of activity at the Schauspielhaus Zürich. On the fertile ground of "deconstruction of the existing", initially together with Cornel Windlin, he developed, in collaboration with his constantly changing team, a remarkably self-dynamic language in the context of this institution. With great self-assurance, the programmes did not appear as summaries of the performed pieces, but instead saw themselves as contextual expansions and, with their independent visual language, were thematically related to the performed pieces. Under great time and cost-cutting pressure, albeit secure in the knowledge of the support of theatre management, Alex Trüb and his crew managed to bring convincing consistency to the multi-part communication of this theatre. Thus, the Schauspielhaus Zürich appeared self-confidently in a new look on the public stage for the announcement of each performance. A unique form of constancy was the lasting innovation.

←
Programmhefte, Schauspielhaus Zürich
2002

→
Plakat ‹Die Familie Schroffenstein›, Schauspielhaus Zürich
2003

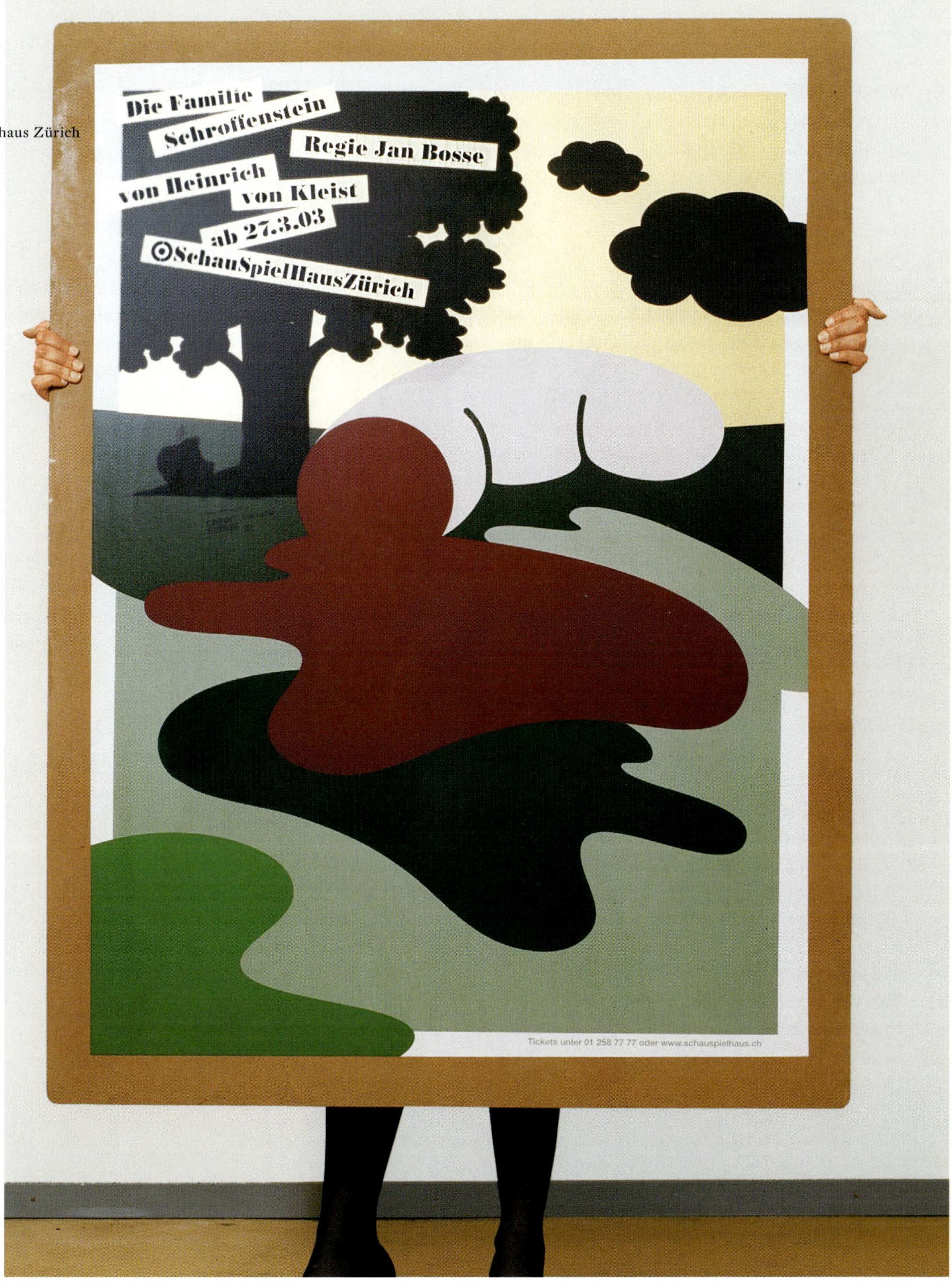

[D]

Fax-Interview

1. Wo steckt die Innovation in deiner Arbeit?
(Die Antwort kann sich auf ein exemplarisches Produkt oder auf die gesamte Projekteingabe beziehen.)
a) Material/Technologie:
b) Idee/Thematik/Konzept:
c) Form/Ästhetik:
d) Funktion:
e) andere:

Wenn ein Intendant des Schauspielhauses eine Küche neben den Ateliers einrichten möchte, um für die Schauspieler und Mitarbeiter zu kochen und sie täglich an einer grossen Tafelrunde treffen möchte, dann sagt das schon einiges.
Die Haltung der Leute ist der ausschlaggebende Punkt für eine interessante Zusammenarbeit. Das Zusammenbringen bestimmter Leute hier am Schauspielhaus Zürich ist der eigentliche ‹innovative› Akt. Was der Einzelne macht, ist nur in Zusammenhang mit dem Ganzen zu sehen. Die Grafik wurde z.B. von Anfang an sehr direkt in das ‹Theater› eingebunden. Das ganze Theater sollte sich ‹zusammen› inszenieren. Daraus haben sich neue Reaktionsmöglichkeiten ergeben. Allerdings wurden diese sehr schnell limitiert, sowohl von externen wie auch internen Kräften.
Die Absicht war, alles, was man bis anhin mit Theater und vor allem mit dem Schauspielhaus Zürich in dieser Stadt in Verbindung bringen konnte, niederzuwalzen, um sich freien Raum für ein anderes Theater zu schaffen. Ein Theater, das man mit neuen Begriffen, Themen und Erscheinungsformen besetzen konnte. Der umfunktionierte Schiffbau war dabei der zentrale Ort und wurde in erster Linie mehr als Labor und Versuchsort denn als Bühne verstanden.

2. Wie vermittelt sich diese Innovation?
a) über das Produkt selbst:
b) über die Inszenierung:
c) andere:

Die verschiedenen Printprodukte wurden bewusst mit referenziell sehr unterschiedlichen und ‹theaterfremden› Ästhetiken und Funktionsweisen gestaltet. Die Absicht dabei war, der Vielzahl und Vielfalt des Angebots Rechnung zu tragen und sich von bestimmten traditionellen Lesegewohnheiten zu verabschieden.

3. Wie bist du auf diese Innovation gekommen?
a) Recherche:
b) Methodik:
c) Zufall/Intuition:
d) andere:

Wir haben versucht, Cornel Windlins Arbeit weiterzuführen und den strukturell und finanziell wandelnden Umständen anzupassen.

4. Wovon bist du ausgegangen?
(Hier ist das ‹Alte› oder das Bestehende gemeint, das den Hintergrund für deine Innovation bildet.)
a) Problem/Mangel:
b) kulturelles Phänomen:
c) Tradition/Geschichte:
d) andere:

siehe 1 und 3

5. Was ist dein Anspruch an ein neues Produkt?
(Das kann sich auf eigene oder fremde Produkte beziehen.)
a) technische Erfindung:
b) neue Erscheinung:
c) Rekombination/Sampling:
d) Rekontextualisierung:
e) andere:

Ich mag Produkte, die einfach und undogmatisch sind. Im Sinne einer schlichten, präzisen Geste, die sich z.B. auf die grafische Tradition bezieht. Arbeiten, welche ‹knapp daneben› liegen und noch etwas Unfertiges, Skizzenhaftes in sich tragen, finde ich interessanter als solche, die so ‹die Wahrheit im Kern getroffen›-mässig daherkommen. Der sog. ‹Wurf› ist mir suspekt.

Interview par fax

1. Où réside l'innovation dans ton travail?
   (La réponse peut se rapporter à un produit déterminé ou à la démarche dans sa globalité.)
   a) matériau/technologie:
   b) idée/sujet/concept:
   c) forme/esthétique:
   d) fonction:
   e) autres:

   Lorsqu'un directeur de théâtre souhaite aménager une cuisine près des ateliers afin d'y préparer les repas pour les acteurs et les collaborateurs, et les retrouver quotidiennement autour d'une grande table, cela en dit long.
   Le comportement des gens est l'élément essentiel d'une coopération intéressante. Le regroupement de certaines personnes, ici dans le Schauspielhaus Zürich, représente le véritable acte ‹innovant›. Ce que l'individu réalise doit être considéré uniquement dans une optique globale. Le graphisme, par exemple, a été intégré dès le début de manière très directe dans le ‹théâtre›. L'idée consistait à réunir tout le théâtre pour une mise en scène ‹commune›. Ce projet a entraîné de nouvelles réactions, lesquelles ont toutefois très rapidement été limitées tant par des influences externes qu'internes.
   L'intention était d'écraser tout ce qui pouvait jusqu'alors être mis en relation avec le théâtre et en particulier le Schauspielhaus Zürich, afin de créer de l'espace pour un autre théâtre. Un théâtre avec de nouveaux concepts, sujets et apparences. Son cœur, le nouveau Schiffbau, était avant tout perçu comme un laboratoire et un lieu expérimental que comme une scène.

2. A travers quoi cette innovation se manifeste-t-elle?
   a) le produit lui-même:
   b) la mise en scène:
   c) autres:

   Les différents imprimés ont sciemment été conçus avec des éléments esthétiques et des modes de fonctionnement aux références très diverses et ‹étrangers au théâtre›. L'objectif était de tenir compte de la diversité de l'offre et de se détacher de certaines habitudes de lecture traditionnelles.

3. Comment en es-tu arrivé/e à cette innovation?
   a) recherche:
   b) méthodique:
   c) hasard/intuition:
   d) autres:

   Nous avons essayé de poursuivre le travail de Cornel Windlin tout en l'adaptant aux nouvelles conditions structurelles et financières.

4. Quel a été le point d'ancrage de cette innovation, autrement dit sur quel substrat a-t-elle été conçue?
   a) problème/lacune:
   b) phénomène culturel:
   c) tradition/histoire:
   d) autres:

   Voir points 1 et 3

5. Qu'est-ce qui t'intéresse dans un nouveau produit?
   (Qu'il s'agisse d'un de tes produits ou non.)
   a) inventivité technique:
   b) nouvel aspect visuel:
   c) recombinaison/sampling:
   d) recontextualisation:
   e) autres:

   J'aime les produits simples et non dogmatiques. Au sens d'un geste précis et sans artifice, se rapportant par ex. à la tradition graphique. Je trouve que les travaux ‹un peu à côté›, et comportant encore une touche d'inachevé ou à l'état d'ébauche, sont plus intéressants que ceux du type ‹qui ont pénétré au cœur de la vérité›. A mes yeux, les ‹coups de maître› sont suspects.

Alex Trüb

Fax interview

1. Where is the innovation in your work?
   (The answer can refer to an exemplary product or to the whole submitted project.)
a) Material/technology:
b) Idea/topic/concept:
c) Form/aesthetics:
d) Function:
e) Other:

If a director of the Schauspielhaus Zürich wants to set up a kitchen next to the ateliers to cook for actors and employees and to spend time with them at the table every day, that sends out quite a clear message.
People's attitude is the decisive point for interesting collaboration. Bringing together certain people here at the Schauspielhaus Zürich is the 'innovative' act itself. What an individual does can only be seen in the context of the whole. Graphic design, for example, was incorporated in the 'theatre' in an extremely direct manner from the beginning. The whole theatre was to stage-manage itself 'together'. This led to new possibilities of reacting. However, these very quickly became limited by external and internal powers. The aim was to bulldoze everything that had hitherto been connected with theatre and, in particular, with the Schauspielhaus Zürich in this city with the aim of creating free space for another theatre. A theatre that could then be filled with new terms, topics and manifestations. The converted Schiffbau became the central location in this process and was primarily seen more as a laboratory and experimental location than a stage.

2. How is this innovation conveyed?
a) Via the product itself:
b) Via the production:
c) Other:

The various printed products were intentionally designed with referentially extremely different and 'theatre-alien' aesthetics and ways of functioning. The aim here was to do justice to the great quantity and variety of what was on offer and to say goodbye to certain traditional reading

3. Where did you get the idea for this innovation?
a) Research:
b) Methodology:
c) Coincidence/intuition:
d) Other:

We tried to continue Cornel Windlin's work and adapt it to the structurally and financially changing circumstances.

4. What was your starting point?
   (This refers to the 'old' or existing aspects that form the background to your innovation.)
a) Problem/deficiency:
b) Cultural phenomenon:
c) Tradition/history:
d) Other:

see 1 and 3

5. What demands do you make of a new product?
   (This can refer to your own or to other products.)
a) Technical invention:
b) New appearance:
c) Recombination/sampling:
d) Recontextualisation:
e) Other:

I like products that are simple and undogmatic. In the sense of a simple and precise gesture that refers e.g. to the graphic tradition. Works that are 'just wide of the mark' and still contain something incomplete and sketch-like are more interesting to me than those that are moderate in appearance and claim to have hit the nail on the head in terms of truth. I am suspicious of the so-called 'direct hit'.

Der Prozess

Paul Elliman

Le procès

Paul Elliman

The Trial

Paul Elliman

[D]

Paul Elliman im Gespräch mit seinem Schulfreund Neal Armstrong, dessen berühmter Namensvetter, der amerikanische Astronaut Neil Armstrong, als erster Mensch den Mond betrat (während Paul und Neal zusammen die Schulbank drückten). Neal arbeitet heute als Anwalt in Ruthin in North Wales.

Neal Wenn ich mich richtig erinnere, hast du früher immer ein Lied gesungen, dessen Text ungefähr so ging: «Innovation, don't go to my head ...».

Paul Es hiess ‹elevation› ... «Elevation, don't go to my head» ... es ist ein alter Song der Band Television. Nicht ‹innovation›, sondern ‹elevation›. Ich habe immer unter Höhenangst gelitten ...

Neal Entschuldige, das war kein guter Start ...

Paul Okay, wir reden über Innovation, die Tyrannei des Neuen und all das ...

Neal Also gehörst du zu den Leuten, die Innovation satt haben?

Paul Ich habe sie nicht satt, aber im Bereich der visuellen Gestaltung kann man sie sicher hinterfragen.

Neal Wie meinst du das?

Paul Elliman s'entretient avec son camarade d'école, Neal Armstrong, dont le célèbre homonyme, l'astronaute Neil Armstrong, a été le premier homme à marcher sur la lune (alors que Paul et Neal étaient à l'école ensemble). Neal travaille actuellement comme avocat à Ruthin, dans le Nord du pays de Galles.

Neal Je crois me rappeler que tu chantais tout le temps une chanson dont les paroles étaient « Innovation, don't go to my head ... »

Paul C'était ‹elevation› ... « Elevation, don't go to my head » ... C'est une vieille chanson du groupe Television. Pas ‹innovation›, mais ‹elevation›. J'ai toujours souffert de vertige ...

Neal Désolé, ce n'est pas un bon début ...

Paul Bon, nous parlons donc de l'innovation, de la tyrannie de la nouveauté et de ce genre de choses ...

Neal Ah, ainsi tu fais partie des gens qui en ont assez de l'innovation?

Paul Ce n'est pas que j'en ai assez, mais au niveau du graphisme, c'est peut-être un aspect discutable.

Neal Qu'est-ce que tu entends par là?

Paul Elliman in conversation with his school friend Neal Armstrong, whose famous namesake, the American astronaut Neil Armstrong, became (while Paul and Neal were at school together) the first man to walk on the moon. Neal now works as a solicitor in Ruthin, North Wales.

Neal I seem to remember that you were always singing a song that went something like "innovation, don't go to my head ..."

Paul It was 'elevation' ... "elevation, don't go to my head" ... it's an old song by the band Television. Not 'innovation', 'elevation'. I've always had a fear of heights ...

Neal Sorry, that's not a good start ...

Paul Okay, we're talking about innovation, the tyranny of the new and all that ...

Neal Ah, so you're one of those people who are down on innovation?

Paul I'm not down on it, but certainly in the context of graphic design it might be questionable.

Neal Explain what you mean?

Paul Ich meine damit nur, dass die visuelle Gestaltung, die für die Welt der Bilder, der visuellen Codes und Zeichen eine so wichtige Rolle spielt, zu gut ausgerüstet ist. Sie inszeniert ihr eigenes, wirkungsvolles Innovationsspektakel. In scharfem Kontrast zu, sagen wir, den täglichen Nachrichten über menschliches Leiden und Sadismus, Krieg, Korruption und Exzesse haben wir in diesem Bereich die Wahl: leuchtendere Farben, raffiniertere Werbung und Filme, grössere Bücher, auffälligere Preisschilder und Verpackungen. Und dazu muss die visuelle Gestaltung bloss ihre eigene Vorstellung von Innovation erneuern.

Neal Klingt eher nach Renovation oder Enervation …

Paul Als Synonym für Erneuerung steht Innovation für die moderne Magie des ‹Redesign›, des Neuentwurfs – für die Idee, alten oder bestehenden Formen neues Leben einzuhauchen. Andererseits hängt die visuelle Gestaltung auch von Innovationen in anderen Bereichen ab, allen voran vom technologischen Fortschritt, der meiner Meinung nach eine allgemeinere Beziehung zur Maschinerie des modernen Lebens widerspiegelt – es geht mehr darum, wie die Dinge funktionieren und hat oft mit Dingen zu tun, die wir nicht sehen können, oder vielleicht damit, wie wir sehen.

Neal Ich schaue gerade in meinem Wörterbuch nach, und unter Innovation heisst es da als Erstes: die Einführung von Neuheiten (vielleicht ein neues Farbschema?) und danach: die Veränderung von Althergebrachtem durch die Einführung neuer Elemente oder Formen (digitale Medien?). Kannst du etwas mehr zu visueller Gestaltung und Technologie sagen?

Paul Es hat damit zu tun, dass wir ‹mit› und nicht nur ‹durch› Technologie kommunizieren können sollten. Dazu kommt die äusserst komplexe Rolle, die Maschinen in der gegenwärtigen Herstellung von Sprache spielen. Es gibt auch die ständige Verbindung zwischen früheren Technologien und jeder neuen so genannten Innovation.

Paul Je veux dire que le graphisme, qui joue un rôle-clé dans l'univers des images, des codes visuels et des signes, est trop bien armé. Il met en scène son propre spectacle efficace en matière d'innovation. En opposition directe avec, par exemple, les actualités, qui nous proposent quotidiennement leur lot de nouveautés dans le domaine de la souffrance humaine et du sadisme, de la guerre, de la corruption financière et des excès, nous autres sommes confrontés à un autre type de choix: couleurs plus vives, publicités et films plus astucieux, livres plus grands, étiquettes de prix et emballages tape-à-l'oeil. Et pour cela, le graphisme a uniquement besoin de renouveler sa propre image de l'innovation.

Neal On dirait plutôt ‹renovation› ou ‹enervation›...

Paul En tant que synonyme de renouveau, l'innovation s'applique sans doute à la magie moderne du ‹redesign›, qui consiste à insuffler une nouvelle vie à des formes anciennes ou existantes. Par ailleurs, le graphisme dépend également d'innovations issues d'autres domaines. En particulier du progrès technologique, lequel, à mon avis, reflète de façon plus générale la relation avec la machinerie de la vie moderne. Il s'agit davantage de savoir comment fonctionnent les choses et d'envisager le rapport aux éléments que nous ne pouvons pas voir, ou peut-être de notre façon de voir.

Neal Mon dictionnaire définit l'innovation d'abord comme l'introduction de nouveautés (une nouvelle palette de couleurs peut-être ?), puis comme la modification de ce qui est établi par l'introduction de nouveaux éléments ou formes (médias numériques ?). Peux-tu m'en dire davantage sur le graphisme et la technologie?

Paul Cela a quelque chose à voir avec le fait que nous devrions pouvoir communiquer ‹avec› la technologie et non pas uniquement ‹à travers› elle. En outre, il y a bien sûr le rôle particulièrement complexe que jouent les machines dans la production effective de notre langage. Et enfin, le lien

Paul Only that graphic design, which is obviously a key language in a world of images, visual codes and signs, is too well equipped. It sets up its own powerful spectacle of innovation. In explicit contrast to, say, the news, with its daily innovations of human suffering and sadism, warfare, financial corruption and excesses, we face this other field of choices: brighter colours, cleverer commercials and films, bigger books, sparkling price tags and packaging. And for this, design only needs to renew its own image of innovation.

Neal Sounds more like renovation, or enervation ...

Paul As a term for renewal, innovation certainly applies to the modern magic of the redesign – the idea of breathing new life into old or existing forms. On the other hand, graphic design is also dependent on innovation in other areas, technology in particular, which I think reflects a more general relationship to the machinery of modern life – more of a concern with how things operate, and often to do with things we can't see, or perhaps with how we see.

Neal I'm looking at my Oxford English now and it says, under innovation, first: the introduction of novelties, (a new colour scheme perhaps?) followed by: the alteration of what is established by the introduction of new elements or forms (digital media?). Can you say more about graphic design and technology?

Paul It has to do with technology being something that we have to be able to communicate to and not only through, and then of course there's the very complex role that machines play in the actual production of our language. There's also the persistent connection between previous technologies and each new, so-called, innovation.

Neal Innovation as invention?

Paul The computer engineer Doug Engelbart's work in the

Neal Innovation als Erfindung?

Paul Die Arbeit des Computeringenieurs Doug Engelbart in den 1960er Jahren an Computer-Schnittstellen – Rasterbildschirme, Zeigerwerkzeug zur Bearbeitung mehrerer Fenster, Menüs, Schaltflächen, Markierungskästchen und Symbole – ist eine enorm bedeutsame grafische Innovation. Man könnte sagen, dass seither unsere gesamte Weltsicht plötzlich vom Computer aufgesaugt wird. Richtig beängstigend. Engelbart gehörte zu einem Team von Forschern aus Stanford, deren Ideen an früheren technologischen Entwicklungen anknüpften und die auch ein Bewusstsein für die menschliche Sprache und das menschliche Verhalten hatten. Ich weiss nicht, vielleicht ist es für eine Gesellschaft wichtig, einige mythische Momente des Innovationsprozesses mittels endloser Schlaufen an ‹innovativer› Verfeinerung immer wieder durchzuspielen, vor allem, weil es sich zu Beginn nie um einen einzelnen Moment handelte.

Neal ...?

Paul Entschuldige, ich gerate in Fahrt, wenn ich zu beschreiben versuche, in wie vielen Bereichen, die unsere Lebensweise beeinflussen, Design eine Rolle spielt. Ich rede nicht von Fortschritt, sondern von der Erschaffung von Werten, Bedeutung, Wissen, Autorität und so weiter. Vielleicht sollten wir nochmals von vorne anfangen.

Neal Ich nehme an, du interessierst dich für Innovation, du magst nur gewisse Konnotationen nicht ...

Paul Die diffuseren Bereiche von Innovation sind immer spannend – nicht der entscheidende Moment, sondern der ganze Bereich des Unentschiedenen, des ‹trial and error›.

Neal Sag ein bisschen was dazu, kannst du Beispiele nennen?

Paul Nun, ich interessiere mich zur Zeit sehr dafür, wie die Kon-

immuable entre les technologies d'hier et chaque nouvelle ‹innovation›.

Neal L'innovation en tant qu'invention?

Paul Le travail relatif aux interfaces informatiques, aux écrans bitmap et aux dispositifs de pointage permettant de contrôler fenêtres, menus, boutons, cases à cocher et icônes qu'a effectué l'ingénieur informaticien Doug Engelbart dans les années 60 est une innovation graphique extrêment importante. On pourrait dire en quelque sorte que notre vision du monde a dès lors été aspirée par l'ordinateur. C'est véritablement effrayant. Engelbart faisait partie d'une équipe de chercheurs de Stanford dont les idées se référaient à d'anciens développements technologiques et à une certaine représentation du langage et du comportement humain. Je ne sais pas, peut-être qu'une société a besoin de rejouer certains moments mythiques de l'histoire de l'innovation par le biais d'un cycle perpétuel de perfectionnements innovants, justement parce qu'il n'a jamais été question d'un moment unique…

Neal …?

Paul Désolé, je m'emballe toujours lorsque j'essaie de décrire les différents domaines de la vie quotidienne dans lesquels le design joue un rôle essentiel. Je ne parle pas du progrès, mais de la création de valeur, de signification, de connaissance, d'autorité, etc. Peut-être faudrait-il que l'on reprenne depuis le début.

Neal Je crois qu'en réalité tu t'intéresses à l'innovation, mais que certaines connotations te déplaisent…

Paul Les zones plus floues de l'innovation sont toujours passionnantes – pas le moment décisif, mais plutôt le complexe de l'indécision, ‹apprentissage par essai et erreur›.

1960s, on computer interfaces – bit-mapped screens and a pointing device to operate multiple windows, menus, buttons, check boxes, and icons – is a hugely significant graphic innovation. You could say that from here, suddenly, our entire world-view is sucked into the computer. Frightening really. Engelbart was part of a Stanford research team, whose ideas were connected to earlier technological developments as well as a given awareness of human language and behaviour. I don't know, maybe it's important for a society to replay some mythical moment of innovation, precisely because it wasn't ever a single moment in the first place, through endless cycles of 'innovative' refinement…

Neal …?

Paul Sorry, I start to speed up when I try to picture design's role in so many things that shape the way we live. I'm not talking about progress, but the construction of value, meaning, knowledge, authority and so on. Maybe we should start again.

Neal I suspect you do have an interest in innovation, you just don't like certain connotations…

Paul The foggier zones of innovation are always interesting – not the decisive moment as much as the complex of indecision, 'trial and error'.

Neal Talk about that a bit, can you give examples?

Paul Well, I'm very interested at the moment in how the convergence of voice and technology, and, for lack of a better word, typography, is reaching a kind of critical mass. Referred to loosely as 'audio signage' – think of talking elevators, or announcements in airports and more recently in supermarkets – this is something that will have a profound impact on our interaction with the world around us, and of course on our language. And it's an area we've yet

vergenz von Stimme und Technologie sowie – nennen wir es mangels eines besseren Begriffs – Typographie eine Art kritische Masse erreicht. Man könnte es etwas salopp als ‹audio signage› (Audio-Signaletik) bezeichnen, etwa sprechende Aufzüge oder Ankündigungen auf Flughäfen und neuerdings auch in Supermärkten. Das wird einen grossen Einfluss auf die Interaktion mit unserer Umwelt und natürlich mit unserer Sprache haben. Und es ist ein Bereich, der erst noch vollständig als professionelle Sparte zu definieren ist. Werden akustische Leitzeichen durch Akustikingenieure produziert? Durch ‹Artificial-Life-Programmierer›? Sind sie als sprechende Extensionen des so genannten ‹ubiquitären Computings› für öffentliche Räume ein Teil dessen, was einige Zukunftsforscher als ‹erhöhte Realität› bezeichnen? Ich würde sagen, dass diese akustischen Leitzeichen aufgrund ihrer Herstellung als Texte eher der Typographie zuzuordnen sind als anderen Techniken. Und mindestens zwei Aspekte von Design-Innovation lassen sich hier finden: Zum einen die langsameren, undefinierten und vielleicht undefinierbaren Bedingungen des Wandels, der kulturell gesehen etwas entfernt vom Ereignis selbst statt findet, welches den Wandel prägen oder bestätigen wird. Zum zweiten die Idee, dass Innovation in der Sprache der Gestaltung ausgedrückt das ist, wodurch wir erkennen, wie Sprache und Technologie sich gegenseitig zu neuen Formen führen.

Neal Das klingt ziemlich spannend …

Paul … der Nutzen des Fortschritts. Nein, aber ich glaube, Wandel ist unvermeidlich, ein höchst subtiler, nicht wahrnehmbarer Wandel, der den Moment vor einer halben Stunde so verschieden macht von dieser Sekunde, oder Wandel auf der globalen Ebene der Klimaverschiebung; dies sind Themen des Designs, das Produkt technologischer ‹Errungenschaften›. Wandel im Bereich der Sprache und der Kommunikation oder in der Art, wie wir uns selbst darstellen, geschieht auf eine Weise, die wir weder kon-

Neal Parle-moi un peu de ça, peux-tu me donner quelques exemples?

Paul Et bien en ce moment, je m'intéresse particulièrement à la façon dont la convergence de la voix, de la technologie et, faute d'un meilleur terme, disons de la typographie, atteint une sorte de masse critique. On pourrait l'appeler librement ‹signalétique audio›; pense aux ascenseurs qui parlent ou aux annonces dans les aéroports et, plus récemment, dans les supermarchés. Ce phénomène aura un profond impact sur notre interaction avec le monde qui nous entoure et naturellement sur notre langage. C'est un domaine qu'il faut encore entièrement définir en tant que spécialité professionnelle. Les signes audio seront-ils produits par des acousticiens? Par des programmateurs de simulation bio-électronique? Sont-ils, en tant qu'extension vocale de ce que l'on appelle l'‹informatique omniprésente› dans les lieux publics, une partie de ce que certains chercheurs futuristes désignent comme la ‹réalité augmentée›? Je dirais que, ces signes acoustiques étant produits notamment sous forme de texte, ils se rapprochent davantage de la typographie que de toute autre technique. Au moins deux aspects de l'innovation du design sont abordés ici. D'abord les conditions plus lentes, indéfinies et peut-être indéfinissables du changement qui, d'un point de vue culturel, se produit à une certaine distance de l'événement qui va marquer ou confirmer ce changement. Ensuite, l'idée qu'en termes graphiques, l'innovation est ce qui nous permet de voir que le langage et la technologie interagissent pour prendre de nouvelles formes.

Neal Ça devient vraiment passionnant…

Paul … les bienfaits du progrès. Non, mais je pense que le changement est inévitable, qu'il s'agisse d'une toute petite modification imperceptible qui rend la demi-heure précédente complètement différente de cette seconde précise ou d'un changement climatique à l'échelle planétaire; ce sont

[E]

to fully define as a professional discipline. Are audio signs produced by acoustic engineers? Artificial life programmers? Are they – as a talking extension of so-called 'ubiquitous computing' for public spaces – part of what some futurists refer to as 'augmented reality'? I would say that certain modes of their production, as text, puts audio signage closer to typographic design than to other practices. And at least two aspects of design innovation are represented here. First, the slower, undefined and perhaps indefinable conditions of change that occur a few cultural moments away from the event that will mark or confirm that change. And second, the idea that innovation, in graphic design terms, for me anyway, is that which allows us to see language and technology pushing each other into new shapes.

Neal Now you make it sound so exciting…

Paul … the benevolence of progress. No, but I mean change is inevitable, tiny imperceptible change that makes half an hour ago so different from this second, or change on the planetary scale of a climate shift; these are design issues, the product of technological 'achievements'. Changes to language and how we communicate or represent ourselves occur in ways that we don't control or even really understand. But as a designer I can still feel pessimistic about the process of innovation. It was famously said that chance favours the prepared mind, but 'prepared' has always been a vague euphemism for anything from the source and amount of financial support to the nature of intellectual integrity. Although once again these are also questions of how human political and psychological motivation is shaped by technology.

Neal I like those science museum time-lines of innovations to the home… the first steam-driven pop-up toaster… the first gigantic mobile phone…

Paul I remember someone leaving a message on my first

trollieren noch wirklich verstehen können. Dennoch kann ich als Designer dem Innovationsprozess gegenüber pessimistisch eingestellt sein. Laut einer Redensart bieten sich Gelegenheiten dem, der darauf vorbereitet ist, aber ‹vorbereitet sein› war immer ein vager Euphemismus für alles, was zwischen der Herkunft und Höhe der finanziellen Unterstützung und der Beschaffenheit der intellektuellen Integrität liegt. Obwohl es auch hier wieder um die Frage geht, wie politische und psychologische Motivation durch Technologie geprägt wird.

Neal Ich liebe diese Zeitreihen mit Haushaltserfindungen in technischen Museen ... der erste dampfbetriebene Auswurf-Toaster ... das erste gigantisch grosse tragbare Telefon ...

Paul Ich erinnere mich, dass jemand eine Nachricht auf meinem ersten Anrufbeantworter hinterliess und gleichzeitig einen Autounfall hatte ...

Neal Das war damals innovativ ...

Paul Ja, aber heute ist es ein wenig passé ...

Neal Eigentlich illegal! Aber ein gutes Beispiel dafür, wie Technologie uns bis in den hintersten Winkel der Erde zu verfolgen scheint ...

Paul ... oder uns dahin bringt. Entlang der Spur, die wir hinterlassen oder der wir folgen mit unserer Verbindung zu einem elektronischen Netzwerk. Aus irgendeinem Grund muss ich in diesem Zusammenhang immer an diese berühmte Kurz-, ja Kürzestgeschichte von Fredric Brown denken: «Der letzte Mensch auf der Welt sass allein in einem Raum. Es klopfte an der Tür ... ». Bloss wäre es heute ein polyphones Klingelzeichen ...

Neal Sie haben Ihre Telefonrechnung nicht bezahlt!

les thèmes du design, le produit des avancées technologiques. Les changements quant au langage et à notre façon de communiquer ou de nous représenter s'opèrent sans que l'on puisse ni les contrôler ni réellement les saisir. Néanmoins, en tant que designer, je peux continuer d'adopter une attitude pessimiste vis-à-vis du processus d'innovation. On dit couramment que la chance s'offre à ceux qui sont préparés, mais ‹être préparé› a toujours été un euphémisme opaque qui englobe tout ce qui a trait à l'origine, la taille du soutien financier et la nature de l'intégrité intellectuelle. Il s'agit, une fois de plus, de savoir dans quelle mesure la motivation politique et psychologique des individus est façonnée par la technologie.

Neal J'aime les chronologies des musées des sciences présentant ces innovations qui ont transformé notre quotidien … le premier grille-pain à vapeur qui éjectait le pain … le premier téléphone portable absolument gigantesque …

Paul Je me rappelle qu'un jour quelqu'un m'a laissé un message sur mon premier répondeur automatique au moment même où il a eu un accident de voiture …

Neal A l'époque, c'était véritablement novateur …

Paul Oui, mais aujourd'hui c'est un peu passé de mode …

Neal En fait, c'est surtout illégal! Mais cet exemple montre bien que la technologie nous poursuit dans les moindres recoins de la terre …

Paul Ou en tout cas, nous y emmène. Et ce, le long du chemin que nous laissons derrière nous ou que nous suivons en étant connectés à un réseau électronique. Je ne sais pas pourquoi, mais ce type d'incident me fait penser à la célèbre histoire courte, très courte même, de Fredric Brown: « Le dernier homme de la terre était assis seul dans une pièce. Soudain, quelqu'un toqua à la porte … ». Aujourd'hui

answer-machine just as they were crashing their car …

Neal That was innovative at the time …

Paul Yes, it's a bit passé now …

Neal Illegal actually! But a good example of how technology seems to follow us to the end of the earth …

Paul Or take us there. Along the trail that we leave or follow by being connected to an electronic network. For some reason this kind of incident always makes me think of that famous short (very short) story by Fredric Brown: "The last man on earth sat alone in a room. There was a knock on the door …". Only today it would be a polyphonic ring-tone …

Neal You haven't paid your phone bill!

Paul Summoned to 'The Castle' …

Neal Now you're being pessimistic again …

Paul But Kafka is one of the great innovative writers of the twentieth century even though he was a complete doom-out. Does that make his work any less innovative? Or more?

Neal In bureaucratic terms I sense that Kafka is often writing about technology, even though it's always vaguely a kind of dream …

Paul Technology puts us to sleep? It's not surprising that every breakthrough in communication technology is used to demonstrate the existence of the paranormal. 'Virtual Reality' was only the latest in a tradition that runs from the earliest campfire ghost stories to Victorian spirit photography. Imagine hearing the first sound recordings, not to mention receiving the earliest written messages – from who or where were these messages, sounds or images coming?

Paul Vorladung in ‹Das Schloss› ...

Neal Jetzt bist du wieder pessimistisch ...

Paul Aber Kafka ist einer der grossen innovativen Schriftsteller des zwanzigsten Jahrhunderts, obwohl er ein Gottverlassener war. Macht dies sein Werk in irgendeiner Weise weniger innovativ? Oder innovativer?

Neal Mir kommt vor, dass Kafka in einer bürokratischen Sprache oft über Technologie schreibt, auch wenn alles immer eine Art Traum zu sein scheint ...

Paul Versetzt uns Technologie in den Schlaf? Es ist nicht verwunderlich, dass jeder Durchbruch in der Kommunikationstechnologie dazu verwendet wird, uns die Existenz des Paranormalen zu beweisen. ‹Virtual reality› war nur das letzte Phänomen in einer Tradition, die von den frühesten Lagerfeuer-Spukgeschichten bis zur viktorianischen Geister-Fotografie reicht. Stellen wir uns vor, zum ersten Mal eine Tonaufnahme zu hören, geschweige denn die ersten schriftlichen Nachrichten zu erhalten – von wem oder von wo kamen diese Nachrichten, Töne oder Bilder? Repräsentieren sie die ersten fragilen Ausformungen von so etwas Unfassbarem wie Ideologie? Und die wird meistens ohnehin durch extraterrestrische Kanäle geleitet: Vom Transport der Zeichen in Ton und Stein über die ganze Entwicklung hinweg bis zu den modernsten Massenmedien und darüber hinaus, wo heute, wie jemand bemerkt hat, alle unsere Gegenstände zu Kommunikationsinstrumenten werden. Kein Wunder, dass Schreiben als göttliche Intervention verstanden wurde, als Innovation der Götter – so kraftvoll und so mysteriös.

Neal Und ständig erneuerbar.

Paul Kann ich dir zum Schluss eine Frage stellen? In der Schule fragten wir dich immer, wie es als erster Mann auf dem

ce serait une sonnerie polyphonique …

Neal Vous n'avez pas payé votre facture de téléphone!

Paul Invitation au ‹ Château › …

Neal Voilà que tu retombes dans le pessimisme …

Paul Mais Kafka était l'un des écrivains les plus avant-gardistes du XXe siècle même s'il était damné. Cela diminue-t-il l'aspect novateur de son travail? Ou, au contraire, cela le renforce-t-il?

Neal Dans un langage bureaucratique j'ai l'impression que Kafka écrivait souvent sur la technologie, même si cela s'apparentait toujours à une sorte de rêve …

Paul La technologie nous endort-elle? Il n'est pas surprenant de voir que chaque découverte capitale du domaine des technologies de la communication est utilisée pour nous prouver l'existence du paranormal. La ‹ réalité virtuelle › est le dernier volet d'une longue saga qui s'étend des premières histoires de fantôme que l'on racontait autour des feux de camp aux photographies de fantômes de l'époque victorienne. Imagine-toi un instant écouter le premier son enregistré ou mieux encore, recevoir les premiers messages écrits. De qui, d'où viennent ces messages, ces sons ou ces images? Sont-ils la première ébauche de quelque chose d'intangible telle que l'idéologie? Celle-ci est généralement communiquée par des canaux extraterrestres: du transport des signes gravés dans l'argile et la pierre aux médias de masse ultramodernes et au-delà qui font qu'aujourd'hui, comme quelqu'un l'a si bien fait remarquer, chacun de nos objets a été transformé en un instrument de communication. Il n'est donc pas étonnant que l'écriture ait été considérée comme une intervention divine, une innovation des dieux, si puissante et si mystérieuse.

Do they represent the first fragile casts of something as intangible as ideology? Which is mostly conducted through extra-terrestrial channels anyway: from signs displaced in clay and stone all the way up to full-blown mass media and beyond, where, today, as someone has said, each of our objects has been transformed into an instrument of communication. No wonder writing was thought of as a divine intervention, an innovation of the gods – so powerful and so mysterious.

Neal And always renewable.

Paul Can I end by asking you a question? At school it was a running joke to ask you what it was like to be the first man on the moon … I was wondering what you thought of the conspiracist notion that it was all faked, filmed in a studio in California or wherever?

Neal I know where this is leading … it's your example of an image of innovation, graphic design as the spectacle of innovation. I suppose you're saying that it wouldn't make any difference if it was true or false, the image is powerful enough. I don't know. I think it did happen and it does make a difference. What can I say? I'm just a legal advisor, with a famous name.

Mond war … Was hältst du eigentlich von der Verschwörungstheorie, wonach die ganze Mondlandung eine Fälschung war, gefilmt in einem kalifornischen Studio oder sonstwo?

Neal Ich weiss, worauf du hinaus willst … es ist dein Beispiel eines Bildes von Innovation, visuelle Gestaltung inszeniert als Innovation. Ich nehme an, du meinst damit, es würde keinen Unterschied machen, ob es echt oder gestellt war, das Bild war wirkungsvoll genug. Ich weiss nicht. Ich glaube, das Ereignis fand statt, und es macht einen Unterschied. Was soll ich sagen? Ich bin bloss ein Anwalt mit einem berühmten Namen.

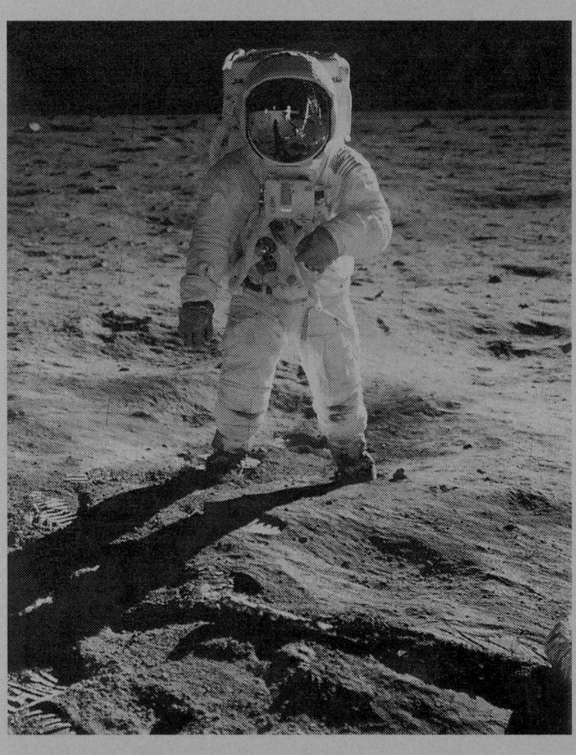

Neal Et toujours renouvelable.

Paul Puis-je terminer en te posant une question ? A l'école, on n'arrêtait pas de te demander ce que ça faisait d'être le premier homme à avoir marché sur la lune … Je voulais te demander ce que tu pensais de la théorie de la conspiration selon laquelle tout était faux et avait été filmé dans un studio en Californie ou ailleurs ?

Neal Je vois très bien où tu veux en venir … C'est ton exemple d'une innovation, une création visuelle mise en scène pour refléter l'innovation. Tu veux sans doute dire que cela ne ferait aucune différence si cela avait eu lieu ou non; l'image est assez percutante. Je ne sais pas. Je pense que cela a effectivement eu lieu et que cela fait une différence. Que puis-je dire d'autre ? Je suis juste un avocat qui porte un nom célèbre.

Autorinnen und Autoren

Paul Elliman (*1961) — paul.elliman@yale.edu — Designer mit Wohnsitz in London, erforscht mit seinen Arbeiten und seinem Schreiben Sprache und Technologie. Seine Werke wurden in der Tate Modern in London ausgestellt und in die Sammlungen des British Council und des Cooper Hewitt National Design Museum in New York aufgenommen; sie sind auch in mehreren Büchern und Zeitschriftenartikeln vorgestellt worden. Elliman hat Essays für das ‹Eye magazine›, London, für ‹IDEA› in Tokyo und für ‹Wired› in San Francisco geschrieben. Er lehrte am Central Saint Martins College of Art and Design in London, dem Royal Institute of Technology in Melbourne und an der Jan van Eyck Akademie in Maastricht und ist seit 1997 Fakultätsmitglied der Yale School of Art. Er betreibt in London ein Studio und ist derzeit ‹thesis supervisor› (Gutacher von Arbeiten) an der Werkplaats Typografie in Holland.

Joachim Huber (*1963) — joachimhuber@yahoo.de — Promovierter Architekt, Dozent für Scenographical Design an der Hochschule für Gestaltung und Kunst Zürich. Studium an der ETH Zürich und der Architectural Association London. 1993–2000 Assistent Produktdesign im Gründungsteam der Fakultät Gestaltung der Bauhaus-Universität Weimar. 2000–2001 Stipendium am Istituto Svizzero di Roma. 2002 Promotion: Urbane Topologie; Architektur der randlosen Stadt. Realisierte Installationen in Rom, Columbus/Ohio und Zürich als konzeptionelle Verschmelzung und gelebte Interdisziplinarität von Architektur, Theorie und Kunst. Wohnt und arbeitet in Zürich.

Renate Menzi (*1968) — remenzi@bluewin.ch — Studierte Design an der Hochschule für Gestaltung und Kunst Zürich und an der Bezalel Academy of Art and Design in Jerusalem. Arbeitet als freischaffende Designerin in Zürich. Forschungsassistenz am Lehrstuhl für Bildnerisches Gestalten der Abteilung Architektur, ETH Zürich. 1999 Studiengang Theorie der Gestaltung und Kunst, Hochschule für Gestaltung und Kunst Zürich. Seit 2001 Lehrbeauftragte an der Hochschule für Gestaltung und Kunst Zürich und Publizistin mit Schwerpunkt Designtheorie.

Sibylle Omlin (*1965) — s.omlin@fhbb.ch — Studium der Literaturwissenschaft und Kunstgeschichte in Zürich. 1995–2001 Kunstkritikerin und redaktionelle Mitarbeiterin bei der ‹Neuen Zürcher Zeitung›. Seit 2001 Leiterin der Abteilung Bildende Kunst Medienkunst der Hochschule für Gestaltung und Kunst Basel. Tätigkeit als Kuratorin und freie Publizistin. Seit 2003 Expertin für Medienkunstprojekte bei ‹Sitemapping› (Bundesamt für Kultur). Zahlreiche Publikationen zur Kunst des 20. Jahrhunderts, zuletzt: Hybride Zonen. Kunst und Architektur in Basel und Zürich, Basel/Boston/Berlin: Birkhäuser Verlag, 2003; Performativ. Performance-Künste in der Schweiz, Zürich, 2004.

Kathrin Stirnemann (*1966) — kathrin.stirnemann@bak.admin.ch — Nach mehrjähriger pädagogischer Tätigkeit Studium der Kunstgeschichte, Pädagogischen Psychologie und Geschichte in Bern. Mitarbeit bei diversen Ausstellungs- und Publikationsprojekten. Seit 2002 wissenschaftliche Mitarbeiterin im Dienst Design des Bundesamtes für Kultur.

Autrices et auteurs

Paul Elliman (*1961) — paul.elliman@yale.edu — Designer basé à Londres, dont le travail et les écrits explorent un intérêt du langage et de la technologie. Son travail a été exposé à la Tate Modern à Londres, et inclus dans des collections par le British Council et au Cooper Hewitt National Design Museum à New York; il est également paru dans un certain nombre d'articles de livres et de magazines. Elliman a écrit des essais pour les magazines ‹Eye›, à Londres, ‹IDEA› à Tokyo et ‹Wired› à San Francisco ; il a enseigné au Central Saint Martins College of Art and Design à Londres, au Royal Institute of Technology à Melbourne et à la Jan van Eyck Akademie à Maastricht, et est membre du corps enseignant de la Yale School of Art depuis 1997. Il dirige un studio à Londres et est actuellement directeur de thèse à Werkplaats Typografie dans les Pays-Bas.

Joachim Huber (*1963) — joachimhuber@yahoo.de — Docteur en architecture, maître de conférences au Scenographical Design de la Hochschule für Gestaltung und Kunst Zürich. Etudes à l'ETH Zurich et à l'Architectural Association à Londres. 1993–2000 assistant en design de produits dans l'équipe fondatrice de la faculté d'arts décoratifs de l'université Bauhaus de Weimar. 2000–2001 bourse à l'Istituto Svizzero di Roma. Doctorat en 2002: Urbane Topologie; Architektur der randlosen Stadt. Installations à Rome, Columbus / Ohio et Zurich comme fusion conceptuelle et interdisciplinarité vécue de l'architecture, de la théorie et de l'art. Habite et travaille à Zurich.

Renate Menzi (*1968) — remenzi@bluewin.ch — Etudes de design à la Hochschule für Gestaltung und Kunst Zürich et à la Bezalel Academy of Art and Design à Jerusalem. Travail comme designer freelance à Zurich. Assistance de recherche à la chaire d'arts visuels du département d'architecture, ETH Zurich. 1999 filière universitaire théorie du design et de l'art, Hochschule für Gestaltung und Kunst Zürich. Depuis 2001 chargée de cours à la Hochschule für Gestaltung und Kunst Zürich et journaliste avec théorie du design comme matière principale.

Sibylle Omlin (*1965) — s.omlin@fhbb.ch — Etudes de lettres et histoire de l'art à Zurich. 1995–2001, critique d'art et collaboratrice de rédaction à la ‹Neue Zürcher Zeitung›. Depuis 2001, responsable du département des arts plastiques et arts médiatiques de la Hochschule für Gestaltung und Kunst Basel. Activité comme curatrice, journaliste freelance. Depuis 2003 experte en projets d'arts médiatiques chez ‹Sitemapping› (Office fédéral de la culture). Nombreuses publications sur l'art du XXème siècle, les plus récentes étant: Hybride Zonen. Kunst und Architektur in Basel und Zürich, Basel/Boston/Berlin: Birkhäuser Verlag, 2003; Performativ. Performance-Künste in der Schweiz, Zürich, 2004.

Kathrin Stirnemann (*1966) — kathrin.stirnemann@bak.admin.ch — Après plusieurs années d'activités pédagogiques, études d'histoire de l'art, de psychologie pédagogique et d'histoire à Berne. Collaboration dans divers projets d'expositions et de publications. Depuis 2002, collaboratrice scientifique au Service design de l'Office fédéral de la culture.

Authors

Paul Elliman (*1961) – paul.elliman@yale.edu – London-based designer whose work and writing both explore an interest in language and technology. His work has been exhibited at the Tate Modern in London, and was included in collections by the British Council and at the Cooper Hewitt National Design Museum in New York; in addition, his work appeared in a number of books and magazine articles. Elliman has contributed essays to 'Eye magazine', London, 'IDEA' in Tokyo, and 'Wired' in San Francisco. He has taught at Central Saint Martins College of Art and Design in London, the Royal Institute of Technology in Melbourne and the Jan van Eyck Akademie in Maastricht, and has been a faculty member at Yale School of Art since 1997. He runs a studio in London and is currently thesis supervisor at Werkplaats Typografie in the Netherlands.

Joachim Huber (*1963) – joachimhuber@yahoo.de – Has a doctorate in architecture and is lecturer in Scenographical Design at the Hochschule für Gestaltung und Kunst Zürich. He studied at the ETH [Federal Technical University] Zurich and the Architectural Association London. 1993–2000 Assistant of Product Design on the founding team of the faculty of Design at the Bauhaus-Universität Weimar. 2000–2001 Scholarship at the Istituto Svizzero di Roma. Graduated in 2002: Urbane Topologie; Architektur der randlosen Stadt. Installations in Rom, Columbus/Ohio and Zurich as conceptional fusion and experienced interdisciplinarity of architecture, theory and art. He lives and works in Zurich.

Renate Menzi (*1968) – remenzi@bluewin.ch – Studied Design at the Hochschule für Kunst und Gestaltung Zürich and at the Bezalel Academy of Art and Design in Jerusalem. She works as a freelance designer in Tel Aviv and Zurich. Research assistant to the chair for sculptural design in the Department of Architecture, ETH [Federal Technical University] Zurich. 1999 Studies on Theory of Art and Design at the Hochschule für Kunst und Gestaltung Zürich. Since 2001 Assistant Lecturer at the Hochschule für Kunst und Gestaltung Zürich and publicist with focus on design theory.

Sibylle Omlin (*1965) – s.omlin@fhbb.ch – Studied literature and art history in Zurich. 1995–2001 art critic and editorial collaborator at the 'Neuen Zürcher Zeitung', since 2001 Director of the Department Fine Arts Media Art of the University for Art and Design in Basle. She acts as curator and free publicist. Since 2003 expert for media art projects at 'Sitemapping' (Federal Office of Culture). Numerous publications on art of the 20th century, the most recent: Hybrid zones. Art and Architecture in Basle and Zurich, Basle/Boston/Berlin: Birkhäuser Verlag, 2003; Performativ. Performance-Künste in der Schweiz, Zurich, 2004.

Kathrin Stirnemann (*1966) – kathrin.stirnemann@bak.admin.ch – After several years' work in education she studied art history, pedagogical psychology and history in Berne. She collaborated on various exhibition and publication projects. Since 2002 she is an academic assistant in the Department of Design of the Swiss Federal Office of Culture.

Jurymitglieder 2004
Membres du jury 2004
Members of the Jury 2004

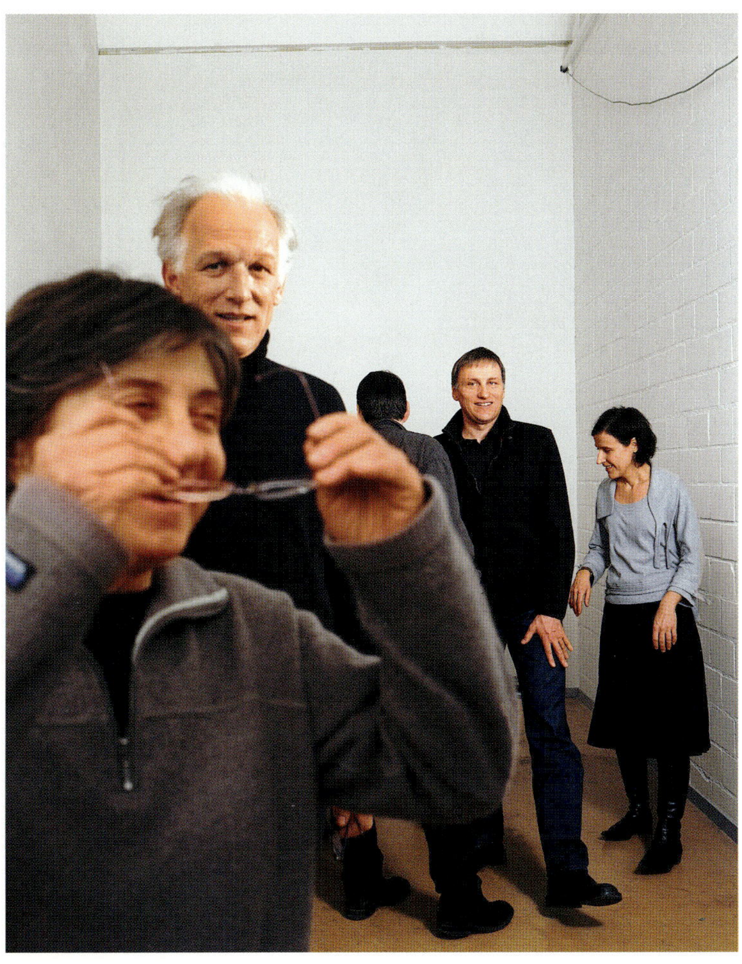

Eidgenössische Designkommission/Commission fédérale du design/Swiss Federal Design Commission **Lorette Coen** — présidente, rédactrice de la rubrique culturelle de ‹Le Temps›, Lausanne **Ruth Grüninger** — Modedesignerin, Zürich **Christophe Marchand** — Produktdesigner, Zürich **François Rappo** — graphiste, professeur à l'Ecole cantonale d'art de Lausanne, Lausanne **Annette Schindler** — Kunstwissenschaftlerin, Leiterin [plug.in], Basel — Experten 2004/Experts 2004/Experts 2004 **Marc Deggeller** — Bühnenbildner, Berlin und Dresden **Roland Iselin** — Fotograf, Zürich **Christian Muhr** — freier Ausstellungskurator, Kritiker, Liquid Frontiers, Wien **Susan Yelavich** — Design Curator, New York **Christoph Zellweger** — Schmuckgestalter, Zürich und Sheffield

Bundesamt für Kultur/Office fédéral de la culture/Swiss Federal Office of Culture **Patrizia Crivelli** — Kunstwissenschaftlerin, Leiterin Dienst Design, Bern

Impressum
Impressum
Imprint

Erscheint anlässlich der vom 21. Oktober 2004 bis 9. Januar 2005 im Museum Bellerive, Zürich gezeigten Ausstellung ‹Swiss Design 2004 – Innovation›.

Publié à l'occasion de l'exposition ‹ Swiss Design 2004 – Innovation › au Museum Bellerive, Zurich, du 21 octobre 2004 au 9 janvier 2005.

Published on the occasion of the 'Swiss Design – 2004: Innovation' exhibition presented at the Museum Bellerive in Zurich, from October 21, 2004 to January 9, 2005.

Die Herausgeberinnen danken der Eidgenössischen Designkommission.
Les éditrices remercient la Commission fédérale du design.
The publishers wish to thank the Swiss Federal Design Commission.

Kuratorinnen / Commissaires / Curators
Eva Afuhs, Zürich – Patrizia Crivelli, Bern – Kathrin Stirnemann, Bern

Konzept, Gestaltung / Concept, conception graphique / Concept, graphic design
Elektrosmog, Valentin Hindermann und Marco Walser, Zürich
in Zusammenarbeit mit / en collaboration avec / with
Alex Trüb, Zürich

Fotografie / Photographie / Photography
© Oliver Lang, Zürich / Lenzburg

Präsentation / Présentation / Presentation
Rebecca Indermaur

Redaktion, Lektorat / Rédaction, lectorat / Editing, proofing
Patrizia Crivelli, Bern – Kathrin Stirnemann, Bern

Texte / Textes / Texts
Paul Elliman, London – Joachim Huber, Zürich – Renate Menzi, Zürich
Sybille Omlin, Berlin – Kathrin Stirnemann, Bern

Übersetzungen, Korrektorat / Traductions, relecture / Translations, proof-reading
Apostroph AG, Luzern

Druck / Impression / Printing
Druckerei Odermatt AG, Dallenwil

Lithografie / Lithographie / Colour separations
Nievergelt AG, Zürich

Buchbindung / Reliure / Bookbinding
Schuhmacher, Schmitten

Papier / Papier / Paper
Plano Jet 320 g/m² – Luxo Art 115 g/m²

Schrift / Caractère / Typeface
DTL Fleischmann
Univers

Herausgegeben vom Bundesamt für Kultur, Bern, im Verlag Lars Müller Publishers, Baden
Publié par l'Office fédéral de la culture, Berne, aux éditions Lars Müller Publishers, Baden
Published by the Swiss Federal Office of Culture, Berne, at Lars Müller Publishers, Baden

ISBN 3-03778-044-4

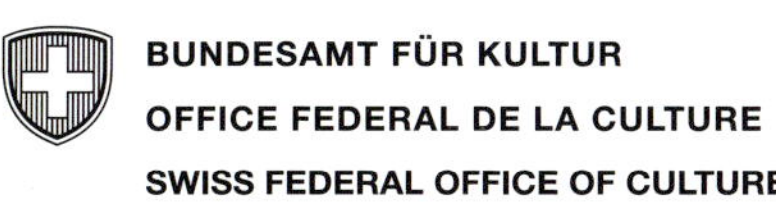

BUNDESAMT FÜR KULTUR
OFFICE FEDERAL DE LA CULTURE
SWISS FEDERAL OFFICE OF CULTURE

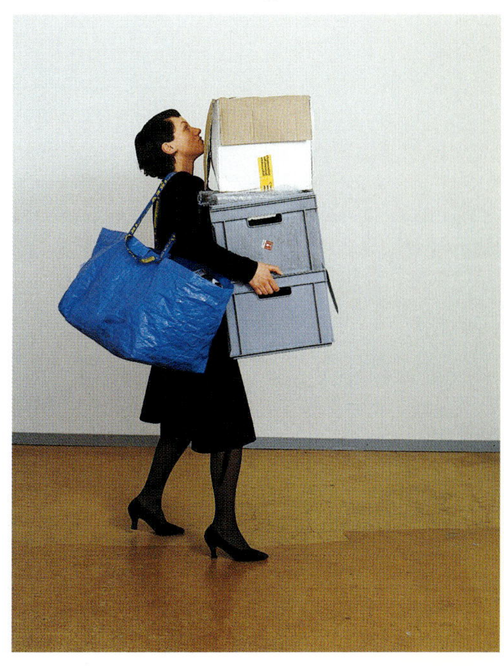